国家级资金支持项目（国家出版基金项目、国
项目、民族文字出版专项资金项目、国家科学技
国家社会科学基金项目、国家自然科学基金项
家社科基金艺术学一般项目（编号：2019BH00347）

U0576432

YueGangAo DaWanQu
WenHua ChanYe XieTong
FaZhan YanJiu

粤港澳大湾区时尚文化产业协同发展研究

刘继云
陈海东 ◎ 著

经济管理出版社
ECONOMY & MANAGEMENT PUBLISHING HOUSE

图书在版编目（CIP）数据

粤港澳大湾区时尚文化产业协同发展研究 / 刘继云，陈海东著. -- 北京 ：经济管理出版社，2024. -- ISBN 978-7-5096-9810-5

Ⅰ. G127.6

中国国家版本馆 CIP 数据核字第 2024UG1117 号

组稿编辑：张馨予
责任编辑：张馨予　李光萌
责任印制：许　艳
责任校对：王淑卿

出版发行：经济管理出版社
　　　　　（北京市海淀区北蜂窝 8 号中雅大厦 A 座 11 层　　100038）
网　　址：www.E-mp.com.cn
电　　话：（010）51915602
印　　刷：北京晨旭印刷厂
经　　销：新华书店
开　　本：720mm×1000mm/16
印　　张：16.25
字　　数：328 千字
版　　次：2024 年 12 月第 1 版　　2024 年 12 月第 1 次印刷
书　　号：ISBN 978-7-5096-9810-5
定　　价：98.00 元

目　录

第一章 绪论

第一节 时尚文化产业发展新动态

习近平总书记指出："中华优秀传统文化中很多思想理念和道德规范，不论过去还是现在，都有其永不褪色的价值。我们要结合新的时代条件传承和弘扬中华优秀传统文化，传承和弘扬中华美学精神。"党的二十大报告指出要"不断提升国家文化软实力和中华文化影响力"。时尚是社会的一面镜子，深刻反映着当下的时代背景和未来的发展趋势。生活方式的变革将带来全新的时尚消费内容和形态，在国际时尚舞台上，中国时尚品牌的故事被建设性地叙述出来，证明了当代中国时尚的独特风格和文化记忆也可以有效地嵌入国际时尚的发展趋势中，并产生新的、有影响力的时尚审美范式。抓住国际时尚界扩大市场需求、增强发展后劲、深化全球扩张、创新商业模式、全球时尚产业发展格局发生深刻变化的机遇，构建中国时尚文化理念，增强文化自信，可以为新时代的时尚文化注入核心基因。走在复兴之路上的中国，迫切需要建构具有中国时代精神的时尚文化理念，这对于提升国家文化形象、提高国民文化素养、弘扬民族文化精神、扭转欧美对国际主流时尚潮流的长期垄断具有重要意义。中国的时尚产品不仅需要提高产品质量和科技含量，还需要潜心研究和传承时代精神，将具有时代特色的"中国芯"植入时尚产品中，向全球时尚界发出"中国声音"。

为了扶持和推动时尚产业的发展，近年来我国颁布和实施了一系列政策举措。例如，2012 年商务部印发《关于促进中国品牌消费的指导意见》，2016 年国务院印发《"十三五"国家战略性新兴产业发展规划》，2017 年工商总局出台《关于深入实施商标品牌战略推进中国品牌建设的意见》，2020 年文化和旅游部在总结近年来数字文化产业发展工作基础上结合产业发展新形势、新趋势研究制定《关于推动数字文化产业高质量发展的意见》等，均引发对中国时尚市场、消费、文化发展的反思。随后，《深圳市时尚产业高质量发展行动计划（2020—2024年）》《浙江省打造时尚之都促进时尚产业改革发展行动方案（2020—2022年）》《广州市时尚产业集群高质量发展三年行动计划》《上海市时尚消费品产业高质量发展行动计划（2022—2025年）》等促进时尚产业高质量发展的行动计划的制定和实施均体现出对时尚产业发展的重视。这些规划和行动计划强调了各地要加强同米兰、巴黎、纽约、伦敦等国际时尚策源地的交流合作与资源对接，整合国际时尚品牌销售渠道，汇聚国际高端时尚品牌，并且抓紧粤港澳大湾区时尚产业建设机遇，加强与香港、澳门的交流、合作，着力培育一批原创能力强、设计独特、引领时尚的独立设计师及其品牌工作室，提高区域时尚产业的竞争力和品牌影响力，更好地推动时尚产业的高质量发展。

纵观世界经济发展的历史，一个明显的轨迹，就是由内陆走向海洋，由海洋走向世界、走向强盛。湾区经济是经济全球化和区域一体化的产物，集中了全球半数以上的经济总量，发达的经济导致财富集聚，吸引着精英人士向湾区集聚，有钱有闲的精英阶层对时尚文化的巨大需求导致湾区时尚文化产业蓬勃发展。纽约湾区、旧金山湾区、东京湾区和粤港澳大湾区不仅是经济湾区，还是世界闻名的时尚湾区，四大湾区的时尚产业早已发展成为世界级大湾区的"标配"，代表着世界级大湾区发展的潮流。四大湾区的人均地区生产总值在2万~10万美元，远远高于全世界和所在区域的人均地区生产总值水平，大量消费意愿和消费能力强的高收入精英人士在湾区集聚，为湾区带来了巨大的时尚消费需求，时尚制造业和服务业应运而生，进而逐步形成了时尚产业创新体系。粤港澳大湾区已具备时尚文化产业雏形，拥有全国1/3以上的服装生产企业，2000多家钻石加工和销售企业，全国最大的皮具皮革、箱包鞋类、时尚配饰的生产基地，聚集了周大福、六福、周生生等近2000家钻石加工、首饰镶嵌和销售企业，年打磨钻石价值超10亿美元，占全国70%以上，形成了近2000亿元人民币的珠宝产业规模。粤港澳大湾区"9+2"城市均有擅长的产业，但粤港澳大湾区时尚文化产业与其他湾区相比规模大而竞争力不强，缺乏有世界影响力的时尚品牌，产业附加值偏低；香港虽被称为"时尚之都"，但没有跻身世界时尚之都行列；香港时装周、深圳时装周、广州国际服装节、虎门时装周、大朗毛衣节等名目繁多的展会跟风较多、引领不足。湾区城市时尚文化产业各自为政，没有形成整体合力。由于城市之间缺乏协同，时尚资源难以实现共建共享，香港、澳门的高端创意对广东辐射有限，区域品牌尚未形成，导致整体竞争力不强，未跻身世界时尚文化产业第一梯队。

此外，进入21世纪后，时尚产业的兴起和发展给许多国家和地区带来了巨大的利益，也给这些国家和地区的经济带来了新的发展机遇。然而，随着时尚产业的快速发展，与之形成鲜明对比的是，对时尚产业管理和发展的研究远远落后于现实中时尚产业的发展速度。当前关于时尚产业发展的研究主要是从时尚产业的角度出发探究发展路径或转型升级路径，对区域间时尚产业的协同发展的研究较少且并未形成完整、系统的理论研究体系。粤港澳大湾区是我国改革开放的前沿和经济增长的重要引擎，国家高度重视和支持粤港澳大湾区的发展。粤港澳大湾区城市群的提出为未来的发展带来了新机遇，也赋予了新的使命，是提振国内经济的重要一环。已具备时尚文化产业雏形的粤港澳大湾区，作为开放程度最高、经济活力最强的区域，对区域间时尚产业的协同发展关注不足，时尚产业在经济发展中的推动作用仍需进一步增强。在粤港澳大湾区建设的机遇下，在创新、协调、绿色、开放、共享的新发展理念的驱动下，解决粤港澳大湾区时尚产业协同发展水平不高的问题，推动区域时尚产业的协同发展以增强时尚产业在经济发展中的作用迫在眉睫、势在必行。

本书基于粤港澳大湾区时尚产业发展现状及协同发展动态的分析，对当下粤港澳大湾区时尚文化产业协同发展现状做出准确的评估，对粤港澳大湾区"9+2"城市时尚文化产业的协同发展进行研究，促使时尚文化产业协同发展形成新局面，实现粤港澳大湾区时尚文化产业快速升级，形成整体合力，构建区域品牌，提升时尚文化产业的整体竞争力。具体来说，本书基于协同发展理论，在对粤港澳大湾区时尚文化产业发展现状及存在问题进行分析的基础上，剖析该区域时尚文化产业协同发展的可行性，并构建犹豫模糊 MABAC-GRA 方法对粤港澳大湾区城市间时尚文化产业协同发展程度进行测度，对协同发展水平进行分析评价，进而提出提升区域时尚产业协同发展的框架和保障措施。对于粤港澳大湾区时尚文化产业协同发展的研究，可以对时尚产业发展理论层面的研究进行补充完善，丰富协同发展的理论知识。在实践方面，本书在推动粤港澳大湾区时尚产业升级转型、实现区域整体合力发展具有重要的意义。同时，基于犹豫模糊 MABAC-GRA 方法，提出粤港澳大湾区时尚文化产业协同发展水平的定量化评估及协同发展具体框架和路径，不仅可以为地方政府更好地把握时尚产业发展方向，制定相关战略，进一步提升时尚文化产业发展水平提供参考，而且有利于区域间增强交流、合作，推动不同地区时尚文化产业融入粤港澳大湾区产业合力发展的大环境中，提升区域时尚产业的协同发展水平，有助于大湾区时尚文化产业整体实力的提升，创造竞争新优势，跻身世界时尚文化产业前列。

第二节　研究内容体系

本书聚焦粤港澳大湾区的时尚文化产业，以提升该地区时尚文化产业协同发展水平为主要目标，在对相关概念和理论进行介绍的基础上，阐明纽约、旧金山和东京等湾区时尚文化产业创新体系；对当前粤港澳大湾区时尚文化产业发展现状及存在问题进行分析；挖掘粤港澳大湾区时尚文化产业协同发展的条件和可行性；构建犹豫模糊 MABAC-GRA 方法对粤港澳大湾区城市间时尚文化产业协同发展程度进行测度分析，并提出基于产业创新体系的粤港澳大湾区时尚文化产业协同发展框架；最后，提出相关的保障措施。具体章节内容安排如下：

第一章为绪论，主要介绍了当前中国时尚文化产业发展的现状和政策背景，以及对粤港澳大湾区时尚文化产业协同发展问题进行研究的必要性和意义，同时对本书的主要内容体系和框架进行简单介绍。

第二章介绍了粤港澳大湾区时尚文化产业协同发展的相关概念、理论基础及其当前的研究进展。其中，包括时尚文化产业、时尚经济和时尚文化产业资源等的内涵和外延、时尚文化产业的特点、协同发展理论、产业创新体系理论等，并从时尚产业相关研究、产业协同发展以及协同评估方法等不同的视角对文献研究的现状进行了回顾和梳理。

第三章重点介绍了全球其他湾区时尚文化产业创新体系。在对世界湾区时尚产业发展实践和理论逻辑进行分析的基础上，分别从时尚文化产业链、高校和科研机构、政府和金融机构对时尚产业创新发展的支持及高素质人才的支撑等方面对纽约湾区、旧金山湾区及东京湾区的时尚文化产业创新体系进行分析介绍，从而帮助读者更好地理解其他湾区时尚文化产业发展现状，说明时尚文化产业与湾区共存共荣，湾区是世界时尚文化产业的集聚地的现实。

第四章分析粤港澳大湾区时尚文化产业发展现状及存在的问题。在粤港澳大湾区基本情况介绍的基础上，从时尚文化产业链、时尚文化产业发展环境、人才支撑、政策支持和金融支持等层面对香港、澳门、广州、深圳、珠海、佛山、惠州、东莞、中山、江门、肇庆的时尚文化产业发展情况进行分析，剖析粤港澳大湾区"9+2"城市时尚文化产业发展的现状及存在的问题。

第五章为粤港澳大湾区时尚文化产业协同发展的必要性。一方面，从时尚文化产业链、时尚文化产业效益、时尚文化产业发展环境、高校和科研机构及香港、澳门与内地的时尚文化产业之间的互动等方面分析了粤港澳大湾区时尚文化产业总体情况；另一方面，从粤港澳大湾区时尚文化产业与其他湾区的差距、粤港澳大湾区时尚文化产业间的天然联系、区域产业协同条件、大湾区地理位置接近、文化相通等方面分析了粤港澳大湾区时尚文化产业协同发展的必要性。

第六章为基于产业创新体系的粤港澳大湾区时尚文化产业协同发展框架和路径。在参考相关文献的基础上以时尚产业为一级指标，以时尚品牌、时尚消费、时尚创新和时尚政策环境为二级指标，建立了一套指标评价体系，然后采用犹豫模糊 MABAC-GRA 方法对时尚产业协同发展水平进行评估，最后在借鉴世界典型区域的时尚产业发展模式基础上，从粤港澳大湾区时尚文化产业协同发展的路径、领域、城市协同和时尚文化产业间协同四个层面设计了实现粤港澳大湾区时尚产业协同发展的框架。

第七章为粤港澳大湾区时尚文化产业协同发展的保障措施。主要从加强组织领导、提升产业服务能力、扩大开放合作水平、聚焦数字基础设施建设四个方面保障和推动粤港澳大湾区时尚文化产业协同发展。

大力发展时尚产业，充分发挥区域时尚产业的整体力量，对于中国未来的经济社会发展具有重要的战略意义。然而，由于时尚产业在中国尚处于起步阶段，未发展成为一个成熟的、极具竞争力的经济实体，时尚产业的发展模式等理论和实践问题仍需进一步研究。本书构建了粤港澳大湾区时尚文化产业协同发展的系统分析框架，探索了湾区时尚文化产业协同发展的实现路径，对于粤港澳大湾区城市间时尚文化产业发挥整体合力、提升湾区"9+2"城市时尚文化产业的整体竞争力和品牌效益具有重要的意义。

第二章 粤港澳大湾区时尚文化产业协同发展的理论基础

第一节 时尚文化产业相关概念界定

一、时尚文化产业的内涵和外延

(一) 时尚

1. 时尚的含义

对于"时尚"的含义,学者们基于不同的视角和范式提出了不同的看法。当前学术界从社会学、社会心理学、美学、产业经济学、营销学、消费心理学等不同的学科领域对时尚的概念提出了差异化的解释和观点。学术界认为时尚与流行类似,并且与这一大众传播学领域的相关理论有着紧密联系,可以认为是各个不同时期前沿艺术思潮的对应关系。传统上,时尚被认为是以服装服饰为主要内容,但同时也涵盖除服装服饰以外其他各领域的多样内容。时尚也是一种非主体化的社会现象,与社会现象相互照应,并且与社会的政治、经济、技术、文化相互紧密联系,在一定程度上可以反映当时的社会政治和文化环境,以及经济和技术发展水平等情况。正如德国思想家齐奥尔格·西美尔在《时尚的哲学》一书中所提到的,时尚不单指服饰,它还是一种社会现象,包括了流行语以及礼仪等。

《中国时尚产业蓝皮书》对"时尚"一词给出了更加具体的定义:时尚是在一定时期和特定社会文化背景下,流传较广的一种生活习惯、行为模式及文化理念,体现在衣着、服饰、消费习惯或生活方式等个人或社会生活的多个领域。它往往由思想意识起步,以各种物质形式表达出来,是一种与现实生活紧密联系的社会文化，并与大众的精神诉求息息相关，成为一段时期内流行的生活态度和生活方式。美国社会心理学家金布尔·杨提出，时尚可以定义为广泛使用的语言、时尚风格、礼仪风格和其他行为、思维模式；美国社会学家布卢默认为，时尚是一种流行的或被接受的风格，它往往被认为是一种高尚的做法，在某些领域具有相对较高的价值；日本学者藤竹晓认为，时尚不仅是某种思想和行为潮流渗透到社会中的过程，而且包括不断改变人们的价值判断的过程；孙本文认为，时尚是一段时间内被崇拜的风格，风格是任何事物的格式，只要在社会上被崇拜了一段时间，任何有风格可言的东西都可以被称为时尚。时尚表达的范围很广，它可以附着在日常生活的一些琐事上，如服装、发型、化妆风格、香水香型等；还可以表现在社会交往和交流的内容和形式上，如语言和娱乐形式；还可以体现在对价值观和人生的追求上，甚至发生在建筑风格、工程设计、生活方式和交流方式上，呈现出地域和群体特征。时尚不仅关系到我们的生活、工作和学习，还涉及心理学、社会学、经济学、管理学等领域，研究时尚必须进行学科交叉研究。

2. 时尚的作用

时尚植根于人类社会不同形式的文化中，如果将时尚置于广泛的历史和文化发展背景下，就会发现它具有不同寻常的意义。时尚的本质、内涵以及外延的表现形式反映了时尚具有社会功能与文化价值。

（1）时尚的肇起由重要的社会思潮支配。归根结底，时尚在很大程度上都表现为一种文化现象，对人类社会来说，时尚并非其本身简单的时尚活动，其外部性能够丰富人们的日常生活、促进社会观念转变和改革，也有助于繁荣市场、社会进步。时尚具有广泛性，时尚的产生和确立需要特定的文化、风俗、习惯作为土壤和背景，不断引领消费和生产的新潮流、新趋势，是提升城市活力、魅力、影响力和软实力的关键要素，已逐步渗透和根植到经济社会的全过程和各领域，是经济和社会治理不可忽视的重要内容。

（2）时尚消费是阶层分化的产物。时尚产品具有象征价值。象征价值在于差异性，即时尚产品与其他商品之间的差异通过符号表现出来。不同的阶层群体看待消费和商品有不同的价值和审美导向，其侧重点存在较大差异，如收入较低群体往往看重商品和服务的实用价值，而收入较高群体更倾向于表现个性和身份，由此可以借助不同的消费习惯而区分不同群体和阶层。时尚作为一段时间内社会思想文化潮流的体现，既是文本的，又是物质的。它的形成不仅需要人的影响，还需要事物本身的特殊存在形式，具有区分不同消费阶层的标签功能。时尚似乎是个人的行为选择，但其消费观念和行为通常受到社会资本、生活网络和其他群体生活方式的影响，是消费率先升级的群体带动后发群体追赶时尚，继而不断更迭的过程。

（3）时尚不仅是一种商业行为、消费方式，还是一个综合性产业。消费时尚化是经济发展、社会进步的体现，适度的时尚消费是经济发展的动力，时尚元素有助于提升传统产品制造和服务环节的附加值，为消费者提供更为多样化的选择，不断满足人民群众对美好生活的需要，对于消费升级和供给侧结构性改革都具有信号功能。而需求不断升级、变化的中国时尚消费者，也给市场注入了新鲜的血液和源源不断的活力。

（4）时尚是潮流、前沿、高端和现代的代名词，更是气质、品位、个性和风格的象征。时尚被认为是自我表达的方式，消费者会深入考虑时尚品牌与自身价值观之间的联系，通过选择不同的品牌来满足和表达自己的需求，并完成对本我的探索。时尚可以让个人生活幸福，增强一个人的自尊心和吸引力，并有助于实现自我，这是时尚的积极功能。时尚对社会的积极影响是协调个人表现与社会控制之间的矛盾，找到切实可行的途径，对社会多元文化的呈现也具有积极意义。

（二）时尚文化产业

1. 时尚文化产业的含义

时尚文化产业的英文为 Fashion Industry，意为"时尚服装的制造者与销售者"，它起源于法国巴黎和意大利米兰的服装制造业。西方国家的时尚文化产业相对成熟，产业范围不断扩大，产业体系日趋完善，主要分为时尚设计和时尚营销两大领域。时尚设计是指从时尚概念的确立、创意方案的设计、数据管理、产品开发到时尚产品最终形成的整个过程，而时尚营销包括为时尚产品策划、设计、开发产品线和营销的所有活动，其目标客户主要锁定在制造和零售过程中。从产业形态来看，时尚文化产业是跨越先进制造业与现代服务业边界的多产业集群组合；在产品性能方面，时尚产业的特点是提供反映流行审美趣味和消费观念的高端消费品或消费服务；在资源体系方面，时尚产业主要由六个方面组成，分别是时尚地标、时尚人物、时尚品牌、时尚平台、时尚活动、时尚文化；就产业特征而言，时尚文化产业是相关性和边缘性、包容性和多样化、领先性、可变性和创新性的结合；就演变规律而言，时尚文化产业在历史、地理、气候、经济、商业、文化、人口等方面具有共同的发展背景和条件。

因为时尚文化产业的范围非常广泛，不同研究对时尚文化产业的界定也有较大区别。近几年，学者主要从审美追求、产业形式、服务对象、产业分类、经济价值等不同的视角对时尚文化产业的概念和特征进行了界定。刘畅等（2015）认为时尚产业是通过众多的不一样的产业一起构成的，不是一个有着明确清晰界限的单一产业，其核心是潮流服装，基础是鞋包、珠宝、化妆品以及电子产品等产业，包括了开发设计、拍摄宣传以及教育等众多的业态。赵磊（2007）在研究中认为，时尚文化产业是以经济为载体，对人以及与人相关的环节进行装饰和美化的产业。杨度（2009）从狭义和广义的视角对时尚文化产业的概念进行了界定，指出狭义的时尚产业是与时尚产品的生产、批发、零售、租赁相关的产业集群；广义的时尚产业是集时尚制造、时尚出售、时尚传播和时尚服务于一体的综合体。颜莉和高长春（2011）认为时尚行业应遵循艺术本质、"以人为本"特征、结构和层次特征三大原则，并指出时尚行业是以服装行业为核心，装饰和美化日常生活体验的行业。他们还认为时尚产业是有着审美标准，能够符合消费者的时尚追求，对传统的产业加以融合、升级以及重组之后产生的，其内核是服装产业，并可以对人们生活的环境加以提升优化的产业。因此，时尚文化产业是为满足不断变化的时尚消费需求而发展延伸的生产性服务型行业。陈文晖等（2018）认为时尚文化产业是提供承载时尚理念的高附加值产品的组织形式。冯幽楠和孙虹（2020）认为，时尚文化产业是融合制造业、商业、媒体行业、设计行业等一系列相关创意产业的集群。刘华康等（2022）认为，时尚产业是指基于文化和技术，通过创新、创意和创造，整合和升级各种传统产业资源要素而形成的新产业链。它是一个超越先进制造业和现代服务业界限的综合性产业。时尚产业的发展具有高附加值、高集成度、低消耗和低污染的特点。作为一种高创意、高市场掌控力的产业，时尚产业能够引领流行趋势，体现消费理念、流行审美和文化价值观，时尚产业的发展也会丰富人们的生活追求，多方面提升人们的生活质量。时尚产业是指通过工业和商业方式设计、采购、制造、促销、销售、使用、消费、收集时尚产品和服务的一系列商业活动。它是在新的历史条件下，随着社会历史的进步和生产力的提高，生产要素融合而产生的一种新的产业概念和形式。有学者认为，时尚产业是指经营时尚产品及相关产品的产业部门，即从事时尚产品从创意设计、制造加工到营销、流通等活动的产业组织。与服装业等传统制造业不同，时尚产业包含了整个价值链。《深圳时尚产业发展规划（2021—2025年）》提出要重点发展时尚消费电子、服装、家居、钟表、首饰、美容美发美妆、皮革、眼镜、其他时尚产品及服务等消费者相关行业的创意设计、品牌营销、创新智造等特征突出、市场影响力大、附加值高的核心功能环节。《浙江省人民政府关于加快发展时尚产业的指导意见》中提出，时尚产业包括时尚服装服饰业、时尚皮革制品业、时尚家居和休闲用品业、珠宝首饰与化妆品业和时尚消费电子产业五大产业体系。

我们认为，时尚文化产业是以时尚为关联点的产业集合，它融合了先进制造业、现代服务业和人文艺术思潮。同时以前沿设计、大众传播、商业运作的优势和发展机遇，反映时代政治、经济、科技、文化现状，以及主流时尚群体的集体审美趣味，并以审美趣味为驱动。具体来说，时尚文化产业是以创意、设计、创新、品牌为核心，融合文化、科技、艺术等诸多元素，具有高创意、高市场控制力、高附加值等特点的综合性城市产业，引领消费时尚潮流。它是以服装业为核心，通过一定的审美价值，整合、升级和结合各种传统产业，以满足人们的时尚消费而形成的，装饰和美化生活环境的产业，是文化与经济、艺术与技术、品牌与服务的有效结合。狭义的时尚主要体现在时装与配饰产品上，包括服装、鞋帽、箱包、首饰珠宝、眼镜、手表等产品，这是传统意义上的时尚产品。广义的时尚产品远远超越时装及配饰，还延伸到香水、化妆品、电子产品、家居用品、工艺品等消费品。时尚文化产业极具包容性，横跨了传统概念中的第一、第二、第三产业，以服务引导制造，具有较长的产业链、较强的可塑性和复杂性。

2. 时尚文化产业外延

尽管时尚文化产业在国民经济中的地位日益重要，但并未形成统一的行业划分标准，普遍认为，时尚文化产业的范围应分为狭义和广义。狭义的时尚文化产业是指装饰和美化人体的产业，是时尚产业的核心内容。广义的时尚文化产业不仅包括对人们生活和工作环境的装饰和美化，还包括对生活和发展中的相关事物和情况进行装饰和美化。中国学者谢群慧把时尚产业分为以时装、饰品和皮制品等行业为主的狭义时尚产业，及包括零售、传媒业、会展咨询等延伸行业的广义时尚产业。在西方发达国家，时尚文化产业的范围已经从流行的服装或发型设计产业扩展到以下领域：建筑、室内设计、体型、化妆品和美容、食品、舞蹈和音乐、体育、游戏和娱乐、政治、新闻和宗教、礼仪、技术和经济。《中国时尚产业蓝皮书》将时尚产业的范围界定如下：第一，时尚商品制造业，包括时尚休闲服装鞋帽、皮草皮具、各种饰品、名表、珠宝、香水、护发护肤化妆品、美食、消费类电子产品等；第二，时尚服务业，包括美容美发、健身旅游、流行音乐、影视摄影、动画漫画、时尚书籍杂志、餐馆酒吧等休闲娱乐产业。刘华康等（2022）在此基础上进一步提出，时尚第三产业除了休闲娱乐产业外，还包括时尚社区、时尚街区、时尚城市的建设，是装饰美化环境、事关人的生存和发展的时尚工程。可见，时尚文化产业的覆盖面相当广泛。

时尚文化产业是为满足时尚消费需求而形成的产业。由于服装和配饰与身体息息相关，是最直接的自我表达方式，狭义的时尚文化产业以时尚和服装产业为核心，其产品包括配饰、化妆品、皮具、皮鞋等。时尚还有其他表现自我的标志，如家纺产品、家居装饰、家用电器、娱乐产品、手机、MP3/MP4、数码相机、动漫、电子游戏等（见表2-1）。因此，从广义上讲，时尚文化产业还包括家具、美容美发、礼品工艺品、电子消费品、零售、会展咨询、传媒、出版、流行色等。时尚文化产业的核心竞争力在于时尚设计与市场营销。

表 2-1　时尚文化产业的表现形式

层次	内涵	内容
核心层	通过服装和服饰品表现自我，对人体进行美化和装饰	时装与服饰（核心）、鞋帽衬衫、箱包、伞、美容美发、化妆品和珠宝首饰、眼镜表具
扩展层	对人在生活和工作中所处的小环境进行美化和装饰，表现个性	家纺用品、家饰装潢、家居用品、照明灯饰
延伸层	对人在生存和发展中的相关事物和情况进行装饰和美化，表现个性	手机、数码相机、动漫、电玩等消费电子产品

资料来源：笔者整理。

在时尚文化产业的内涵和外延方面，虽然不同研究者存在一定差异，但在核心内容方面高度一致，时尚产业外延广泛，在表现形式上分为核心层、扩展层和延伸层。由于时尚文化产业的宽泛性和缺乏明确统一的定义，难以获得健全的时尚产业统计信息和数据，下文对时尚文化产业的分析采用《中国统计年鉴》和《广东统计年鉴》中纺织业，纺织服装、服饰业，皮革、毛皮、羽毛及其制品和制鞋业，木材加工和木、竹、藤、棕、草制品业，家具制造业，造纸和纸制品业，印刷和记录媒介复制业，文教、工美、体育和娱乐用品制造业来粗略地代表时尚文化产业，香港和澳门数据主要选取两地的统计年鉴中与上述时尚文化产业内涵和外延相吻合的部门予以分析。

二、与时尚文化产业相关的概念

时尚体系是植根于特定区域范围内的政府、产业链、消费群体、文化特征，在区域范围内的生产与消费关系中得到推动，为时尚产业提供有效的沟通机制。与时尚文化产业相关的时尚体系概念主要涉及时尚经济和时尚文化产业资源。

（一）时尚经济

时尚经济是以时尚创意为主要特征，以时尚产业为内容产业，以时尚文化为社会经济内涵，以时尚智能和知识为核心环节的经济形态。它将人力资本、物质资本和信息资本连接整合成一个新的经济体系，带动社会经济文明、物质文明和精神文明的发展。时尚经济是一个经济系统，是一个从时尚创造到时尚市场，从价值创造、制造、传递、经验交流到再创造的可持续发展的开放系统和生态系统。时尚文化产业是时尚经济的核心。

（二）时尚文化产业资源

时尚文化产业通过市场、人才、品牌、企业、活动等要素的融合，形成了独具特色的产业链。总的来说，时尚文化产业的资源体系结构包括时尚产品、时尚地标、时尚人物、时尚品牌、时尚平台、时尚活动、时尚文化。

1. 时尚产品

时尚产品是指代表当今时尚，具有一定附加值和时代先进性并满足现实需求的产品，往往代表特定时期主流消费者的消费倾向，包括特定人群在特定时间首先购买和使用的时尚商品和服务，后来被大众羡慕或模仿的热销产品都是一些人在短时间内用来满足自己的新产品。时尚文化产品具有时效性、炫耀性和流行性。

2. 时尚地标

时尚地标是具有设计元素和区域特色的建筑及其装饰物，具有独特风格和属地文化色彩，是时尚文化产业发展的重要载体，兼具展示城市时尚、宣传时尚理念、推广时尚产品、提供时尚体验等多项功能，是时尚商业化、场景化和时尚氛围的集中呈现。时尚地标对带动时尚消费、展示时尚风格具有不可替代的作用。时尚地标往往具有唯一性，与当地时尚风格融为一体，是区域时尚元素中最为突出的标识。

3. 时尚人物

时尚人物包括时尚设计师、时尚摄影师、形象造型师、时尚评论员、时尚模特、时尚品牌策划专家等，他们是引领潮流的先锋，是引导、推动和运营时尚产业发展的主力军，也是时尚产业发展中的动态元素。时尚人物是时尚文化产业最关键的因素，是时尚话语权的塑造者、时尚传播和更迭的主力军，也是区域时尚文化产业的灵魂人物。时尚人物集聚是世界五大时尚之都的共性，是时尚文化产业发展的先决条件。

4. 时尚品牌

时尚品牌是国际时尚消费的主流，也是创造时尚消费新趋势的推动者和领导者，具有国际特色。时尚品牌管理的构成要素包括功能的感觉、心理感受、品牌认知等，具体表现为增加购买信心、提高认同感、实现客户价值，从而增加市场份额、带来更高利润、增加企业价值。时尚品牌价值的形成是这样一条线：首先是顾客有品牌意识，继而产生品牌联想，而后产生对品牌的态度，接下来是对品牌的购买行为，最后带来企业价值。时尚品牌是决定时尚文化产业竞争力的关键因素，它有助于提升时尚文化产品的区分度，通过品牌定位、品牌风格、品牌形象、品牌文化和品牌故事锁定消费者，从而形成稳定的消费群体，提升时尚文化产品附加值。时尚品牌价值决定了时尚文化产品竞争力，区域时尚品牌的多寡决定了区域时尚文化产业的影响力。

5. 时尚平台

时尚源于交流。时尚平台包括科技创新与研发力量、时尚教育与培训、行业协会、国际展会、时尚发布、现代信息媒体、时尚出版业（包括报刊、杂志、电视、电影、互联网）等，这些都是宣传时尚产品、提高时尚地位的主要媒体，直接关系到城市时尚文化产业发展的水平和层次。

6. 时尚活动

时尚活动是时尚产业不可或缺的载体，包括时装周、文化艺术节、时装秀、时装发布会、车展、选美比赛等，这些都与时尚的声音息息相关；它的多样性和活动强度反映了一个城市在时尚产业中的地位和国际影响力。时尚活动吸引的国际时尚人物水平和数量、时尚品牌水平和数量以及营业额等指标反映了区域时尚文化产业的影响力和活跃度。时尚活动是区域时尚文化产业发展的催化剂。时尚活动不仅会直接惠及时尚文化产业，还会增加主办地的影响力，促进当地消费，提升知名度和美誉度。

7. 时尚文化

时尚是社会的镜子，它深刻反映了当前背景和未来发展的趋势。生活方式的改变会带来新的时尚消费能力和形式，形成时尚文化。时尚文化是指反映某种政治和经济形式的价值符号，它与政治经济相融合，包括显性和隐性形式。它具有新颖、前沿和活跃的特点。时尚文化是时尚产业高质量发展的内在动力，是城市文化建设的重要核心，即时尚文化是指一种流传广泛、盛行一时的大众心理现象和社会行为，是发展时尚产业的重要人文因素，体现着开放的城市精神和社会心态。时尚文化决定了一个城市或区域时尚产业的品位和特色，蕴含在时尚产品中的精神内涵，对引领时尚需求具有不可忽视的作用。伴随时尚文化而来的服装服饰、家居家具、玩具文具、消费电子产品的设计和制造风格，有助于影响人们的生活方式和文化形态，产生强烈的相互认同感和归属感，从而锁定消费人群，带来时尚产业的稳定需求，支撑时尚产业的可持续发展。时尚文化是一种独特的文化现象，具有丰富的感性色彩，它不仅表现为一种审美现象，而且还包括了精神性和时代性的内在特征，与传统文化有着很大的区别。时尚文化在改变人们的生活方式和精神面貌的同时，也具有重要的社会意义。时尚文化是以商业为导向的，是随着市场的发展，根据市场的需求而制造的。

三、时尚文化产业的特点

时尚文化产业是时尚与文化融合发展的一种新生业态，可以为文化产业发展提供强大的创新驱动力。时尚文化产业发展是一个系统工程，涉及经济建设、政治建设、文化建设、社会建设等诸多领域，时尚文化产业从来都不是单一的产业，而是复合型产业。时尚产业不是一个独立的产业门类，而是通过升级和结合传统产业来满足日益增长的时尚消费而形成的产业集群。它是文化创意产业向商业化和社会化的进一步延伸，具有第二产业和第三产业融合的属性。从本质上讲，时尚产业是一种城市产业，即时尚文化产业的形式或其生存状态是城市的外部规模或外部集约化，如时尚媒体、金融资本（如品牌运营交易本质上是资产运营）、时尚市场、时尚教育、时装展示和其他城市资源以及相关和配套产业。时尚文化产业的产生与发展，关系到城市的转型与发展。时尚文化产业将带动传统制造业，为其他新产业的发展创造空间和活力。

时尚产业是一种具有高创意、高市场控制力和高附加值的新型产业，能够引领消费潮流。发展时尚产业是顺应世界产业发展趋势的客观要求，是加快传统产业转型升级、培育新经济增长点的重要举措。时尚行业主要提供精致和美化的消费品或消费服务，反映流行的审美趣味和消费观念，其产业特点突出表现为引领时尚消费，包括多元文化价值观，并随着社会生活趋势的变化不断创新、丰富和发展。现在，时尚文化产业已经成为一个高附加值产业，融合了先进制造业和现代服务业，是未来推动经济发展的重要力量。

第二节　粤港澳大湾区时尚文化产业协同发展的理论基础

《粤港澳大湾区发展规划纲要》明确了粤港澳大湾区要建设宜居宜业宜游的优质生活圈，建立文化创意产业体系。时尚文化产业是文化创意产业的重要组成部分，粤港澳大湾区时尚文化产业虽然较为活跃，但与其他湾区相比，时尚文化产业在规模、层次和影响力方面还存在较大差距，综合竞争力不强，通过"9+2"城市协同发展时尚文化产业势在必行，提出这个命题主要的理论依据为协同论和产业创新体系。

一、协同论

协同发展理论是支撑本书的基础性理论。德国斯图加特大学的教授哈肯在吸收系统理论和控制论成就的基础上，将系统统计、数学和动力学相结合创立了协同学（Synergetics）。哈肯于1971年提出了协同的概念，1976年，他系统地讨论了协同理论，并出版了《协同学导论》《高级协同学》等。协同学是近年来发展起来和广泛应用的一门综合性学科，侧重于讨论各种系统从无序变为有序时的相似性。一方面，我们的研究对象是许多子系统的共同作用，在宏观上产生结构和功能；另一方面，协同学是许多不同学科的合作，可以发现自组织系统的一般原理。

客观世界中有各种系统，社会的或自然的，有生命的或无生命的，宏观的或微观的等，这些看似完全不同的系统有着深刻的相似之处。协同理论是在研究事物从旧结构向新结构转变的基础上形成和发展起来的。它的主要特点是通过类比建立了一套从无序到有序现象的数学模型和治疗方案，并扩展到了广泛的领域。它基于"许多子系统的合作受同一原则支配，但与子系统的特性无关"的原则，在交叉学科领域中考察其相似性以探索其规律。

协同理论认为，虽然不同的系统具有不同的属性，但在整个环境中，各个系统之间是相互影响、相互协作的。它还包括普遍的社会现象，如不同单位之间的相互合作与协作、部门间关系的协调、企业之间相互竞争的作用，以及系统中的相互干扰和制约等。协同理论指出，在一定条件下，由于子系统之间的相互作用和协作，大量的子系统构成一个系统，讨论了从自然到人类社会的各种系统的发展和演变，以及转变所遵循的共同规律。协同方法可以用来找出影响系统变化的控制因素，从而发挥系统中各子系统之间的协同作用。协同理论主要研究一个远离平衡的开放系统在与外界发生物质或能量交换时，如何通过自身的内部协同作用，在时间、空间和功能上自发地出现有序结构。协同效应以系统论、信息论、控制论、突变论等为基础，从耗散结构理论中吸取了大量营养，将统计学和动力学相结合，通过对不同领域的分析，提出了多维空间理论，建立了一套数学模型和处理方案，并描述了从微观到宏观过渡过程中各种系统和现象从无序到有序的共同规律。

随着一体化建设的推进，协同发展受到越来越多的关注。协同发展指一个系统中的多个子系统，从各自独立到相互协调、合作最终实现两个或多个子系统协调、共同发展的态势。协同发展反映了社会大系统中的政治、经济、文化等各个子系统在维持自身系统稳定、持续发展的基础上，也要基于全局观念、相互合作、实现平衡上升发展。协同发展概念的核心思想是事物是在旧结构向新结构转化的基础上形成和发展的。它的主要特点是通过类比的方式，针对这种从无序到有序的现象建立了一套数学模型和处理方案，并将其扩展到广泛的领域。协同发展的实质是各子系统的有机结合、协调发展，它体现了制度的思想，反映了制度从封闭特殊到开放合作的发展趋势。

二、产业创新体系

产业创新体系是一个复杂的系统，国内学术界尚未形成清晰的系统架构。本书试图从供给侧结构性改革的角度将产业创新体系细分为四个子系统，即产业技术创新体系、产业制度创新体系、金融支持产业创新体系和人才保障产业创新体系。根据要素定位和功能模式的不同，将产业创新系统要素分为三类：第一类是主要要素。产业创新体系的主体分为核心主体和合作或服务主体。核心主体是产业链上下游的各类企业，是科技与经济的结合体，也是产业发展的主要支撑。合作或服务主体包括高校、科研机构、金融机构、中介机构等。第二类是资源要素，具体包括高校和研究机构提供的人才、知识和技术，金融机构提供的资金，中介机构提供的信息和咨询服务等。第三类是环境要素，包括政府为促进产业创新提供的政策和基础设施、正式和非正式的制度规定以及外部市场关系。

（一）产业创新体系的概念

产业创新体系是指在企业之间，以及企业与大学、科研机构，用户与供应商，金融机构和政府之间，以产业链中的企业为创新主体，构建网络，实现自主技术创新和产业升级。产业创新体系的本质是联系，即以技术创新为核心，将企业和其他参与者的创新活动联系起来，形成一体化的创新能力，从而降低个体创新活动的创新成本，实现利益最大化，继而促进创新活动的产生、流动，行业内新技术或新知识的更新和转化，以及企业创新能力的形成和产业竞争力的提高。

（二）产业创新体系的构成

产业创新体系由四个部分构成（见图 2-1）。第一部分是产业创新体系的主体，包括主要参与者——企业、次要参与者——大学等高等院校、研究机构、中介服务机构、金融机构、用户和供应商以及政府。第二部分是产业创新体系的资源要素，包括大学和科研机构提供的知识资源和技术资源，政府为促进产业创新提供的必要的科技基础设施，中介服务机构提供的咨询和创业中心，这些都是实现产业创新的必要资源。第三部分是产业创新体系的客体要素，主要是指通过产业创新体系实现的技术创新、组织创新和管理创新。产业创新体系的主要功能是通过信息交流、知识共享与传播、人才流动、设施共享，促进产业内企业以及企业与其他次级参与者之间技术创新、组织创新和管理创新的实现。第四部分是产业创新体系的运行机制。这是一套规范产业创新体系中初级和次级参与者行为的规则和实践，包括政府为促进产业创新体系的形成和完善而给予的必要的法律规制和政策引导，行业协会提供的一些标准和规则，以及产业创新体系自身形成和发展过程中产生的相关机制，来约束相关参与者的行为，促进产业合作能力和服务功能的提升。

产业创新体系需从三个维度进行建构：一是以企业为创新网络的节点，确立企业的创新主体阵地，促进行业新技术的产生；二是立足产业链，使产业内相关业务、业务互补的节点形成横向创新链，具有投入产出关系的上中下游节点形成纵向创新链，促进转移扩散行业新技术；三是横向创新链、纵向创新链与周边高等院校、科研机构、中介机构等社会组织共同形成产业创新网络，在知识创新、

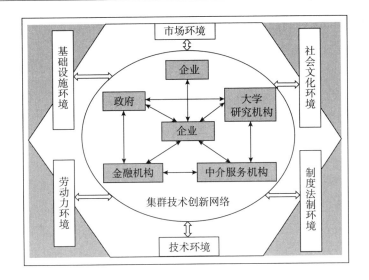

图 2-1　产业创新体系的构成

资料来源：笔者整理。

技术创新、知识传播和知识应用等方面发挥重要作用，促进产业升级和产业竞争力。

　　时尚产业创新体系是围绕时尚产业的内涵和外延而形成的时尚产业链，及围绕产业链上下游企业需求的参与者构成的体系，推动时尚产业内新潮流、新技术或新知识的产生、流动、更新和转化，打造时尚产业竞争力，使其能够在国际时尚更迭中始终立于潮头，引领区域乃至国际时尚潮流。本书应用产业创新体系理论对四大湾区的时尚文化产业创新在产业链现状、高校和科研机构、政府和金融机构对产业创新发展的支持、高素质人才的支撑等方面进行比较研究，在此基础上提出粤港澳大湾区时尚文化产业协同发展的对策建议。

第三节　时尚文化产业协同发展相关研究现状

一、时尚文化产业发展路径相关研究现状

　　时尚文化产业的兴起与发展是引领全球产业发展的重要趋势之一，且会驱动社会经济的快速增长，因此时尚产业发展相关的研究也逐渐引起国内外学者们的

关注。学者们在对时尚、时尚产业等与时尚相关的概念进行界定的基础上,对区域时尚产业的发展现状、路径等问题也开展了系列研究,并取得了丰富的成果。与国外对时尚产业的研究相比,国内学者在此方面的研究起步相对较晚。国外学者主要从不同的视角对时尚的概念进行阐释和界定,对时尚产业发展路径等层面的研究范围比较狭窄,这对于时尚产业起步较早、发展比较迅速的国外来说,研究视角和层次显然是不够的。国内学者对时尚文化产业的关注和研究虽然起步较晚,但研究发展迅速且研究范围广泛,不仅涉及国家层面、行业协会层面和时尚产业自身层面,而且对于各个层面的研究内容都相对具体丰富,分析详细、全面。这些研究也基于国家、行业和时尚产业等不同的视角提出了促进区域时尚文化产业及各细分产业发展的实施措施,不仅为时尚产业的研究提供了理论基础、新的研究视角和思路,还为各地区制定和实施有效的措施推动时尚产业的转型升级和发展提供了借鉴价值。当前,国内学者对时尚产业发展情况的研究主要聚焦在发展路径和新发展背景下的转型升级方面。

首先,部分学者对我国时尚产业的发展路径进行了探讨。刘长奎和刘天(2012)聚焦我国时尚产业发展相对比较成熟的区域,总结这些地区时尚产业发展的经验和共性,得出了时尚产业发展的一般规律和模式,指出时尚产业的发展离不开地理、政策、经济、产业和人文这五大基础因素,而"消费时尚"发展模式、"制造时尚"发展模式、"市场导向"发展模式和"政府主导"发展模式是时尚产业体现的四类主要发展路径和模式。但基于当前我国经济发展的现状和时尚产业发展的基础,我国时尚产业应采取"消费时尚"的发展路径,并通过加大政府的支持来推动我国时尚文化产业的快速发展。此外,陈文晖等(2018)的研究则关注消费水平不断增长、新兴消费热点不断涌现的情况下,我国时尚产业的发展问题。他们指出,当前我国居民的消费水平呈现平稳较快增长的趋势,消费升级持续上升,这也为时尚产业的发展提供了巨大的市场潜力和支撑,时尚产业也逐渐成为越来越多的地区和城市促进产业提质增效、培育新的经济增长点、实现经济高质量发展的重要抓手。同时,他们的研究也提出,在消费升级的情况下,时尚产业要深化供给侧结构性改革、加快推动和实现产业的转型升级,通过技术的创新、产业间的不断融合和发展模式的探索与创新,不断扩大高质量时尚产品及服务的供给,让时尚产业成为区域经济发展的新动能,驱动经济的快速发展。刘华康等(2022)的研究聚焦于时尚产业发展面临的融资模式问题,他们认为与传统产业相比,时尚产业的发展呈现出"轻资产、高成长、高波动"的特征且间接融资具有较大的难度,所以时尚产业在发展中所需要的融资会更依赖于外部的投资者,这也促使企业的管理决策者更加重视融资决策制定的科学性和有效性。薛惊理等(2022)以生命周期理论为基础,以我国时尚产业为研究对象，通过生长曲法线评估了 2008～2019 年我国时尚产业生命周期的时空特征。其研究结果表明，当前我国时尚产业的扩展层处于成熟期，核心层与延伸层处于成长后期，未来鞋帽产业、化妆品产业、箱包产业和珠宝首饰产业将步入产业上升阶段，而在时尚产业的区域发展差异方面，现阶段华东、华北和华南地区的时尚产业处于成熟期，其他区域处于形成期或成长期。

其次，当前国内学者们结合各地时尚产业发展的实际情况，对不同省份或城市时尚文化产业的发展路径进行了有效的探索。作为文化艺术传播和促进消费升级的重要路径，建设时尚之都也逐渐成为时代的潮流。上海作为我国的经济、金融中心，发展时尚产业、建设时尚之都也是上海在未来一段时间推动时尚产业向高质量发展转型升级、培育经济增长点的新路径。廖欣（2021）在对纽约、东京、巴黎、米兰和伦敦五大国际时尚之都的发展历程进行梳理的基础上，基于现阶段上海时尚文化产业发展的现状和特征，提出了从提升时尚消费能级、扶持上海本土品牌、推广海派时尚文化、推动长三角可持续时尚发展、创新高校时尚教育五个方面来推动上海国际时尚之都建设；浙江省作为服装纺织业发展迅速的地区，浙江的时尚产业发展也引起了学者们的关注。陈建忠（2015）针对浙江省时尚文化产业发展的特殊性，从营销渠道、创新设计等方面提出推动时尚产业发展、培育重点国际时尚品牌的路径，并提出要将构建时尚产业链作为推动时尚产业发展的主攻方向。同样，刘娟和孙虹（2018）在对浙江时尚产业发展的研究中强调，要重视政府和时尚行业相关协会在时尚产业发展中的引导作用，建立健全时尚产业相关的法律法规，同时要发挥时尚媒体在时尚产业发展中的宣传作用和力度，加强产教融合、培养和吸引高端时尚设计方面的优秀人才，通过构建独具特色的时尚文化发展氛围来推动浙江时尚产业的发展。浙江宁波将时尚产业纳入宁波 "246" 万千亿级产业集群培育工程，凸显其对时尚产业发展的重视。在 "十四五" 期间，宁波时尚产业的转型升级发展会面临新的机遇。张杰等（2021）从城市时尚和产业集群两方面梳理宁波时尚产业的发展现状，提出了推动时尚产业发展的方向和路径，并认为宁波未来应坚持 "中国服装定制之都" 的新定位。聂玉婷等（2021）对郑州时尚产业发展的研究则指出，郑州在时尚政策引领、时尚技术创新、时尚文化培育、时尚品牌影响力和时尚人才支撑等方面仍存在明显的不足。郑州要建设时尚之都应把握时代发展的机遇和地区经济、资源方面的优势，通过增强城市文化的包容性、商业环境的开放性、时尚产业园区的集聚性、时尚设计团队的高端性等来加速时尚产业的发展。粤港澳大湾区的深圳经过多年的发展，其时尚产业已经实现了从传统产业向传统优势产业，再向时尚文化产业的升级转变，呈现出高创意、高市场掌控力、高附加值等特征，成为深圳经济发展的新驱动，并且对于传递不同生活理念、引领时尚发展潮流、融入全球时尚文化具有重要的意义。凌春杰（2022）指出，随着信息技术的发展，深圳时尚产业将进一步与信息技术相融合，这给深圳时尚产业的发展带来了新的机遇，同时也提出了新的功能和价值调整方向。在这种形势下，深圳需要强化时尚产业集群发展、构建良好的产业发展生态链，推动产业内生环节和关联环节的联动，进而解决时尚产业发展所面临的产品价值链单一、产业集群配套设施不完善等瓶颈和问题，最终实现时尚产业的高质量发展。针对时尚产业发展中的产业链问题，刘畅等（2015）基于服装时尚产业供应链相关问题的研究也指出，在时尚商品市场中，企业只有加强研发能力和营运管理能力、充分利用人力资源与自然资源、持续提供新的时尚商品，才能获得更高的长期收益。

近年来，随着数字经济的快速发展，数字经济背景下传统时尚产业模式的创新发展与变迁也开始引起各地政府、企业和学术界的关注。2021 年 10 月，深圳市发布了《时尚产业数字化智能化转型升级研究报告》，提出要积极支持条件成熟的时尚产业企业进行数字化、智能化转型升级，着力填补当前深圳时尚产业在发展过程中遇到的问题和短板，多方面支持和推动时尚产业的高质量发展。贾荣林和陈文晖（2022）认为数字技术的发展颠覆了时尚产业的经营模式，而呈现出高成长性、高渗透性、强减碳性和可持续性特征的数字时尚已成为驱动经济长远、持续发展的战略性产业。他们在研究中梳理了上海、北京、杭州、深圳等城市的数字经济发展模式及经验，同时在借鉴美国、英国、新加坡和欧盟等国家和地区有关数字时尚产业发展的政策、规则和人才制度等方面的基础上，提出了我国应通过完善政策体系、增强技术创新能力、培育数字时尚产业龙头企业和参与国际规则制定等举措来发展数字经济的路径。张杨傲冰等（2021）的研究表明，数字经济和实体产业的融合将会产生全新的商业与生产模式，数字经济会对知识与信息的传播分享方式、生产的组织形式和人们追求生活的方式产生影响，时尚产业在未来应坚持 C2M 大规模定制、O2O 全渠道体验增强和智能化制造成本领先三类模式，推动时尚企业的转型升级。陈文晖和王婧倩（2022）指出，工具的数字化会改变人类的思维方式，数字时尚正是在这种新型的思维模式下的生活和消费模式的变迁。数字和时尚的融合对时尚产业的影响贯穿于时尚产业设计、制造和销售的所有环节，对各个环节都会产生革命性的影响。数字时尚产业会调动创作者的表现性和创新性，消费者的趣味性会进一步被满足，数字时尚产业的消费方式也会由"购买"转向"订阅"。基于此，我国时尚产业数字化转型应该走时尚设计数字化、时尚营销数字化、时尚供给数字化、时尚消费数字化的全面提升之路。

二、产业协同发展相关研究现状

推动区域一体化发展是我国的一项重大战略，产业跨区域协同发展是区域一体化的核心议题。探索产业协同发展，发挥区域间产业的整体合力，成为一体化发展背景下社会各界关注和研究的热点。国内外对产业协同发展的研究起步较早，最初学者们聚焦在探索产业协同的基本内涵。部分学者认为协同是来自系统自组织的一个动态化的概念，是国民经济正常运转中的各个子系统、各个产业及产业群之间通过互相合作、互相助力来达到和实现宏观层面的有序。具体来说，产业协同是在一定区域范围内的要素整合，是各个子系统在系统当中的基于复杂的协同关系，创造性地适应环境、相互分工、配合互动、不断促进的动态程度的体现。产业协同通过系统内部所有子系统的同步协作来实现产业的共生演化、产业结构的优化升级、发展质量的有效提升。基于这一概念，学者们对我国不同区域间的产业协同发展情况展开了广泛的研究，并提出了一定的政策建议，对我国区域间产业的协同发展、区域一体化建设提供了借鉴和参考。

高京燕（2022）采用文本分析和灰色关联度分析等方法对粤港澳大湾区内地9市的产业协同度进行评估，研究结果指出粤港澳大湾区内地9市的产业布局和发展仍呈现出较为粗放的状态，各地产业结构相似程度较高、同质化明显，应加快传统制造业的转型升级、推进产业的协同创新。刘怡等（2017）以京津冀地区为研究对象，运用区位熵灰色关联度分析法，构建了产业增加值、法人企业数目、城镇单位就业人数三个维度的指标，计算了三个地区13个城市11个行业的区位熵值，然后在修正灰色关联度指标的基础上，计算了京津冀地区各城市、各行业的灰色关联度。李小玉和李华旭（2022）基于2013～2020年数字产业化、数字基础设施和产业数字化发展数据，利用耦合协调度模型对武汉城市圈、环长株潭城市群和环鄱阳湖城市群三个长江中游城市群的数字经济产业协同发展水平进行评估。研究结果表明，研究区间内三大城市群的数字经济产业耦合协调度呈现持续上升的特征，2020年武汉城市圈的数字经济产业达到优质协调，其他两个城市群则达到良好协调，同时这三大城市群间的数字经济产业协同已达到良好协调。李博雅等（2022）以大兴机场片区这一跨省级行政区设立的自贸区片区为突破口，探索自贸区与临空经济融合发展对促进京津冀产业协同的路径。徐涵蕾（2010）指出先进的技术、优质的企业和运行许可是影响地区产业协同和可持续发展的主要因素。在对澳大利亚奎纳纳地区的产业协同实践进行分析的基础上，参考其评价产业协同能力的方法和模型，对产业间的协同情况进行了分析和研究，同时对伴生产品协同以及基本生产资料协同进行了详细分析和介绍，对于实现资源型城市产业的协同和可持续发展具有重要的指导价值。钟庭宽（2022）聚焦高新技术产业，探索区域间高新技术产业实现协同发展的条件，基于改进 Lotka-Volterra 模型，以环长株潭城市群为目标对象，对该城市群内城市间高新技术产业的协同发展水平进行评估和分析，结果表明研究区间内环长株潭城市群间高新技术产业协同发展情况存在不稳定、鞍点均衡、长期稳定等多种状态，而只有区域间协同影响系数的乘积小于 1，才能实现高新技术产业协同发展系统的稳定。黎友焕等（2022）基于国内外产业协同发展理论，通过构建灰色关联度模型对粤港澳大湾区三大产业及四大重要服务业的产业关联情况进行实证评估。研究结果表明，粤港澳大湾区核心城市在第二、第三产业上的关联水平相对较高，不同的是节点城市在第一、第二产业上关联水平较强，此外重要服务业则呈现出产业同质化等现象。

三、时尚文化产业协同发展的相关研究现状

近年来，随着文化产业对经济的贡献作用越来越强，文化产业协同发展逐步开始引起关注，但学术界对文化产业协同发展的研究较少，尚具有较大的研究潜力和空间。魏明（2018）指出，在浙江省将时尚产业确定为省内七大万亿级支柱产业之一的背景下，时尚产业成为浙江省产业结构优化升级的重点行业，在此过程中，产业间的融合与关联现状和水平应引起重视。他将产业结构作为一个灰色系统，以浙江时尚产业为研究对象，通过建立灰色关联度模型，分析了浙江时尚产业与其他相关产业的关联度。程敏等（2020）则聚焦于时尚产业内部的女装产业和纺织产业间的协同发展情况。他们在走访调研江浙沪地区时尚女装产业与纺织产业集群的基础上，通过设计文件进行调查分析，提取了影响该区域时尚女装产业与纺织产业集群协同发展的主要因素，并指出时尚市场发展与前景、时尚设计与传播因子、产业基础因子是影响产业协同发展的最主要的三个因素，政府和相关企业应重点着力完善和提升这三个方面的建设，推动区域时尚服装产业和纺织产业集群协同发展。

四、协同度测量方法的相关研究

在度量产业协同发展方面，如何构建和运用合理的方法和模型进行协同水平的度量也是关键问题。当前，灰色关联度模型、耦合协调度模型以及 VAR 模型等被学者们广泛应用于评估产业协同水平。高京燕（2022）以粤港澳大湾区内地 9 个城市的主导产业为研究对象，基于文本分析、比较分析和灰色关联度分析等方法，评估和分析了"十三五"期间粤港澳大湾区"9+2"城市产业发展协同度，研究结果表明粤港澳大湾区城市的产业结构呈现出较高的相似程度和明显的产业同质化情况，城市间产业的协同发展水平需要进一步提升。刘怡等

（2017）将区位熵和灰色关联度分析法相结合，对 2015 年京津冀 13 个城市 11 个行业各自的灰色关联度进行了评估。胡元瑞等（2020）利用耦合协调度模型研究了中国产业转型升级与城市化建设的耦合效应，研究发现，两者之间的耦合协调程度存在较大的区域差异，北京、天津和上海之间的耦合协调程度较好，广西和云南之间处于初级耦合协调阶段。

五、研究述评

现阶段，虽然我国的时尚理念日益成熟、时尚文化越来越兴盛、时尚产业的发展越来越快，在经济发展中的贡献作用越来越大，时尚产业的发展路径和区域间的协同发展问题也引起了各方的关注，取得了一系列的研究成果，但分析当前时尚文化产业的相关研究可知，当前仍存在一些不足。

第一，当前关于时尚文化产业的研究主要聚焦在时尚产业内涵的界定和区域时尚产业发展路径的探讨，且主要是针对广义的时尚产业进行研究，对时尚行业内部细分行业的关注不足，需要进一步挖掘研究深度。

第二，现有研究对区域产业协同发展的关注较多，但对区域间时尚产业协同发展水平的研究较少。随着区域一体化建设的进一步深入和时尚产业在经济发展中的驱动作用越来越重要，发挥区域间时尚产业的合力，研究时尚产业的协同发展非常有必要。

第三，当前关于协同发展水平的评估方法主要为灰色关联度分析和耦合度评估，以及对这两种方法的进一步扩展，研究方法比较单一。产业的协同发展是一个复杂、动态的演变过程，如何构建和采用更加科学、合理的方法进行产业协同的评估和研究也应成为下一步工作的重点。

第三章　其他湾区时尚文化产业创新体系

　　自古以来，那些经济发达、物质丰富的地区都是时尚的发源地和流行生活和行为的集散地。希腊、文艺复兴时期的意大利、18 世纪后的法国和美国被公认为时尚的源头，影响了周边国家乃至全世界的时尚潮流。湾区作为当前世界经济最为发达的区域，其雄厚的经济实力为孕育和发展时尚文化产业奠定了经济基础。国际一流湾区有纽约湾区、旧金山湾区、东京湾区，它们的一个显著共性就是时尚文化产业高度发达。纽约湾区和东京湾区有世界五大时尚之都中的纽约和东京，由时尚之都带动湾区整体时尚文化产业迅猛发展。纽约湾区有 900 多家时尚品牌，时尚产业占据了 5% 的劳动力，创造了 18.22 万个岗位，服装制造业占据了整个制造业的 30%，纽约时装周成为全球时尚风向标。东京湾区包括一都七县，土地面积仅占日本国土的 1/10，却拥有全国 35% 的人口，地区生产总值占比接近 40%，其中纺织服装、时尚电子产品、网络游戏等时尚文化产业对湾区的贡献功不可没，东京时装周不仅是东京湾区，而且是亚洲时尚的旗帜。旧金山湾区也毫不逊色，拥有 10 大时尚购物中心，Haight Street 上独一无二的氛围和装饰、独特的维多利亚风格建筑和涂鸦壁画构成湾区的时尚地标，与个性化的时尚店铺相互呼应，具有浓郁的自由色彩和创新风格的时尚元素遍布湾区。由此可见，时尚文化产业与湾区共存共荣，湾区是世界时尚文化产业的集聚地。在时尚得以出现的种种前提条件中，社会的物质生活条件富裕或相对丰富是最为基本的。

第一节　世界湾区时尚产业发展实践和理论逻辑

一、世界湾区时尚产业发展实践

　　如前所述，时尚产业有狭义和广义之分，从内涵和外延上来看，时尚文化产业可分为三个层次：核心层是通过服装和服饰品表现自我，对人体进行美化和装饰，包括时装与服饰（核心）、鞋帽衬衫、箱包、伞、美容美发、化妆品和珠宝首饰、眼镜表具等；扩展层是对人在生活和工作中所处的环境进行美化和装饰，表现个性，包括家纺用品、家饰装潢、家居用品、照明灯饰等；延伸层是对人在生存和发展中的相关事物和情状进行装饰和美化，表现个性，包括影视制作、出版印刷、手机、数码相机、动漫和电玩等产品。湾区作为全世界经济和科技发展的领跑区，吸引着全球顶尖的企业家、创业者和科研人员创造大量财富，成为成功者和精英人士，物质和精神的双重富足对时尚产品产生了巨大需求，为时尚文化产业的滋生和成长提供了适宜的生态环境。湾区建设经验表明，时尚文化产业是湾区产业结构优化、城市消费升级和城市文明建设的重要载体，湾区是世界时尚文化产业的集聚地。时尚文化产业与湾区共存共荣，时尚文化产业是湾区的魅力之源，直接关系到湾区城市群的整体品质。

二、世界湾区时尚产业发展的理论逻辑

时尚是在人与人之间的相互追随和模仿中产生的，是在大众传播中形成的。时尚的选择被视为品味的表达，特权阶层往往成为时尚的领导者。经济学家凡勃伦和社会学家西美尔都将时尚视为阶级分化的象征。时装在模仿中的同化和分化过程与时装发展的轨迹相吻合。从表象和内涵来看，各种时尚现象与西方社会的休闲生活方式相呼应。媒体技术的进步导致了媒体环境的改变，推动了更开放的社会生态的形成和发展，也推动了时尚从传统的功能焦点转向认可的表征，使之超脱社会的实际和物质层面，成为阶级、地位、收入和偏好的代表。

（一）经济高度发达带来巨大的时尚消费需求

时尚是一种伴随着艺术性和现代性的社会文化现象。湾区经济在世界经济增长中发挥着越来越重要的作用，根据世界银行的数据，世界上 60% 的社会财富、75% 的大都市以及 70% 的工业资本和人口都集中在入海口。作为世界领先的经济和技术发展区，湾区吸引了世界顶尖的企业家、创业家和科研人员。他们受过高等教育，信息获取速度快，消费意愿更强。他们更加注重体验式消费、取悦自己的消费和个性化消费，为消费场景和商业模式的拓展带来更多机会。通常情况下，当一个国家和地区人均年收入突破 8000 美元后，时尚消费进入成长期；当人均年收入超过 15000 美元后，时尚消费进入暴涨期和繁荣期；当人均年收入超过 3 万美元后，时尚消费开始退潮。因此，时尚文化产业相对发达的地区的人均年收入在 8000~30000 美元，湾区人均收入恰好在这个区间。正如凡勃伦在《有闲阶级论》中指出的，在财富的竞争中必然有一部分人会先于其他人胜出，于是他们在文化与消费上建立自己的阶层文化，刻意地向世人展示他们的明显有闲，发展出一套令人惊叹的繁文缛节，更多地进行炫耀性消费，消费就不是以实用为目的的理性消费，而是为了显示出自己更高的经济地位和个性化品位的消费。炫耀性时尚消费在湾区大行其道，湾区经济高度发达导致高收入人群集聚，为时尚文化产业的规模扩张和时尚多样化带来了稳定需求和源源不断的动力。世界四大湾区基本情况如表3-1所示。

表3-1　世界四大湾区基本情况

指标 ＼ 湾区	纽约湾区	旧金山湾区	东京湾区	粤港澳大湾区
土地面积（万平方千米）	3.45	1.74	3.67	5.60
人口数量（万人）	2340	765	3503	6954.10
地区生产总值（万亿美元）	1.72	0.88	1.77	1.51
人均地区生产总值（万美元）（2018）	8.82	10.68	4.44	2.31
城市化水平（%）（2018）	90以上	90以上	80以上	85以上
土地面积占比（%）	0.37	0.19	9.70	0.59
人口数量占比（%）	0.70	2.30	27.60	4.80
地区生产总值占比（%）	8.86	4.50	36.30	12.30
地区生产总值增速（%）（2016）	3.10	2.40	3.20	7.00

资料来源：笔者整理。

（二）开放型湾区发展模式确保时尚引领潮流

湾区占据了世界上著名的深水港，其主要的特点是开放性，四大湾区的进出口总额、进出口占地区生产总值比重、外商直接投资、国际机场数量、国际港口数量、集装箱吞吐量等指标（见表3-2）在本国均处于领先水平，是区域开放型经济的窗口。湾区具有天然的移民文化，开放性促进时尚产品和风格在不同国家和地区之间相互交流、碰撞，促进了时尚元素的融合和彼此借鉴，为时尚创新和迭代提供源泉；为时尚产品快速生产和销售提供了便捷的物流和供应链服务，确保了时尚尤其是快时尚的时效性；扩大了时尚产品和文化的影响力，极大地拓展了时尚产品和文化的传播范围，形成了湾区时尚产业的马太效应，树立了主流时尚的领导地位，并具有自我强化效果。人才的自由流动才能找到自己合适的位置，思想的自由活跃才能产生新的理念、概念和思路，时间上的闲暇自由才可能参与不同的交流和构思崭新的设计方案。例如，旧金山湾区作为文化多元之地，湾区一直以开放的态度接纳来自世界各地的杰出人才，超过30%的硅谷人口出生在美国以外的地方，他们不仅母语、肤色不同，文化背景和风俗习惯不同，专业和特长也不同，充满活力、思维活跃的年轻群体在互相切磋中很容易迸发出新的火花，为时尚的孕育和迭代提供了活跃的元素和创意。

表3-2　四大湾区开放度比较

指标　　　　　　　　　　湾区	纽约湾区	旧金山湾区	东京湾区	粤港澳大湾区
进出口（亿美元）（2015年）	1690	489	1464	10420
进出口占地区生产总值比重（%）（2015年）	13.63	6.11	9.01	70.09
外商直接投资（亿美元）（2015年）	217	384	546	2150
外商直接投资占地区生产总值比重（%）（2015年）	1.75	4.8	3.36	14.46
国际机场数量（座）（2015年）	2	3	2	4
国际港口数量（座）（2015年）	1	1	8	5
集装箱吞吐量（万标准箱）（2018年）	718	255	814	8000
世界500强企业总部数量（个）（2018年）	22	11	39	25

资料来源：笔者整理。

（三）产业创新体系支撑时尚可持续供给

湾区时尚文化产业以较为完善的产业创新体系为支撑，拥有多条时尚产业链、富裕的时尚消费环境、发达的创意产业、高校和科研机构、金融体系及行业协会等参与主体，形成适宜的时尚文化产业生态系统，不仅为时尚产业的腾飞提供跳板，而且使时尚文化产业实现可持续发展，使其在国际时尚更迭中始终立于潮头，引领区域乃至国际时尚潮流，与湾区其他产业融合发展。

第二节　纽约湾区的时尚文化产业

纽约湾区由纽约州、康涅狄格州等31个郡县组成，占地面积约2.15万平方千米，人口超过4000万，包括纽约、费城、波士顿和华盛顿等中心城市。2021年，纽约湾区的地区生产总值达1.77万亿美元，是美国经济的核心地带、重要的制造业中心、最大的商业贸易中心，同时也是国际金融中心、商业中心、航运中心，被视为美国的经济中心。2021年的世界500强企业中，有24家分布在纽约湾区，平均营收超过600亿美元。纽约湾区自19世纪80年代开始逐步发展，随着工业化、现代化的推进，经历了产业升级和专业化分工。在纽约湾区的产业经济中，服装业、印刷业、化妆品业等居于首位，机器业、军工业、石油业和食品加工业居于重要地位。纽约湾区以其发达的金融业和制造业、便利的交通、高水平的教育、优良的环境吸引了 6500 万人口，占美国总人口的 20%。纽约湾区城镇化水平达 90% 以上，制造业产值占全美 30% 以上。2018 年，纽约湾区的地区生产总值达 1.4 万亿美元，被视为美国经济中心。19 世纪 60 年代，纽约湾区的纺织业、服装业、印刷业等产业蓬勃发展，产业规模不断扩大。贸易的繁荣使纽约获得了充足的原材料、广阔的市场和廉价的劳动力。1860 年，纽约的服装制造业产值占全国的 1/3，印刷出版物占全国的 30%。此外，纽约还有 4300 多家生产日用品和小饰品的小企业。1880 年，纽约制造业就业占全国的 37.6%，逐渐成为美国的制造业中心。纽约湾区现有 900 多家时尚品牌，时尚产业占据了 5% 的劳动力，创造了 18.22 万个岗位，服装制造业占据了整个制造业的 30%，纽约时装周成为全球时尚风向标。

在建立时尚文化产业运转体系方面，纽约湾区主要得益于以下几个方面：一是注重时尚宣传，通过杂志等媒体传递主流时尚信息，扩大时尚影响力；二是在长期的贸易保护主义措施下，技术和资本密集型环节会留在国内，其他低附加值环节会外迁或外包；三是通过建立世界级艺术文化中心，抢占世界艺术高地，为时尚产业发展提供重要支撑；四是注重时尚教育和人才储备，湾区有很多知名的服装设计学院，为时尚产业的发展输入了必要的人才储备。纽约湾区成为时尚产业中心，其前提条件是富人与艺术家聚居，将收藏、艺术欣赏与营利结合起来。由此来看，纽约时尚产品的消费人群、顶级卖场和广泛的时尚产品发布渠道是其时尚文化产业影响全世界的重要因素。

一、时尚文化产业链情况

纽约湾区经过百年发展，形成了覆盖核心层、扩展层和延伸层全产业链的时尚文化产业，高级成衣、休闲装、运动装品牌位居全球领导地位。美国时尚文化产业链涵盖三个环节：原材料、服装制造和产品营销。纽约拥有庞大的时尚消费群体和时尚消费市场，被视为世界时尚消费集群的中心，为成为世界时尚之都奠定了重要基础。时尚文化产业链的各个环节如材料研发部门、设计部门、时尚组织、时尚媒体、营销部门、文化设施、商店和服务设施等在纽约湾区一应俱全。1000 多家服装公司在纽约设有设计中心，共同促进了美国时装业的发展。纽约第五大道的时尚商品定位于"最高品质与品位"，集聚全美最著名的珠宝、皮件、服装、化妆品商店，沿街的橱窗展示时尚感十足，彰显着时尚之都的魅力。除此之外，纽约湾区还是美国文化、艺术、音乐和出版中心，有众多博物馆、美术馆、图书馆、科学研究机构和艺术中心。曼哈顿拥有全美最主要的 4 家广播公司、全球 7 大广告公司的总部、众多知名时尚杂志和网络媒体。多元、宽容的城市文化造就了纽约时尚创新力。纽约的文化多元，鼓励具有强烈反差的文化元素相互交锋，从而打造出新的时尚风格；美国吸收各地文化的精华，又向外界输出，在流通过程中，外来文化被赋予新价值。发达的新闻传媒广告业、兼收并蓄的多元文化和成熟的商业运作模式使纽约湾区成为全球最时尚的区域。

二、高校和科研机构情况

纽约湾区整体研发投入占地区生产总值的比重为 3.1%，年发明专利总量超过 4 万件，拥有 227 所高校（其中世界 100 强大学 16 所）、33 所高水平大学，如耶鲁大学、哥伦比亚大学等著名高校与周边的哈佛大学、普林斯顿大学等共同形成常青藤盟校。每年超过两万名的学生从世界各地到纽约湾区的 8 所知名时尚设计类专业院校接受时尚设计教育，为纽约湾区的时尚产业发展储备了源源不断的人才。纽约的帕森斯设计学院享誉世界，培养出多位时装设计师和艺术家，另一家著名的时尚学院——纽约时装技术学院则擅长培养兼具商业与艺术天赋的专业人才。纽约湾区及周边也有众多研究机构从事基础研究，时尚组织机构（如美国时装设计师协会，CFDA）长期不断地为设计师提供 CFDA 风尚基金、奖学金、商业服务网络和产权保护等服务。纽约湾区的高等教育体系不仅完善，而且科研实力在四大湾区中遥遥领先，推动纽约湾区时尚产业创新发展。

三、政府对时尚文化产业创新发展的支持

纽约政府为了扶持时尚产业发展，致力于对设计师作品的版权保护和鼓励设计师创新创业。"时尚纽约 2020 计划"有力地促进对设计师作品的版权保护，为时尚文化产业的健康发展提供有力保障。针对初创企业，纽约湾区主要通过房租减免、能源补贴、税收减免等方式，鼓励初创企业发展，缓解初创企业的生存压力。

四、金融机构对时尚文化产业发展的支持

在金融方面，纽约湾区作为具有全球影响力的金融湾区，除了纽约证券交易所、纳斯达克证券交易所外，还有约 3000 家的商业银行、投资银行、证券、期货和保险金融机构都在这里设立了总部或分支机构，如高盛、摩根士丹利等。美国经济分析局（BEA）数据显示，以 2018 年为例，纽约金融、保险、地产和租赁产业产值达 7670.60 亿美元，占纽约湾区经济总量的三成左右。大量的银行机构及证券交易所，使其间接融资和直接融资渠道都非常发达，为纽约湾区时尚产业发展提供了充足的发展资本。另外，由于美国的资本形成效率较高，边际产出率一直比较稳定，资本边际产出率高，非常有利于纽约湾区时尚文化产业的融资、并购等商业行为，助力时尚企业做大做强。

五、高素质人才的支撑情况

由于纽约湾区集聚了大量的全球著名高校，每年都有全球的各类顶尖人才进入高校学习，这些高素质人才有相当一部分毕业后留在了纽约湾区，有力支撑了纽约湾区时尚产业对高素质人才的需求。据全球化智库报告显示，纽约湾区本科及以上的劳动力占其全体劳动力的比重为42%，聚集了美国10%的博士学位获得者、200多名美国国家科学院院士和40万名科学家和工程师。同时，从移民比例来看，纽约湾区的比例为3.5%，为纽约湾区时尚文化产业提供了大量的技术和时尚设计人才。

第三节　旧金山湾区的时尚文化产业

旧金山湾区位于美国加利福尼亚州北部，占地面积约1.80万平方千米，由旧金山市、北湾、东湾、南湾、半岛5个区域构成，拥有10个县，101个建制镇。北湾是金门大桥以北的湾区，包括马林县，向北延伸至索诺马县和纳帕县，向东延伸至索拉诺县；旧金山市在当地通常被称为"The City"，一直是旧金山湾区的文化、金融和城市中心；广义上的东湾包括康特拉科斯塔县和阿拉米达县全境，狭义上泛指旧金山湾两县的城市；旧金山半岛位于旧金山和南湾之间，当地常称其为半岛，由圣马特奥县和圣塔克拉拉县西北部的几个中小城市和郊区社区组成，以及太平洋沿岸的几个城镇；南湾是著名的硅谷所在地，主要城市包括圣何塞、圣塔克拉拉、桑尼维尔、库比蒂诺和吉尔罗伊。

旧金山湾区拥有760多万人口，2021年地区生产总值为0.76万亿美元，世界500强企业中有10家分布在旧金山湾区，平均营收超过900亿美元，人均地区生产总值高达近8万美元，不仅超过了美国的人均地区生产总值（5.95万美元），而且也远远大于世界其他发达国家，几乎是德国和日本的一倍以上。

旧金山湾区临海临湾，大片水域环抱，温差小，自然环境优越。旧金山湾区的中心，三面环水，环境优美，气候宜人，冬暖夏凉，阳光充沛，被誉为"最受美国人欢迎的城市"，尤其是硅谷。湾区拥有10大时尚购物中心，Haight Street上独一无二的氛围和装饰，独特的维多利亚风格建筑、涂鸦壁画，个性化的店铺等时尚元素随处可见。从20世纪80年代起，旧金山就是美国艺术家聚集的最重要的中心城市，旧金山湾区不仅有众多著名的博物馆、画廊、歌剧团、交响乐团，还有不拘一格的摇滚音乐团体，到 20 世纪末拥有各类艺术团体 200 多个。优越的文化设施和平台，为各种人才提供了展示才华的机会。旧金山是一个自由、宽容、你可以成为你自己的城市。20 世纪 90 年代中期，随着互联网的发展，对娱乐和其他创意内容的需求成为新技术浪潮的主流，娱乐、时尚、媒体、休闲等行业迅速发展，南部区域备受青睐，短期内成立了几家多媒体公司。最初的空仓库很快成为多媒体和网络公司的办公室，员工达到数千人，为其作为多媒体产业的发源地奠定了基础。渔人码头、唐人街、金门大桥、联邦广场和缆车是著名的旅游景点。

一、时尚文化产业链

　　旧金山湾区形成了以时尚电子产品制造和文旅结合的时尚文化产业形态，谷歌、苹果、英特尔、微软、Facebook、特斯拉、惠普、思科等在内的近 50 家世界 500 强企业扎根于此，将时尚与科技结合，引领了电子产品的国际时尚潮流。旧金山是美国最受欢迎的会展中心城市，据旧金山市会展与旅游部门的统计，半数以上的游客是因参与会展和处理私人商务事宜而来到旧金山的，超过六成的游客在旧金山有游览博物馆和画廊，观看戏剧，欣赏音乐会、歌剧或舞蹈表演的需求。旅游者、参展者往往能在旧金山市获得更多有价值的经济信息，同时还能领略独特的文化魅力，促进时尚产业发展。旧金山湾区相关的时尚文化产业如表 3-3 所示。

表 3-3　旧金山湾区相关时尚文化产业

传统产业	时尚文化产业
食品和饮料的批发与配送	△
时装设计与制作	△
递送服务	△
竞赛组织与安排	▲
建筑承包与建材供应	△
家具、设备、器材批发零售及家具制造	△
打印、设计、摄像、制片、绘图设计、录音	▲
汽车、卡车、设备、器材与家具维修	△
特殊装置、显示器、家具、民族传统木料、金属机件的制造	△

资料来源：笔者整理。

二、高校和科研机构

旧金山湾区研发投入占地区生产总值的比重为 6.1%，年发明专利 5.44 万件，是全球高等教育的发源地，拥有高校 80 所（其中世界 100 强大学 9 所，世界 50 强大学 4 所），7 所高水平大学分布在旧金山区域、南湾"硅谷"区域和东湾区域。一方面，这些知名大学的大多数实验室都是开放平台，建立了成熟的科研合作机制，产生了大量先进技术，对旧金山湾区的科学创新和研发起到了良好的推动作用；另一方面，旧金山湾区的许多知名跨国公司都在这里设立了企业研究实验室，专注于实验研究。湾区有 25 个国家级或州级实验室，这些实验室不仅为联邦政府提供服务，还为企业提供相应的研究，将科学、技术和生产融为一体，实现了产学研之间的无缝链接。

三、政府对时尚产业创新发展的支持

旧金山湾区相关政府部门高度重视时尚文化产业发展，将传统产业相关部分纳入时尚文化产业进行有针对性的扶持，提升了传统产业的文化内涵和附加值，对旧金山湾区时尚文化产业发展发挥着重要的推动作用。加利福尼亚州政府对企业创新活动提供了长年的税收支持，早在 20 世纪 80 年代，政府就通过研发税收计划减少州内企业在从事科研活动时的科研义务，符合条件的企业可享受高达 24% 的税收抵免。为吸引更多的高新技术企业和人才，还为科技创新企业及相关从业人员提供额外的税收优惠政策。

四、金融机构对时尚产业发展的支持

据旧金山湾区委员会经济研究所发布的数据，旧金山湾区每年吸收了全美近一半（45%）的风险投资，稳居美国"融资重地"之首，汇聚了大量全球领先的高新技术企业。旧金山湾区最大的特色是聚集了大部分的私募股权/风险投资（PE/VC），其投资额为纽约湾区的 4 倍，充分显示了旧金山湾区的创新、创业特色。旧金山湾区侧重风险资本和交易所融资，硅谷聚集了大量的高新科技企业和互联网企业，风险投资机构众多，在一定程度上推动了当地企业上市融资。

五、高素质人才的支撑情况

旧金山湾区高学历人才比例较高，众多诺贝尔奖和菲尔兹奖得主在湾区求学、工作，多数公司高学历科技员工占公司员工的 80% 以上，本科以上学历的人群占总人口的比例为 46%，高于美国同期水平（15%）。旧金山湾区的专利申请数量远超过其他地区，占全美的 17%。作为全球科技创新的"聚宝盆"，旧金山湾区吸引了近 200 万科技人才，其中 30% 来自世界各地的科技移民。旧金山湾区移民比例为 5.87%，侧面反映出旧金山湾区对外籍人才的强大吸引力。湾区高素质人才集聚为时尚文化产业提供了创意源泉，科技创新为时尚产业提供了新型材料、时尚产品生产、平台设计数字化工具和理念，助力旧金山时尚产业呈现出高科技色彩。例如，苹果公司非常注重产品的时尚设计，将技术与时尚完美结合，将外观的精致与个性化需求对接，使时尚与观感融为一体，受到世界范围内时尚人士的广泛喜爱。

第四节 东京湾区的时尚文化产业创新体系

东京湾区又称"首都圈"，包括围绕东京湾的一都三县，即东京都、埼玉县、千叶县和神奈川县，占地面约 1.3 万平方千米，土地面积占全国的 1/10，拥有全日本 35% 的人口。2021 年，东京湾区的地区生产总值为 1.8 万亿美元，占全国的近 40%；世界 500 强企业中有 40 家总部位于东京湾区，在四大湾区中遥遥领先，平均营业收入大约在 650 亿美元。东京湾区各产业中，纺织服装、时尚电子产品、网络游戏等时尚文化产业对湾区的贡献功不可没，成为亚洲的潮流胜地之一，独特的风格和优良的品质受到全世界消费者的青睐。东京时装周不仅是东京湾区而且是亚洲时尚的旗帜。东京湾区在不到半个世纪的时间里，形成了独特的时尚文化产业，并以软实力的形式影响着全球的时尚走向。

一、东京湾区时尚文化产业发展历程

东京湾区时尚文化产业发展大致经历了四个发展阶段：一是时尚产业形成期，"二战"后日本的纺织服装和电子产业作为政策扶持的对象，得到初步发展，其特征主要是以加工出口为主。二是时尚产业发展期，企业引进国际品牌，消费者逐渐注重品质，追随流行趋势，开始享受时尚，依据目标顾客而创立的时尚杂志对服装消费起了巨大的推动作用。三是时尚之都地位奠定期，服装加工向外部转移但设计留在东京，世界级和新锐设计师形成梯队，一批时尚区域形成，时尚精巧的电子产品走向世界。四是时尚经济发展成熟期，日本设计师和时尚电子产品的影响力确定了时尚之都的地位。日本自身经济实力、消费能力，以及时尚产业从业人员众多促使东京成为世界时尚之都，辐射至整个湾区并从亚洲走向世界。

二、时尚文化产业链

东京湾区拥有高度发达与门类齐全的工业产业体系,是世界最大的奢侈品市场,本土设计师崛起使东京在国际时尚界拥有一席之地,湾区纺织服装、时尚电子产品、网络游戏等时尚文化产业有着明显的区域性特征,巨大的奢侈品消费能力吸引着全球的时尚精品集聚湾区,在全球奢侈品销售中日本占到了10%~20%,规模仅次于纽约湾区。具有独特风格的日本设计师的崛起使东京成为东方时尚之都,高田贤三、三宅一生、山本耀司等一批设计师以独特的东方风格在巴黎取得了成功,吸引了来自西方世界的关注。和服(Kimono)是东京湾区特有的时尚产品和时尚标识。时尚电子产品在东京湾区也颇具代表性,其外观设计丰富了时尚产业的内涵,秋叶原(Akihabara)是世界上最大的电器商业街区,沿街分布着很多电器店,出售最新型的电脑、相机、手机、家用电器等,吸引着世界范围内的年轻人前来追赶潮流。东京电子产品时尚的外观设计吸引着全球年轻人的时尚消费,更体现着当今时尚产业的方向——时尚应该渗透在生活的各个方面。东京湾区也是日本动漫文化的发祥地,遍地都是动画、漫画、电玩、动漫咖啡馆等,东京迪士尼乐园是世界上最受欢迎的主题公园之一。这些是东京时尚文化产业的有机组成部分,形成了具有浓郁东方文化和现代气息的时尚文化产业特色,为世界各地消费者营造了融时尚产品采购、时尚文化消费和休闲旅游为一体的时尚氛围。湾区拥有生产性服务业集群和高科技产业集群,生产性服务业以产品研发和技术创新为特色,将产业中心侧重于高附加值的印刷业、服务业和奢侈品行业,着力于高端服务业的建设,拥有全国50%以上的顶级技术型公司,为湾区时尚文化产业发展提供配套的服务。东京纺织成衣展览会AFF是日本最具代表性的OEM·ODM展会,AFF代表的纺织服装出口能力占日本对应产品进口额的15%,会展上实际、意向成交比高达90%,平均结识有效客户40家,新结识客户的比例为57.5%,对当地消费者的吸引力较高。

三、高校和科研机构

东京湾区拥有日本20%的大学、30%以上的教员和25%以上的民间研究机构,研发投入占地区生产总值的比重为3.7%。湾区内有高水平大学10所,主要分布在东京都区域内。虽然东京湾区相对缺乏世界顶尖学府,世界一流大学数量较少,但2009~2018年的PCT国际专利申请量在四个湾区中稳居第一,是全球科技创新产出能力最强的区域。东京湾区的科技创新中坚力量以本土企业为主,研发依存度非常高,接近99%。整个东京湾区集中了全日本四成的高校和一半的大学生,研究机构的占比高达50%,属于名副其实的内生性全球科技创新中心。

东京湾区以东京为中心，受益于东京旧有的科技创新能力和高效创新成果转化能力，使整个湾区成为日本经济中心的同时，也形成了以东京为中心的集聚创新格局。高度集聚的大学和研究机构，为东京湾区的企业培养和输送了数以万计的科技创新人才，也为东京湾区产学研结合推动时尚产业的创新发展奠定了扎实的基础。

日本非常重视文化产业人才的培养，包括媒体艺术人才、传统技术传承人、艺术人才、其他文化艺术人才，以及各种管理和运营人才。日本积极鼓励科研机构与政府、企业开展科研合作，实现产学研政立体联动的创新激励机制，用于培养时尚人才；创办了《装苑》杂志，设立"装苑奖"以鼓励时尚创作。此外，日本有许多著名的艺术学院，如日本文化服装学院是与美国帕森斯设计学院相媲美的世界十大服装设计学院之一，是亚洲最著名的服装设计师摇篮，许多活跃于世界时尚界的日本设计师都毕业于此，如高田贤三、山本耀司等。该学院专注于服装设计创意和服装图案制作，每年向世界各地输送大量服装设计人才，以及大量服装品牌营销、服装工艺生产、服装生产管理等分支机构的实用人才。多摩美术大学等学校，提供与开放式时尚商业管理、时尚营销和供应链相关的课程，为设计学生提供全方位的学习指导。

四、政府对时尚产业创新发展的支持

东京湾区十分重视产学官合作，不断推进基础研究、开发研究和应用研究的协调发展。日本创新支持政策注重培育创新基础，重视建立研究基金制度，以强化公立研究机构的中介职能作用，推动创新成果转化；不断加大对研发费用的投入，对企业，特别是中小企业减免税额，如对企业进行 6% ~ 14% 的减免，中小企业的减免幅度则在此基础上加倍减免，达到 12% ~ 17%；加大对开展高科技创新、高附加值的中小企业的研发补助，补助额度高达 50%；东京市、神奈川县、千叶县的千叶市和成田市等区域，针对指定业务且满足特定条件的企业，则可获得减免 20% 应纳所得税的资格，如果企业从指定地区购置设备仪器，可抵免 15% 的税收，购置建筑物可抵免 8% 的税收。这些政策对当期中小型时尚制造业的发展起到积极的推动作用，造就了很多小而美的时尚制造业和服务业企业，维持了东京湾区健全的时尚文化产业生态系统，满足不同层次时尚消费者的需求。

五、金融机构对时尚文化产业发展的支持

东京湾区是拥有银行类金融机构数量最多的世界级湾区，银行机构数量占其所有金融机构总量的比例超过三成。大约全日本七成的证券金融机构将总部设立

在此,进而带动了其他相关金融中介机构的集聚,如超过60%的会计师事务所、约50%的律师事务所,东京湾区的PE/VC投资金额则占全日本的88%。在东京湾区产业发展的路径上,金融创新、金融支持可谓居功至伟,政府通过建立政策性金融机构,介入科技型中小企业的融资活动,有力支持了科技型中小企业发展;为了解决中小企业缺乏抵押品、信用记录不全等导致的融资难问题,政府鼓励推进信用担保机制,促使优质中小企业解决初创发展时期的资金问题;拓宽股权融资渠道,鼓励对科技型中小企业的风险投资,发展多层次资本市场,诸如此类,逐步夯实了东京湾区包括时尚产业的崛起基础。

六、高素质人才的支撑情况

东京湾区集中了全日本数量最大的研究生等高素质人才,根据日本文部科学省科学技术·学术政策研究所发布的2019年科学技术指标,2016~2018年,全日本42.65%的研究生都集中在东京湾区,总量超过10万人,70%都聚集在东京地区。从科研人才的占比看,东京湾区的科研人才占日本科研人才总量的47%,有超过30万的科研人才。时至今日,东京湾区仍以其独特的魅力不断吸引着大量的科研、高端人才为时尚产业发展服务。在时尚人才方面,东京设计师协会(CFD)创立于1985年,由32个日本领衔设计师组织成立,以三宅一生、川久保玲为首的日本先锋设计师开始在日本东京聚集,与东京平民时尚文化息息相关的新生代时装设计师不断涌现,设计师团队已发展到100人左右,其最主要的功能是时尚运作和管理,展现设计师的最新作品。2005年日本服装战略委员会成立,东京时装发布会从此诞生,确保每年两次的东京时装周(JFW)时尚展览活动顺利开展,奠定了东京与巴黎、米兰、伦敦、纽约一起被列为世界五大时装之都的基础。

东京湾区的时尚文化产业具有明显的地域特色。20世纪80年代,原宿兴起的年轻人时尚,至今仍吸引着世界各地的年轻人涌入淘宝。那里的时尚产品价格低廉、更新速度快。20世纪90年代,世界各大品牌争相开设旗舰店,带动了东京湾区高端时尚的发展。在原宿,时尚达人"笑土不笑贫",高端成衣绝对不是奉承的对象。相反,稀有古怪的中世纪服装很受欢迎,原宿随处可见二手服装店。更高级的时尚则属于那些具有独特眼光的潮人,无论是新衣服还是旧衣服,都能巧妙和谐地搭配,搭配出自己的气质,这也吸引和激励着其他爱美人士跟进。

东京湾区这种"时尚民主化"的趋势也在街拍文化中得到明显体现。在连接涩谷、原宿和表参道的十字路口上,大量摄影师聚集街头,期待从路边的人们那里找到时尚模特。这个地区已经成为日本最引人注目的街头摄影胜地。街头摄影杂志所倡导的流行时尚文化深深地影响了东京的年轻人，并仔细而严格地区分了不同风格的都市时尚，培养了具有相似习惯的时尚人士。同时，人们的创造力和表达力促进了街拍文化和时尚媒体的发展，整个时尚环境呈现出良性循环的发展态势。

第四章　粤港澳大湾区时尚文化产业发展现状及存在的问题

第一节　概述

粤港澳大湾区常住人口超过 8500 万人，占地约 5.65 万平方千米，2021 年地区生产总值达 1.92 万亿美元，跃居全球四大湾区经济的首位，世界 500 强企业中粤港澳大湾区上榜企业数量 25 家（超越纽约湾区），平均营收近 600 亿美元。在时尚文化产业发展方面，广东省是时尚文化产业大省，制定了《广东省发展现代轻工纺织战略性支柱产业集群行动计划（2021—2025 年）》《广东省国民经济和社会发展第十四个五年规划和二〇三五年远景目标纲要》等扶持时尚文化产业发展，广州、深圳、佛山、东莞、珠海、惠州等地纷纷提出培育发展时尚文化产业，如广州颁布《广州市时尚产业集群高质量发展三年行动计划》；深圳颁布《深圳市培育发展现代时尚产业集群行动计划（2022—2025 年）》；佛山在南海、顺德打造时尚产业园；珠海出台《珠海市香洲区支持时尚产业发展若干措施》；东莞的虎门发展世界级时尚产业集群；中山市制定《关于建设时尚沙溪　打造粤港澳大湾区时尚高地的工作意见》；惠州建设时尚鞋业总部经济园等。2021 年，广东省纺织服装服饰业、皮革和制鞋业、家具业、文具和玩具业规模以上企业数量分别为 2593 家、1638 家、1925 家和 1891 家，占全国比重分别为 19.69%、19.72%、26.93% 和 18.93%；广东同时也是时尚文化产品出口大省，在世界范围内占有一席之地，2021 年纺织纱线、织物及制品出口额为 933.6 亿元，服装及衣着附件出口额为 2024.7 亿元，鞋类出口额为 678.1 亿元，家具及其零件出口额为 1335.2 亿元。香港是湾区时尚产业流通和消费的主要市场，音乐、影视、设计、广告等行业长期以来都具有全球性的影响力。近年来，软件、电脑游戏及互动媒体行业飞速发展，已成为香港文化创意产业中份额最大的支柱。澳门是粤港澳大湾区的旅游中心，是时尚产品流通和消费的主要市场。

第二节　香港的时尚文化产业

香港特别行政区，位于中国南部、珠江口以东，区域范围包括香港岛、九龙、新界和周围 262 个岛屿，陆地总面积 1113.76 平方千米，海域面积 1641.21 平方千米，2023 年末总人口 750.31 万人。香港是高度繁荣的自由港和国际化大都市，与纽约、伦敦并称为"纽伦港"，是世界第三大金融中心，重要的国际金融、贸易、航运中心和国际创新科技中心，也是世界上最自由的经济体和最具竞争力的城市之一，在国际上享有盛誉，被 GaWC 评为世界一线城市的第三位。香港是一个自由、开放和多元的经济体，汇聚了来自世界各地不同规模的人才、机构和企业。2020 年，香港的外来直接投资流入额位居世界第三，仅次于美国和中国内地。香港特别行政区政府重视香港的营商环境，一直与本地及驻港外国商会保持沟通，回应他们的关注。以香港时装周、香港国际电影节、香港设计营商周为代表的盛事成为香港时尚文化产业发展的重要平台。随着香港文化产业的跨界融合，时尚元素开始渗透至各个领域，通过"创意智优计划"推行各项措施加大对香港设计领域的投入，巩固香港作为亚洲设计之都的地位，为香港时尚文化产业提供良好生态。

一、时尚文化产业链

改革开放之初，香港将时尚产业制造业中的低附加值环节大量转移，在岛内只保留设计、市场营销等高附加值环节，导致时尚产品制造业规模逐渐变小，涉及的行业逐步萎缩。2020 年，香港拥有纺织品制造企业 330 家，成衣制造企业 490 家，皮革及其相关制品制造企业 99 家，印刷及已储录媒体的复制企业 1959 家、纸及纸制品制造企业 180 家，从 2017~2020 年企业数量变动情况看，制造业企业数量仍呈现下降态势（见图 4-1）。

（一）香港时尚文化产业制造业

香港的制造业虽然历史悠久，但到 20 世纪 50 年代才得到显著发展，70 年代初达到顶峰，并一直蓬勃发展至 80 年代中期，随着制造环节迁移至内地，香港的企业转向制造前端的设计和末端的营销管理和支持活动，到 90 年代中期，香港的经济结构已转向高端服务业，制造业在香港经济中的地位下降。

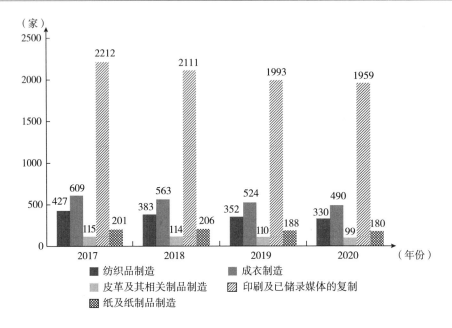

图 4-1　2017~2020 年香港时尚文化产业制造业相关企业数量

资料来源：笔者整理。

纺织制品及成衣制造业是香港时尚文化产业制造业中最重要的组成部分，是香港制造业的支柱，在世界时尚领域具有较大影响力。香港第一家纺织厂在 1947 年建立，其后纺织业在港发展迅速，1967 年达到顶峰，当时有纺织厂 1.1 万家，工人数量达到 43 万人。成衣制造业在 20 世纪 60 年代是香港出口收益最大的行业，也是制造业中雇佣工人最多的行业，它不仅为当时的香港经济做出了巨大贡献，而且由于香港服饰价格低廉、经常举办时装展，欧美时尚的新潮流可以迅速涌入香港并流行起来，推动香港成为全球最大的成衣制造中心。此外，成衣制造业发展也对当时社会生活文化产生了重大影响，间接奠定了香港近代文化的基础。

当前，服装业仍然是香港重要的制造业之一，也是最大的雇主之一。2020 年，业内有 490 家机构及 2980 名员工。纺织业（包括纺纱、梭织、针织及纺织品的染整）有 310 家制造商，雇用 1760 名员工，占本地制造业劳动人口的 2.1%；纺织业是香港主要的出口创汇行业之一，占 2020 年出口总额的 1.1%。从生产指数来看，该产业仍在进一步萎缩之中，2020 年较 2015 年下降了 10.2%（见图 4-2），由于土地租金、能源、原材料和人工成本上升，曾经辉煌的香港纺织制品及成衣制造业已经不具备明显优势，自改革开放以来不断外迁，产业规模逐渐缩小。

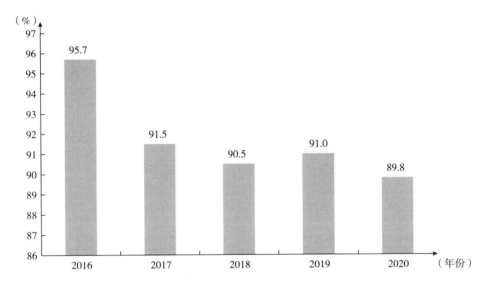

图4-2 2016～2020年香港纺织制品及成衣制造业生产指数（以2015年为100%）
资料来源：笔者整理。

香港的纸制品、印刷及已储录资料媒体复制业以印刷业为主，由于香港工业的快速发展，加上在出口外销工业产品时需要大量包装印刷品，从而促使香港的包装印刷业市场日益壮大。从20世纪50年代到70年代，印刷企业增至1500家，雇用工人20000人，自改革开放以来，香港的企业为谋求更大发展前景和降低生产成本，纷纷把制造业厂房北移至内地，除了报社和少数外资印刷厂之外，香港的印刷厂房多移至珠三角地区继续发展。当前，从生产指数来看，2016～2020年香港的纸制品、印刷及已储录资料媒体复制业逐年缓慢减少，2020年较2015年下降了6.7%（见图4-3），该产业在香港历来都不具备显著的竞争优势，如今规模也难以与临近的广东省相比。

衣物、鞋类及有关制品制造业曾经是香港时尚文化产业中较为辉煌的产业，但改革开放以来，香港在制造业转型升级的过程中，将产业链中附加值较低的制造环节转移到东南亚和珠三角地区，该产业规模逐渐缩小。2020年与2015年相比，衣物、鞋类及有关制品制造业生产指数降低了49.6%（见图4-4），产业规模萎缩了近一半。

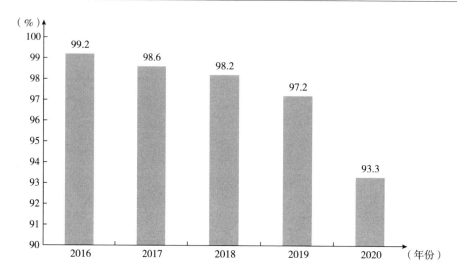

图4-3 2016~2020年香港纸制品、印刷及已储录资料媒体复制业
生产指数（2015年为100%）

资料来源：笔者整理。

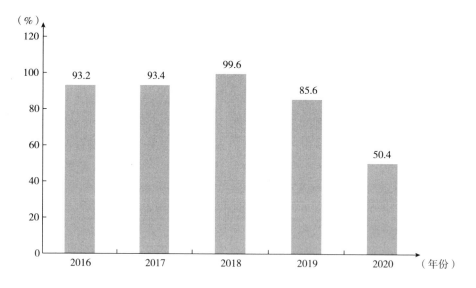

图4-4 2016~2020年香港衣物、鞋类及有关制品制造业
生产指数（2015年为100%）

资料来源：笔者整理。

珠宝首饰、钟表及名贵礼物制造业是香港时尚文化产业的重要组成部分，在世界范围内都具有一定的影响力。香港钟表业在 20 世纪 30 年代已有发展，早年主要从事进口钟表的维修及零配件（如表壳、表带）生产，60 年代香港钟表业有了进一步发展，数家瑞士钟表厂来港设立装配生产线。1979 年香港钟表出口总值达到 43.54 亿港元，出口手表在钟表产品中占八成，港产手表主要外销美国，其次为西欧、日本、东南亚、中东和南美等国家和地区。随着内地的改革开放，许多香港的表商为谋求更低廉的成本及更大的发展空间，渐渐把厂房北移，仅在香港保留设计、行政等办公地点。从生产指数来看，2020 年较 2015 年大幅度降低了 66.5%（见图 4-5），这不仅与香港制造业成本剧增有关，还与临近的深圳市饰品和钟表产业迅速崛起有关。

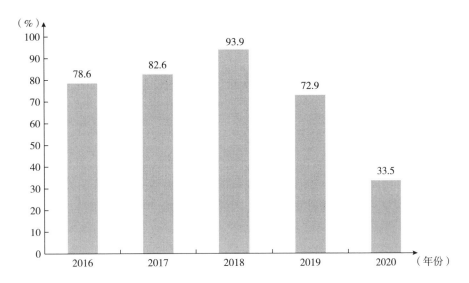

图 4-5　2016~2020 年香港珠宝首饰、钟表及名贵礼物制造业
生产指数（2015 年为 100%）

资料来源：笔者整理。

书报、文具及礼品制造业在时尚文化产业中也曾占有一席之地，玩具业归属于该产业，是香港传统重点工业，香港制造的玩具曾经远销世界各地，出口量全球第一，如早年李嘉诚创办的长江集团就是以生产塑胶花为主，香港是当时西方国家的塑胶花供应中心。但随着劳工、土地成本上涨，以及中国和东南亚的制造业自 20 世纪 80 年代逐渐崛起，香港本地的玩具制造商无法保持竞争优势，渐渐把厂房北移，仅在香港保留设计、行政等办公地点。随着制造业成本上升，本来规模就很有限的书报、文具及礼品制造业也在进一步萎缩，2020 年较 2015 年生

产指数降低了 35.3%（见图 4-6）。

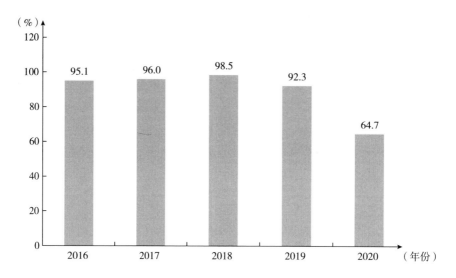

图 4-6　2016~2020 年香港书报、文具及礼品制造业生产指数（2015 年为 100%）
资料来源：笔者整理。

　　眼镜是时尚文化中不可或缺的重要配饰，中国香港是全球第三大眼镜及眼镜框出口地，擅长生产中高档眼镜框，主要是以代工生产（OEM）及原创设计（ODM）等模式，为海外买家及国际品牌制造产品或进行贸易，规模仅次于中国及意大利。中国香港的眼镜公司擅长生产中高档眼镜框，有能力承接小批量订单，并提供多元化的式样设计。制造塑料眼镜框向来是香港眼镜制造企业的强项，产品有手工醋酸纤维眼镜框、无边尼龙眼镜框、注塑眼镜框等；此外，亦提供以包金、铝合金、黄铜、不锈钢、银、钛及混合金属制造的金属眼镜框。眼镜制造业是劳动力密集行业，特色是产品周期短、款式日新月异、订货批量不大。部分香港企业如宝光实业（国际）有限公司已经分散业务，除制造眼镜外，亦在中国及海外市场分销及零售品牌产品，一些业者甚至开发及生产自家品牌眼镜，2020 年较 2015 年生产指数降低了 41.7%（见图 4-7）。

　　作为全球金融中心，香港自由的市场和宽松的监管环境促进了化妆品行业的繁荣。根据《内地与香港关于建立更紧密经贸关系的安排》，所有香港生产的化妆品和盥洗用品在进入内地市场时都可以享受免关税待遇。这项优惠吸引了众多投资者的关注，香港本地生产商和不少国际知名品牌都希望能够利用这一优势进一步开拓内地市场。香港化妆品和盥洗用品制造业规模较小，大多生产中等价位的洗浴用品和香水。从生产指数来看，香港药物及化妆品呈现波动态势（见图4-8）。

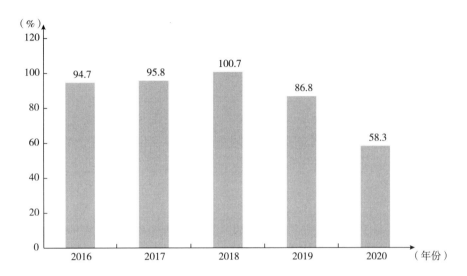

图4-7 2016~2020年香港眼镜制造业生产指数（2015年为100%）

资料来源：笔者整理。

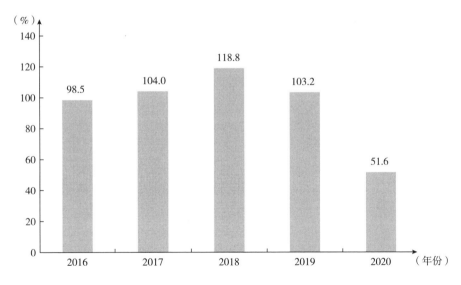

图4-8 2016~2020年香港药物及化妆品生产指数（2015年为100%）

资料来源：笔者整理。

（二）时尚文化产品的国际贸易

香港是湾区乃至全世界时尚产业流通和消费的主要市场，时尚产品主要涉及服装及衣服配件，珍珠、宝石，钟表，纺织纱、织物、制成品及有关制品，婴儿车、玩具、游戏及运动货品，鞋履等，时尚文化产品种类较为齐全。

服装及衣服配件制造在香港时尚文化产业中占有最重要位置，从2015~2020年香港服装及衣服配件出口情况看，存在明显的下降趋势，尤其是2020年受到新冠疫情影响，出口量比2019年减少了33.71%（见图4-9）。

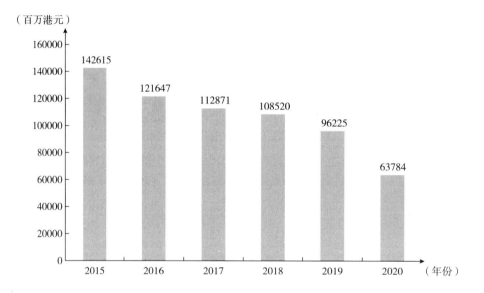

图4-9 2015~2020年香港服装及衣服配件出口情况

资料来源：笔者整理。

2020年下半年，全球经济活动开始复苏，提振了全球时装产业。香港服装出口于2021年也恢复增长。2020年，香港服装及衣服配件出口下降33.71%，但2021年1~9月则增长4%。香港的服装出口几乎全数转口，因此转口同样增长4%，总额达480亿港元；原产自中国的转口服装占转口额的76%，上升3%，至370亿港元。

从出口地区来看，中国香港服装及衣服配件对美国、日本出口量逐年下降，而向中国出口量平稳，2020年比2019年增长了7.51%，中国香港服装产业与内地贸易量增加得益于内地消费水平提升和消费结构升级（见图4-10）。

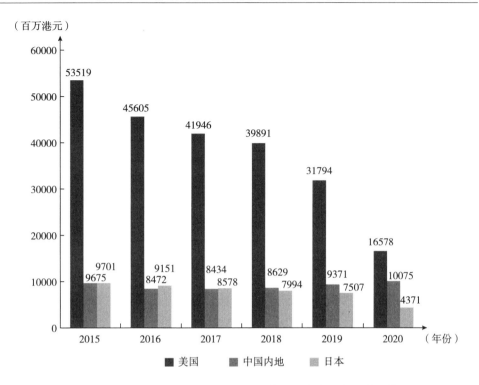

图 4-10　2015～2020 年中国香港服装及衣服配件出口主要地区情况

资料来源：笔者整理。

美国是中国香港最重要的服装出口市场。2020 年，中国香港对美国服装出口比 2019 年大跌 48% 后，于 2021 年第三季度同比上升 5%。此外，中国首次超越欧盟，成为中国香港的第二大服装市场。中国香港对中国的服装出口于 2021 年前 9 个月增长 8%；对亚洲其他国家或地区的服装出口也有增长，其中对韩国的出口于 2021 年 1～9 月上升 40%；对欧盟、中国澳门、日本、澳大利亚和英国等其他主要市场的出口，仍低于新冠疫情前的水平。

钟表也是香港时尚产业中非常重要的组成部分，2015～2019 年香港钟表出口维持在 600 亿～800 亿港元，2020 年受新冠疫情影响下降了 27.77%（见图 4-11）。

从出口地区来看，中国香港钟表主要出口地区为中国、美国和瑞士，中国是中国香港钟表出口的主要目的地，较美国和瑞士，出口总额降幅较低，2020 年比 2019 年降低了 10.05%（见图 4-12）。

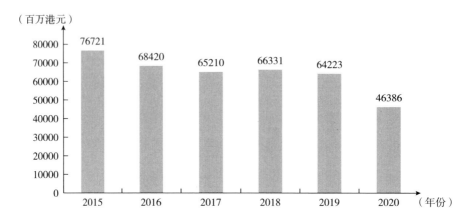

图 4-11　2015~2020 年香港钟表出口情况

资料来源：笔者整理。

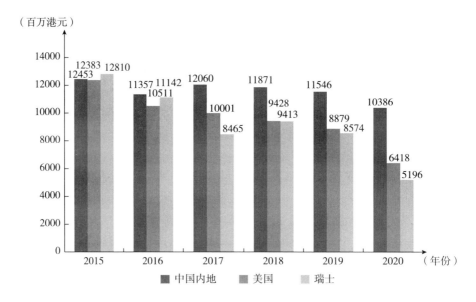

图 4-12　2015~2020 年中国香港钟表出口主要地区情况

资料来源：笔者整理。

在时尚文化产品中，中国香港的纺织纱、织物、制成品及有关产品出口位列第三，近年来出口总额呈现逐年下降态势，2020 年较 2015 年出口总额下降了40.15%（见图 4-13），原因在于中国香港的纺织纱、织物、制成品相对于中国和东南亚国家或地区，比较优势逐步丧失。

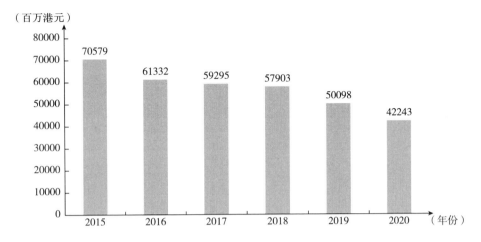

（百万港元）

图 4-13　2015~2020 年中国香港纺织纱、织物、制成品及有关产品出口情况
资料来源：笔者整理。

中国香港的纺织纱、织物、制成品及有关产品的主要出口地为中国、越南、孟加拉国，均呈现出下降态势，对中国的出口总额最大，但出口降幅也较高，2020 年较 2015 年下降了 60.45%（见图 4-14）。

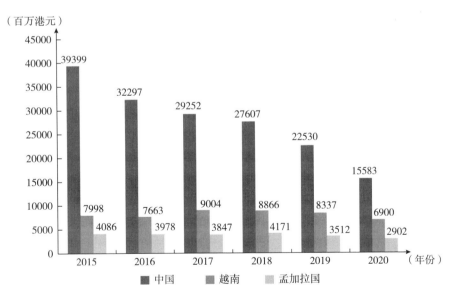

（百万港元）

图 4-14　2015~2020 年中国香港纺织纱、织物、制成品及有关产品主要出口地区
资料来源：笔者整理。

中国香港出口婴儿车、玩具、游戏及运用货品出口量位列第四，出口总额呈现波动状态，2020 年较 2015 年出口总额下降了 38.16%（见图 4-15）。

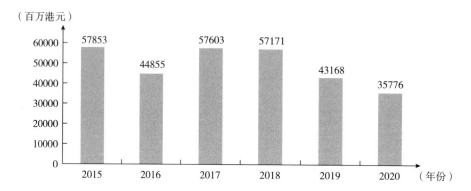

图 4-15 2015~2020 年中国香港婴儿车、玩具、游戏及运用货品出口情况
资料来源：笔者整理。

美国、日本和中国是中国香港出口婴儿车、玩具、游戏及运用货品出口的主要目的地，向这三个国家或地区的出口同样呈现出波动状态，其中向中国出口总额降幅较大，2020 年较 2015 年降低了 53.97%（见图 4-16）。

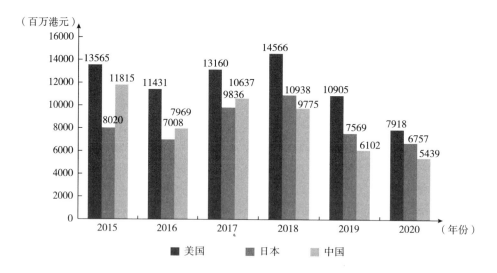

图 4-16 2015~2020 年中国香港婴儿车、玩具、游戏及运用货品主要出口地区
资料来源：笔者整理。

中国香港旅行用品、手袋及其类似容器出口呈现稳中有降态势，2020 年较 2015 年降低了 30.59%（见图 4-17），受新冠疫情影响，2020 年降幅相对较大。

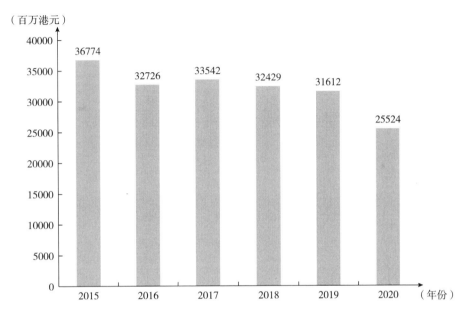

（百万港元）

图 4-17　2015~2020 年中国香港旅行用品、手袋及其类似容器出口情况

资料来源：笔者整理。

中国香港的旅行用品、手袋及其类似容器的主要出口目的地为中国、美国和中国澳门，与其他商品不同，近年来该类产品对中国出口呈现大幅度增长态势，2020 年较 2015 年增长了 116.63%，原因在于中国消费升级对旅游及高档奢侈品的需求增加；同期对美国出口下降，对中国澳门出口呈波动状态（见图 4-18）。

鞋履在中国香港的国际贸易中也占有一席之地，其出口总额呈现稳中小幅下降态势，2020 年受新冠疫情影响下降幅度较大，比 2019 年下降了 29.03%（见图 4-19）。

中国香港鞋履出口的主要目的地是中国、美国和中国澳门，对中国出口呈现增长态势，2020 年较 2015 年增长了 47.99%，对美国出口大幅度下降，降幅为 70.61%（见图 4-20），对中国澳门出口总额相对较少且较稳定。

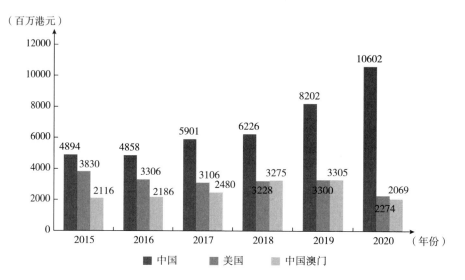

图 4-18 2015~2020 年中国香港旅行用品、手袋及其类似容器主要出口地区

资料来源：笔者整理。

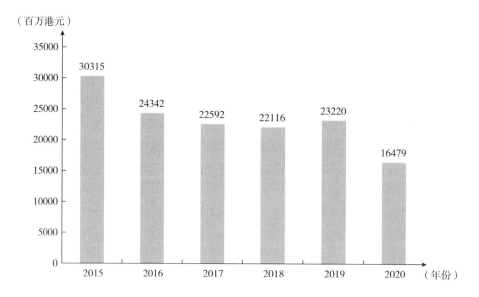

图 4-19 2015~2020 年香港鞋履主要出口情况

资料来源：笔者整理。

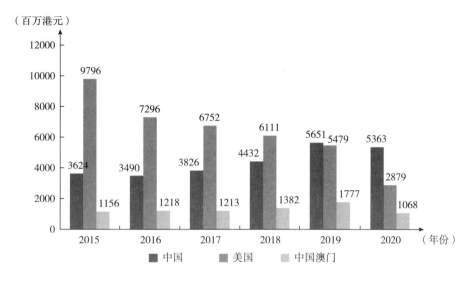

图 4-20 2015~2020 年中国香港鞋履主要出口地区

资料来源：笔者整理。

中国香港珠宝出口主要目的地为中国、美国和中国澳门，经过 2020 年下跌后，贵重珠宝出口于 2021 年 1~9 月同比大幅反弹。由于消费市场强劲，中国香港对中国的出口在 2020 年增长 171%，在 2021 年 1~9 月同比增长 111%，使中国超越美国成为中国香港最大的珠宝市场。中国香港对中国澳门的珠宝出口于 2020年下滑 49%，其后强劲复苏，2021 年 1~9 月的出口增至接近 4 倍。美国市场在2020 年下跌 44%，虽然在 2021 年 1~9 月同比反弹 78%，但仍比新冠疫情前低。

经过 2020 年暴跌 25% 后，2021 年 1~9 月，中国香港的仿首饰出口按年增加12%，总额达 38 亿港元。中国香港的首饰出口差不多全数转口，其中来自中国的仿首饰占 85%，同期转口额急增 13%。本产出口基数偏低，按年下跌 78%。

中国香港的珍珠、宝石及未琢磨钻石出口于 2021 年 1~9 月增加 63%，至1040 亿港元，较新冠疫情前即 2019 年同期上升 4%。此外，本土产出口基数相对较低，按年增加 125%。同期，差不多占总出口全部份额的转口猛增 63%。

2019~2021 年中国香港贵重珠宝出口市场变化情况如表 4-1 所示。

表 4-1 2019~2021 年中国香港贵重珠宝出口市场变化情况

贵重珠宝出口（按市场划分）	2019 年		2020 年		2021 年 1~9 月	
	比重（%）	增减（%）	比重（%）	增减（%）	比重（%）	增减（%）
中国	7.0	+38	23.8	+171	26.4	+111

续表

贵重珠宝出口 （按市场划分）	2019 年		2020 年		2021 年 1~9 月	
	比重（%）	增减（%）	比重（%）	增减（%）	比重（%）	增减（%）
美国	23.4	−18	16.2	−44	17.8	+78
中国澳门	9.5	+26	6.1	−49	12.3	+370
中国台湾	3.8	−13	7.2	+52	8.0	+98
欧盟	9.3	+27	7.9	−32	7.5	+56
法国	5.0	+48	3.1	−50	2.8	+44
东盟	8.2	+25	8.7	−16	6.7	+26
新加坡	5.1	+16	5.2	−18	3.5	+15
瑞士	13.3	+41	9.0	−46	6.3	−5
英国	7.3	+39	4.4	−52	4.4	+63
阿联酋	3.2	−36	4.4	+9	2.8	−4

资料来源：中华人民共和国香港贸易发展局。

二、香港的时尚文化服务业

香港文化及创意产业包括艺术品、古董及工艺品，文化教育及图书馆、档案保存和博物馆服务，表演艺术，电影及录像和音乐，电视及电台，出版，软件、计算机游戏及互动媒体，设计，建筑，广告，娱乐服务等 11 个类别，这些现代服务业不仅为香港时尚文化产业发展提供了全方位的服务，大大提升了时尚制造业的附加值，而且服务大量输出（见图 4-21），有很大部分输出到湾区紧邻的城市，助力时尚制造业提升运营效率和效益。

图 4-21　2015~2019 年香港服务输出

注：2021 年的统计资料仅提供到 2019 年数据。

资料来源：笔者整理。

近年来，香港服务输出规模较大，呈现波动态势，与制造业产品输出下降趋势不同，服务业输出显示出明显的刚性，逐年上升（见图4-22），说明香港服务业具有显著优势和竞争力。

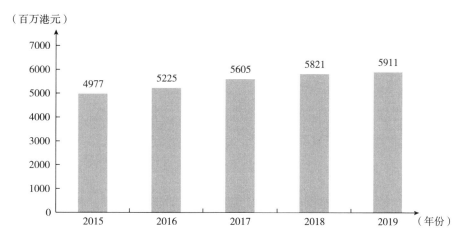

（百万港元）

图4-22 2015~2019年香港知识产权使用费

资料来源：笔者整理。

中国香港的知识产权使用费包括商标、专利、外观设计和版权特许经营服务费等，这些服务与时尚文化产业发展密切相关，该费用呈现逐步上升态势，2019年较2015年增幅达到43.30%（见图4-23）。

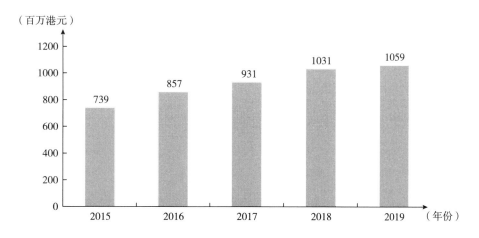

（百万港元）

图4-23 2015~2019年香港特许经营权及商标许可使用费

资料来源：笔者整理。

中国香港特许经营权及商标许可使用费是知识产权使用费中占比较大的，也呈现出逐年增长态势。原因在于，中国香港时尚制造业向中国及东南亚转移过程中，将附加值较低的环节转移出去，但设计、营销等高附加值环节留在本地，转移出去的部分需要获得本地的特许经营权及商标许可，使本地不会出现产业空心化而维持经济繁荣。

香港娱乐业为时尚文化产业发展提供了丰富的土壤，是粤港澳大湾区前卫时尚文化消费的发源地，其个人、文化及康乐服务输出呈现增长态势，2019 年较2015 年增长 33.17%（见图 4-24）。

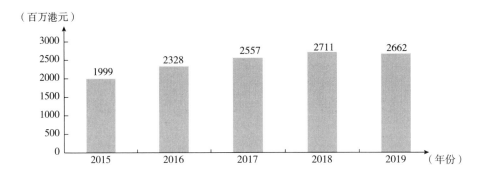

图 4-24　2015~2019 年香港个人、文化及康乐服务输出

资料来源：笔者整理。

香港视听及有关服务曾经有过辉煌历史，20 世纪 60 年代至 80 年代，甚至是90 年代的香港都是仅次于好莱坞的影视基地，香港的娱乐业达到了前所未有的巅峰，但近年来香港视听及有关服务输出呈现先高后低态势，于 2016 年达到峰值，随后逐年下降，香港娱乐业的国际影响力已不及昔日（见图 4-25）。

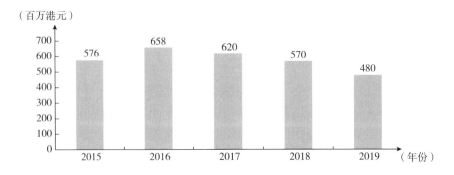

图 4-25　2015~2019 年香港视听及有关服务输出

资料来源：笔者整理。

香港与贸易相关的输出总体规模较大，说明香港国际贸易中心的地位仍然无法替代，与制造业相比，贸易服务相关输出呈现小幅波动状态，显示出较为强劲的韧性（见图4-26）。

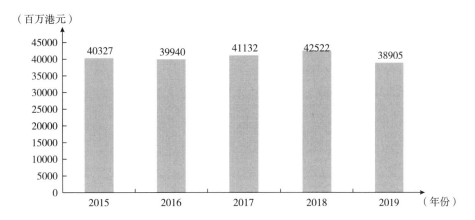

图4-26　2015~2019年香港与贸易相关的服务输出

资料来源：笔者整理。

与浓厚的商业氛围相呼应，香港重视广告、市场研究与公众意见调查，形成了独特的核心竞争力，除2019年有所降低外，其他年份相关服务输出较为稳定（见图4-27）。

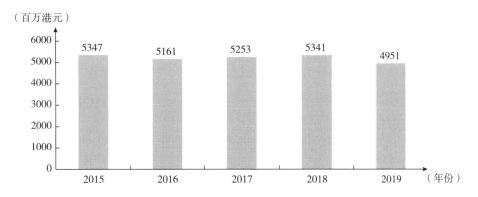

图4-27　2015~2019年香港广告、市场研究与公众意见调查服务输出

资料来源：笔者整理。

三、高校和人才支撑

香港拥有教资会资助大学8所，2020年大学在校生人数18.72万人，其中艺术设计及演艺专业在校生人数 3041 人，大众传播及文化管理在校生 1857 人；香港演艺学院在校生人数 1059 人。香港特别行政区政府制订了"优才入境计划"，将年度人才配额从 2000 人增至 4000 人，将表演科技专才纳入奇缺人才，吸引世界各地人才来港工作；培育不同艺术及创意领域人才，如艺术行政、艺术科技和剧本创造；在粤剧方面，训练年轻人才，支持粤剧从业人员持续发展；在电影方面，通过"电影发展基金"培育新晋导演和编剧人才。通过上述措施配合相关时尚文化产业和艺术事业发展。

2017~2020 年香港专业、科学及技术服务从业人员数量如图 4-28 所示。

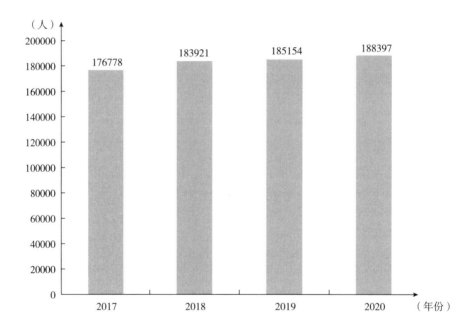

图 4-28　2017~2020 年香港专业、科学及技术服务从业人员数量

资料来源：笔者整理。

香港中文大学设置了 18 个时尚相关专业，包括时尚传媒专业、时尚新闻专业、时尚媒体制作专业、时尚摄影专业、表演设计与时尚专业、纺织品设计专业、服装设计表演专业、鞋类专业、样本和服装技术专业、时尚的人工制品专业、男装时尚设计技术专业、时尚设计管理专业、时尚零售管理专业、全球时尚管理专业、时尚文化专业、时尚策展专业、时尚创业与创新专业、未来时尚专业。

2022 年，香港理工大学新增时装及纺织学院，由原来的纺织及服装学系升格而来。之前的纺织及服装学系是香港唯一提供纺织及服装高等教育的院系，多年来一直通过为业界培育人才推动香港时装设计产业。

香港的时装设计师拥有专业知识及技能，潮流触觉敏锐，擅长融合商业与创新，不少已有一定的国际知名度。在 2021 年的巴黎时装周（Paris Fashion Week），香港 3 个时装设计师品牌 PabePabe、PONDER. ER 及 VANN 获邀展示旗下的 2022 年春夏时装系列。此外，Bloomingdale's、Net-A-Porter 及 Macy's 等多家著名百货公司及网上零售平台均有或曾经销售香港设计师品牌的中高端时装。香港设计从业员组成多个专业团体，如特许设计师协会、香港设计师协会、香港设计总会、香港室内设计师协会、香港时装设计师协会以及香港工业设计师协会等。另外，香港设计中心由香港设计师协会、特许设计师协会、香港设计总会、香港室内设计师协会及香港时装设计师协会等组织共同成立，旨在推广设计的增值功能，以及提升香港作为创新及创意中心的形象。

现代服务业高度发达是香港最主要的特征，这些行业集聚了全世界范围内的专业人才，为产业发展提供了重要支撑，与时尚文化产业发展相关的金融及保险、法律及会计、广告及市场研究、科学研究及发展从业人口数量如表 4-2 所示。

表 4-2 2017~2020 年香港各领域从业人员数量　　　　单位：人

领域＼年份	2017	2018	2019	2020
金融及保险	227156	233480	238513	238710
法律及会计	54 307	55 811	56 853	57 567
广告及市场研究	14 372	15 213	14 529	14 139
科学研究及发展	2 831	3 106	3 257	3 795

资料来源：笔者整理。

四、香港时尚文化产业外部环境支持

香港拥有超过 50 个大小不一的展览场地，包括位于主要商业区的香港会议展览中心、毗邻香港国际机场的亚洲国际博览馆，以及位于九龙湾的国际展览贸易中心。香港现有展览总面积超过 15 万平方米。2019 年，香港举办了超过 100 个展览，吸引超过 160 万海外过夜会展旅客。香港贸易发展局每年在香港主办 30 多项大型展览会，其中 11 项是相关行业在亚洲最大的采购平台，而电子、珠宝、礼品、钟表及灯饰 5 项展览会，规模更是全球最大。这些展览会吸引了大约 3.9

万名参展商及超过 75 万名买家来港参会。

香港时尚文化产业相关展会如表 4-3 所示。

表 4-3 香港时尚文化产业相关展会

行业	主要展览会
珠宝	香港国际珠宝展（3 月） 香港国际钻石、宝石及珍珠展（3 月）
玩具	香港玩具展（1 月）
服装	CENTRESTAGE（2022 年 9 月）
礼品及赠品	香港礼品及赠品展（4 月）
眼镜业	香港国际眼镜展（11 月）
文具	香港国际文具展（1 月）

资料来源：笔者整理。

五、金融支持

香港作为国际金融中心，金融服务业一直是香港最重要的经济支柱，占 2020 年地区生产总值的 23.4%，提供约 27.62 万个职位（相当于总就业人数的 7.5%）。截至 2022 年 9 月底，香港共有 156 家持牌银行、15 家有限制牌照银行和 12 家接受存款公司。此外，还有 37 家外资银行在香港设立代表办事处。2021 年，在香港交易所上市的公司主板有 2201 家，上市公司总市值 44.06 万亿港元；GEM 板 358 家，市值总价 1240 亿港元。截至 2022 年 6 月，共有 2852 项证监会认可集体投资计划，包括 2250 项单位信托及互惠基金、300 项与投资有关的人寿保险计划、277 项退休/强积金相关基金，11 项房地产投资信托基金以及 14 项纸黄金计划。截至 2022 年 9 月底，共有 1741 间持牌保险代理机构、80834 名持牌个人保险代理，以及 24475 名持牌业务代表（代理）；有 819 间持牌保险经纪公司和 10990 名持牌业务代表（经纪）。2020 年，保险业总资产为 1130 亿港元，香港对于外地投资者而言具有较强的吸引力，金融为时尚文化产业提供了强有力的支撑。

近年来，香港金融与保险机构单位数量逐步增加（见图 4-29），金融服务输出也较为稳定（见图 4-30），香港国际金融中心的地位稳定，为时尚文化产业发展提供了宽松的金融环境。

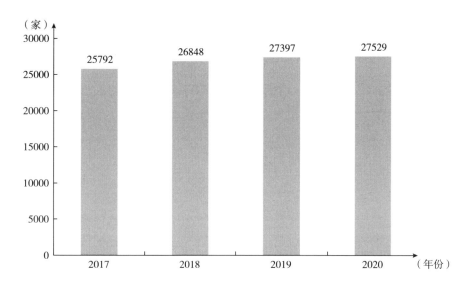

图4-29 2017~2020年香港金融与保险机构单位数量

资料来源：笔者整理。

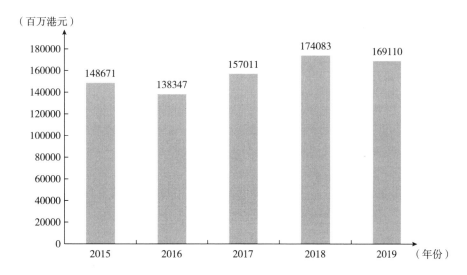

图4-30 2015~2019年香港金融服务输出

资料来源：笔者整理。

第三节　澳门的时尚文化产业

澳门特别行政区位于中国南部珠江口西侧，是中国大陆与南中国海的水陆交汇处，毗邻广东省，与香港相距 60 千米，距离广州 145 千米。澳门由澳门半岛、氹仔和路环两个离岛组成，陆地面 33.3 平方千米，2023 年底总人口 68.4 万人，劳动力月收入中位数为 15800 澳门元，处于适宜时尚文化产业发展的收入区间。澳门是一个具有多元文化特色的城市，400 多年前葡萄牙人将西方文化带入澳门，随着澳门经济的发展和东西方贸易往来的加深，成为一个包容多种文明和宗教的特色城市。澳门文化是具有深厚传统内涵的中华文化和以葡萄牙文化为特质的中西文化并存的并行文化，也是一种以中华文化为主、兼容葡萄牙文化的共融文化。《粤港澳大湾区发展规划纲要》赋予澳门"一中心、一平台、一基地"的发展定位，即建设世界旅游休闲中心，中国与葡语国家商贸合作服务平台，以中国文化为主流、多元文化共存的交流合作基地，促进经济适度多元发展。多元文化提供了与葡语国家交往的优势平台，使澳门拥有中国与葡语国家合作交流的自然优势，成为"世界休闲旅游中心，中葡经贸平台"。

一、时尚文化产业链

澳门是粤港澳大湾区的旅游中心，也是时尚产品流通和消费的主要市场。由于其独特的地理环境和历史发展特征，澳门选择了发展博彩业，经过漫长的发展演变，博彩业成为澳门经济上一业独大的支柱产业，会展和演艺产业正成为有效的补充。澳门建设城市文化窗口的最佳选择是注入文化创意产业，其开创的"旅游+会展+文创+"模式正在改变澳门"赌城"形象，为澳门经济多元化产业拓展空间。该地的时尚文化产业主要是艺术收藏和数字媒体，包括商业和品牌设计（平面、展览、建筑）、澳门品牌的设计/制作/发行、演出制作场地、文化协会、文化艺术经纪人、后台服务、培训、场地、音乐发行、制作、发行、艺术创作和销售、拍卖、代理、摄影、出版、开发和发行书籍、杂志和漫画、游戏、广播和电视、电影、电影院、数字媒体和其他行业。

从进出口角度来看，澳门与内地和香港之间在时尚文化产业方面交易量较大，存在紧密联系，这是时尚文化产业协同发展的前提和条件。

澳门当地时尚产品制造业所占比重较小，主要制造业为纺织业和成衣业，与香港制造业发展类似，改革开放以来，澳门制造业大量转移到内地，以 2008 年为基期，澳门时尚制造业大幅度萎缩（见表4-4），时尚产品制造业在澳门基本上可以忽略不计。

表4-4　2019~2021年澳门时尚制造业生产指数　　　　　单位：%

行业 ＼ 年份	2019	2020	2021
纺织业	1.6	2.9	2.5
成衣业	2.4	5.1	6.2

资料来源：笔者整理。

中国澳门时尚产品出口规模较小，最多的产品为成衣，皮革或毛皮制成的服装、衣服配件及其他制品，非钻石首饰和美容化妆及护肤品等（见表4-5），但规模都比较小，影响力有限。成衣的市场主要是法国、德国、美国、加拿大、中国、中国香港等国家和地区；手表、钻石及钻石首饰、鞋靴、娱乐场用品的市场主要是中国香港。

表4-5　2019~2021年澳门时尚文化产业相关产品出口情况

单位：百万澳门元

类别 ＼ 年份	2019	2020	2021
成衣	12797	10813	12964
纺织布	5	3	4
纺织材料所制成产品	34	69	16
收音机、电视机、录音机及录影机等；零件及附件	45	18	19
旅行用品、手袋及有关产品	431	559	470
鞋靴	385	429	358
手表	1146	1125	1665
皮革或毛皮制成的服装、衣服配件及其他制品	71	75	50
家具，包括框架、箱、手提箱及类似制品	24	22	20
文仪用具或自动资料处理机；零件及附件	88	78	95
钻石及钻石首饰	895	998	1516
非钻石首饰	185	559	526
娱乐场用品	371	232	281

续表

类别 年份	2019	2020	2021
香水及花露水	33	51	68
美容化妆及护肤品	527	377	343

资料来源：笔者整理。

相对而言，中国澳门时尚文化产品很多依靠进口，2019~2021年相关产品进口情况如表4-6所示，从中可以看出，进口较多的时尚类产品依次为精油、香膏及芳香材料、梳洗、磨光及清洁制品，未列明的照相器具、设备、用品及光学货品、钟表，服装及衣服配件，旅行用品、手袋及类似容器和鞋靴。

表4-6 2019~2021年澳门时尚文化产业相关产品进口情况

单位：百万澳门元

类别 年份	2019	2020	2021
纺织纤维（羊毛涤及其他精梳羊毛除外）及其废料（未纺织成纱或织物）	6	4	9
染料、鞣料及着色料	112	112	134
精油、香膏及芳香材料；梳洗、磨光及清洁制品	9731	22681	32033
未列明的皮革、皮革制品，及经处理的毛皮	76	31	107
纸、纸板及纸浆、纸或纸板制品	636	473	600
未列明的纺织纱、织物、制成品及有关产品	437	669	434
家具及其零件；寝具、褥垫、软垫支撑物、软垫及类似填料家具	680	638	605
旅行用品、手袋及类似容器	4891	5000	11293
服装及衣服配件	6191	5971	10608
鞋靴	2571	2029	3501
未列明的照相器具、设备、用品及光学货品；钟表	6971	5418	12934

资料来源：笔者整理。

从进口来源地看，中国澳门时尚文化产业产品主要从法国、德国、意大利、英国、美国、日本、瑞士、澳大利亚、韩国、泰国、澳大利亚、中国、中国台湾和中国香港等国家和地区进口。从法国主要进口精油、香膏及芳香材料、梳洗、磨光及清洁制品，旅行用品、手袋及类似容器，服装及衣服配件，鞋靴等产品；从德国主要进口精油、香膏及芳香材料、梳洗、磨光及清洁制品，旅行用品、手袋及类似容器；从意大利主要进口精油、香膏及芳香材料、梳洗、磨光及清洁制品，旅行用品、手袋及类似容器，服装及衣服配件，鞋靴，未列明的照相器具、设备、用品及光学货品、钟表等产品；从英国和瑞士主要进口精油、香膏及芳香材料、梳洗、磨光及清洁制品，旅行用品、手袋及类似容器等产品；从美国主要进口服装及衣服配件，未列明的照相器具、设备、用品及光学货品、钟表等产品；从泰国主要进口服装及衣服配件；从中国台湾主要进口精油、香膏及芳香材料、梳洗、磨光及清洁制品，未列明的照相器具、设备、用品及光学货品、钟表；从韩国和日本主要进口精油、香膏及芳香材料、梳洗、磨光及清洁制品，服装及衣服配件；从澳大利亚主要进口精油、香膏及芳香材料、梳洗、磨光及清洁制品。

二、时尚文化产业发展环境

从时尚文化产业氛围来看，2021 年澳门有博物馆 31 家，参观人次 136.1 万人；发行报刊 53 份，发行量 620.3 万份；电视及声音无线电广播发射站 13 个，电影院 8 家，票房收入 5153.1 万澳门元；图书馆 76 家，座位 9593 个，藏书 232.05 万册，报纸杂志 11638 份，多媒体资料 320.96 万套，接待 421.95 万人次；舞蹈 160 场，观众 30181 人次；音乐会 1239 场，观众 20.15 万人次；综合表演 494 场，观众 7.27 万人次；戏剧 245 场，观众 11.81 万人次；展览 1071 场，观众 501.37 万人次；其他活动 117 场，观众 80.04 万人次。此外，2022 年启动的澳门文学馆设有展览厅、阅览室及多功能室，是具有典藏、展示、交流、研究功能的文学中心和创意空间。为了进一步推动澳门时尚产业发展，深化澳门时尚产业在国内和国际上的影响力，构建澳门时尚产业推广的新平台，《时尚澳门》节目应运而生，包含大型时装周、周期性的时装展演活动，以及时装设计比赛、时装课程等内容，展示澳门的时尚文化魅力。

从消费角度，2019~2021 年澳门时尚文化产品零售额排在前列的分别为钟表及珠宝、百货、皮具、成人服装和化妆品及卫生用品（见表 4-7）；从增长趋势看，在新冠疫情期间，时尚文化产品经过 2020 年低迷期之后呈现较为强劲的反弹，钟表及珠宝、皮具、百货和成人服装都有不俗的表现，说明澳门时尚文化产品购买力较强，未来仍具有巨大的发展空间。

表 4-7　2019~2021 年澳门主要时尚文化产品零售额

单位：百万澳门元

类别 \ 年份	2019	2020	2021
化妆品及卫生用品	3564	1691	2416

续表

年份 类别	2019	2020	2021
成人服装	8903	4191	6084
鞋类	1332	810	911
皮具	10279	6372	13469
家具及照明用品	213	317	305
钟表及珠宝	15850	7272	16486
百货	13340	6623	12032

资料来源：笔者整理。

三、人才支撑

2019 年中国澳门约有 38.8 万名就业人口，其中博彩业就业人口最多，有 8.5 万人，约占总体就业人口 22.0%。中国澳门文化产业从业人员共计 1 万人左右，仅占总就业人口的 2.6%（纽约文化创意城市从业人员占比均在 10% 以上）。2021 年中国澳门来自中国的雇员有 11.55 万人，来自中国香港的有 3159 人，拥有劳动人口 38.99 万人，中国澳门劳动力就业人口中高中及以上受教育程度占比约为 61%，远低于中国香港的 72.37% 和中国台湾的 86.65%；拥有工业工匠和手工艺工人 2.54 万人。

在时尚专业人才培养方面，中国澳门接受高等教育的人数较多，注册学生数和在校学生数呈现连年增长态势（见图 4-31），与时尚文化产业相匹配的专业开设较多。澳门大学开设平面设计、数字艺术、动画、摄影、油画、水墨画、插画、书法等研究方向，培养高端艺术和设计人才，以及具有创意思维和国际视野的学术型艺术家和设计师。澳门理工大学开设了视觉艺术、设计等相关专业。澳门科技大学开设了会展管理、博彩业管理、文化旅游管理、景观设计、室内设计、产品设计、视觉传达设计、数据新闻学、传播学、公共关系与广告学、游戏设计、动画设计、影视表演、舞台表演等本科专业，会展与节庆管理、博彩管理、旅游规划与管理、酒店管理、新媒体传播、整合营销传播、传播设计、室内设计、设计管理、绘画创作实践与理论、美术史研究、建筑遗产保护、滨水都市建筑与设计、游戏设计、游戏管理等研究生专业。澳门城市大学开设了会展管理、智能旅游管理、休闲与 Spa 管理、环境设计、工业设计和城市景观设计等相关专业。澳门旅游学院开设了旅游会展及节目管理、文化与遗产管理、旅游零售及市场推广管理等相关专业。

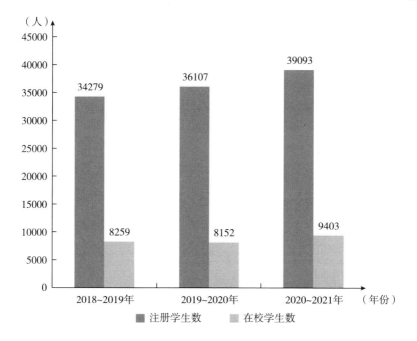

图4-31 2018～2021年澳门高校注册和毕业学生数量

资料来源：笔者整理。

四、政策支持

作为历史文化名城和中西文化碰撞交融之地，澳门特别行政区政府持续加大对文化创意产业发展的支持力度，其正在逐步成为澳门的城市新名片，以及助推经济适度多元发展的新引擎。澳门为推动文化创意产业发展，设立了文化产业基金，特设文化及创意产业系列补助计划，使澳门发挥其多元文化共融的魅力。澳门推进文化创意产业品牌建设，如 Chantelle 时装设计品牌新秀、澳门国际音乐节、国际综合性文化艺术盛会"艺文荟澳"等；设立专责小组促进文化产业发展，希望通过筹办文艺节庆活动，丰富市民生活，创造更多人文交流的机会；加强与粤港澳大湾区的联系，使澳门成为以中华文化为主流、多元文化共存的交流合作基地，文化产业市场需求呈现强劲上升趋势。澳门时尚产业也取得了蓬勃发展，产业资源愈加丰富，但由于宣传平台稀缺，产业对外宣传力度远远不够。澳门举办了众多艺文活动，先后打造了澳门国际音乐节、澳门艺术节、澳门城市艺穗节等艺文节庆品牌。从博彩业一业独大走向经济适度多元并进，是党中央对澳门发展的重大战略部署，也是保持澳门长期繁荣稳定的必然要求，博彩业带动会展业及文化创意产业等行业的成效显著，部分非博彩行业的发展速度超过了博彩业的发展速度，产业辐射效应凸显。

五、金融支持

金融业是澳门的四大支柱产业之一，金融业就业人口为 1.36 万人，澳门回归以来，从过去由小型银行+小银号组成，仅限于本地运营转变为突破地区限制，大幅提升跨境服务能力。澳门没有外汇管制，资本自由进出，高度国际化，享有重要的离岸金融市场的待遇。此外，澳门金融业监管健全，高度重视防范金融风险，资本充足率达到 14.47%，流动资本率达到 55.4%。离岸金融的发展可以得到中央政府的协调和认可，这对时尚文化产业发展具有重要的支撑作用。2018~2020 年，澳门工业外来投资分别为 5280 百万澳门元、5893 百万澳门元、5949 百万澳门元，银行及其他金融业分别为 61347 百万澳门元、70340 百万澳门元、74932 百万澳门元，均呈现出稳定增长态势，为时尚文化产业发展提供了较为充裕的金融支持。

第四节　广东省九城市的时尚文化产业

一、广州的时尚文化产业

广州作为千年商都和具有国际知名度的国际商贸中心，不仅拥有行业性国际时尚中心，而且在纺织服装、皮革制品和鞋类、珠宝玉石、美容化妆品等时尚文化产业拥有完整的产业链，有 2/3 的产业与时尚产业直接或间接相关。无论是服装、家具和建材、珠宝玉石、皮革箱包、文具和礼品、美容美发产品等制造业，还是百货公司、超市、购物中心、商业街、专业市场、餐饮、展览、高端中介、创意设计，或多或少都有时尚元素，是时尚文化产业体系的组成部分，也是支撑广州建设国际时尚城市的重要力量。广州服装产业要素高度聚集，供应链完备，是全国乃至全世界最大的服装流通基地。从服装上游供应链到生产销售渠道，拥有全球最完善的服装产业链条，越秀区被评为"中国服装商贸名城"，增城区新塘镇被评为"中国牛仔服装名镇"。

（一）时尚文化产业链

1. 产业链及其空间分布

广州的时尚文化产业链较为健全，由以下若干产业链构成：服装产业链包括男女服饰、儿童服饰、服饰、牛仔服装、内衣、个性化定制、高端纺织面料，分布在流花、沙河等服装商圈；皮具产业链包括箱包、皮具、皮鞋、皮衣、皮具皮革高端原辅料、配饰件等，主要以白云、花都皮具皮革专业市场为流通窗口；美妆产业链的重点领域包括化妆品、日化、香料以及配套产业等，主要分布在白云、花都、黄埔等化妆品产业园；珠宝首饰产业链的重点领域包括黄金珠宝、钻石、翡翠、玉石、银饰、珍珠、日用饰品等，主要交易市场有华林玉器广场、世雄国际水晶珠宝交易中心等；灯光音响产业链的重点领域包括舞台灯光音响、景观照明、影院音响、家用智能灯光音响、汽车音响、电教声光电设备、会议扩声等；定制家居产业链的重点领域包括定制家具、红木家具、智能家用、厨具、家用纺织品、工艺美术品等；其他产业链——文体用品，主要有钢琴、吉他、数码乐器等。

广州时尚文化产业集群已经形成了"T"形产业链：向东是纺织服装、箱包皮具产业链，东莞、惠州、汕头、汕尾、潮州、揭阳的纺织服装专业镇，与广州在纺织服装原料及辅料、产品 R&D 及制造、装备制造等产业链环节发挥联合优势；西边是智能家电连锁，广州与佛山、惠州合作打造全球领先的智能家电产业集群，推动家电数字化、智能化转型；南边是珠宝连锁店，番禺区已经形成了珠宝产业的区域特色经济和品牌，并积极打造具有全球竞争力的粤港澳大湾区钻石产业生态圈。

2. 生产情况

由于时尚文化产品缺乏明确定义，造成统计数据收集困难，鉴于在统计口径上可以概略地归结为下述八个行业，故以这些行业统计数据分析广州市的时尚文化产业（见图4-32）。2021年，广州市拥有规模以上纺织业企业151家，纺织服装、服饰业企业443家，皮革、毛皮、羽毛及其制品和制鞋业企业307家，木材加工和木、竹、藤、棕、草制品业企业66家，家具制造业企业155家，造纸和纸制品业企业155家，印刷和记录媒介复制业企业124家，文教、工美、体育和娱乐用品制造业企业155家。八大时尚文化产业总共拥有规模以上企业1556家，占全市规模以上工业企业数量（6757家）的23.03%，产业规模巨大。

从时尚文化产业产出角度，2021年广州市八大时尚文化产业规模以上企业工业总产值为1453.28亿元，占全市规模以上企业工业总产值（23121.00亿元）的6.29%，企业平均工业总产值为9340万元，与全市规模以上工业企业平均规模（3.42亿元）存在巨大差距；产业工业增加值为397.26亿元，占全市规模以上企业工业增加值（4963.72亿元）的8.00%。相对其他城市而言，时尚文化产业对广州经济贡献份额较高，时尚文化产业平均增加值率为27.33%，比全市规模以上工业企业平均增加值率（21.47%）高出5.86个百分点。各产业具体情况如表4-8所示。

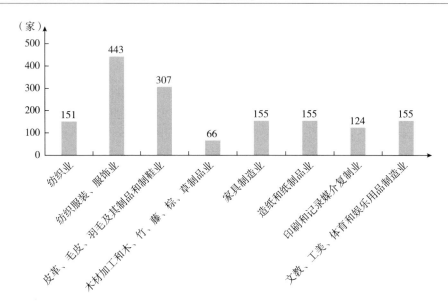

图 4-32 2021 年广州市时尚文化产品制造业规模以上企业数量

资料来源：笔者整理。

表 4-8 2021 年广州市时尚文化产品制造业规模以上企业具体情况

行业	工业总产值（亿元）	工业总产值占全省比重（%）	工业增加值（亿元）	工业增加值占全省比重（%）
纺织业	153.37	6.60	34.74	6.66
纺织服装、服饰业	284.10	9.26	105.50	13.88
皮革、毛皮、羽毛及其制品和制鞋业	147.64	10.13	35.22	9.48
木材加工和木、竹、藤、棕、草制品业	31.11	5.89	13.67	12.43
家具制造业	364.46	15.46	80.95	14.56
造纸和纸制品业	182.47	6.52	31.80	5.89
印刷和记录媒介复制业	118.72	8.07	39.53	10.95
文教、工美、体育和娱乐用品制造业	171.41	4.29	55.85	8.35

资料来源：笔者整理。

八大产业中，家具制造业工业总产值最高，为 364.46 亿元，纺织服装、服饰业，造纸和纸制品业，文教、工美、体育和娱乐用品制造业，纺织业，皮革、毛皮、羽毛及其制品和制鞋业等均具有较大规模；工业增加值前三位的是纺织服装、服饰业，家具制造业和文教、工美、体育和娱乐用品制造业；工业总产值占全省比重较高的为家具制造业，皮革、毛皮、羽毛及其制品和制鞋业和纺织服装、服饰业；工业增加值占全省比重较高的为家具制造业，纺织服装、服饰业和木材加工和木、竹、藤、棕、草制品业。

纺织业是时尚文化产业的基础产业，2021 年广州市纺织业工业总产值为153.37 亿元，占广东省的 6.60%，占粤港澳大湾区内地 9 市的 8.40%，企业平均工业总产值为 1.02 亿元；纺织业工业增加值为 34.74 亿元，占全省的比重为6.66%，产业平均增加值率为 22.65%。动态来看，2019～2021 年广州市规模以上纺织业工业总产值小幅波动（见图 4-33），与新冠疫情之前相比，产值没有大幅度减少，说明纺织业具有较好的韧性。

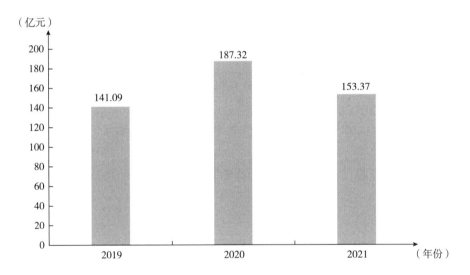

图 4-33　2019～2021 年广州市规模以上纺织业工业总产值

资料来源：笔者整理。

2021 年，广州市纺织服装、服饰业工业总产值为 284.10 亿元，占广东省的9.26%，占粤港澳大湾区内地 9 市的 9.26%，企业平均工业总产值为 6413 万元，企业规模偏小；工业增加值为 105.50 亿元，占全省比重为 13.88%，产业平均增加值率为 37.13%，产业附加值较高。动态来看，2019～2021 年广州市纺织服装、服饰业受新冠疫情影响较小，2021 年较 2020 年增长了 23.78%（见图 4-34），说明广州市纺织服装具有一定竞争力。

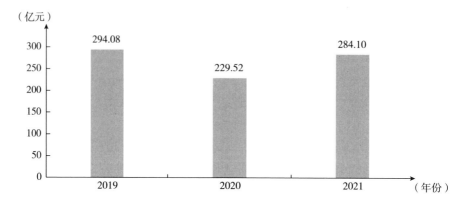

图 4-34 2019~2021 年广州市规模以上纺织服装、服饰业工业总产值

资料来源：笔者整理。

2021 年，广州市规模以上皮革、毛皮、羽毛及其制品和制鞋业工业总产值为 147.64 亿元，占广东省的 10.13%，占粤港澳大湾区内地 9 市的 15.16%，企业平均工业总产值为 4809 万元，企业平均规模偏小；工业增加值为 35.22 亿元，占全省比重为 9.48%，产业平均增加值率为 23.86%。该产业在粤港澳大湾区内地 9 市中规模最大、实力最强。动态来看，2019~2021 年广州市皮革、毛皮、羽毛及其制品和制鞋业发展较平稳（见图 4-35），2021 年较 2020 年增长了 16.58%。

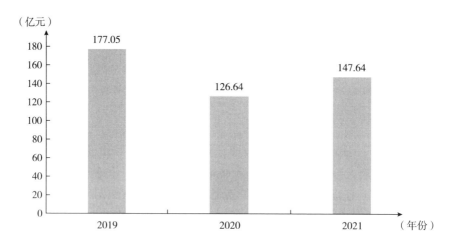

图 4-35 2019~2021 年广州市规模以上皮革、毛皮、羽毛及其制品和制鞋业工业总产值

资料来源：笔者整理。

2021 年，广州市规模以上木材加工和木、竹、藤、棕、草制品业工业总产值为 31.11 亿元，占广东省的 5.89%，占粤港澳大湾区内地 9 市的 7.82%，企业平均工业总产值为 4714 万元；工业增加值为 13.67 亿元，占全省的比重为 12.43%，产业平均增加值率为 43.94%，产业附加值较高。该产业在八大行业中所占比重较小，规模也较小。2019~2021 年广州市木材加工和木、竹、藤、棕、草制品业发展较平稳（见图 4-36）。

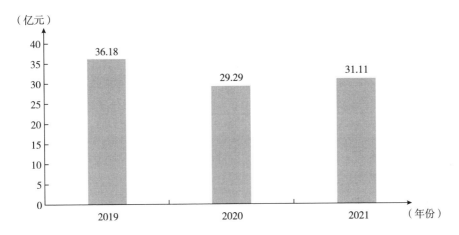

图 4-36 2019~2021 年广州市规模以上木材加工和木、竹、藤、棕、草制品业工业总产值

资料来源：笔者整理。

2021 年，广州市规模以上家具制造业工业总产值为 364.46 亿元，占广东省的比重为 15.46%，占粤港澳大湾区内地 9 市的 16.26%，企业平均工业总产值为 2.35 亿元；工业增加值为 80.95 亿元，占全省的比重为 14.56%，产业平均增加值率为 22.21%。家具制造业在广州八大时尚文化产业中规模最大，在全省占比较高。动态来看，2019~2021 年广州市家具制造业稳步增长，2021 年比 2020 年增长了 25.69%（见图 4-37）。

2021 年，广州市规模以上造纸和纸制品业工业总产值为 182.47 亿元，占广东省的 6.52%，占粤港澳大湾区内地 9 市的 7.73%，企业平均工业总产值为 1.18 亿元；工业增加值为 31.80 亿元，占全省的比重为 5.89%，产业增加值率为 17.43%，产业附加值偏低。动态来看，2019~2021 年广州市造纸和纸制品业发展平稳，2021 年比 2020 年增长了 15.12%（见图 4-38）。

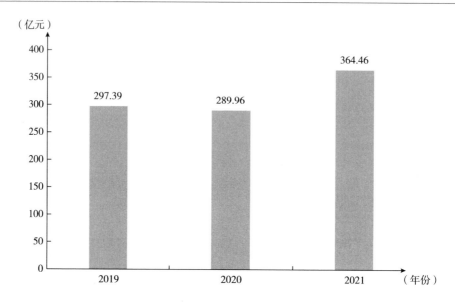

图 4-37　2019~2021 年广州市规模以上家具制造业工业总产值

资料来源：笔者整理。

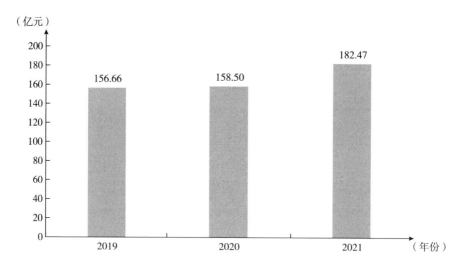

图 4-38　2019~2021 年广州市规模以上造纸和纸制品业工业总产值

资料来源：笔者整理。

　　2021 年，广州市规模以上印刷和记录媒介复制业工业总产值为 118.72 亿元，占广东省的 8.07%，占粤港澳大湾区内地 9 市的 9.85%，企业平均工业总产值为 9574 万元；工业增加值为 39.53 亿元，占全省的比重为 10.95%，产业增加值率为 33.30%，产业附加值相对较高。动态来看，2019~2021 年广州市印刷和记录媒介复制业发展平稳（见图4-39）。

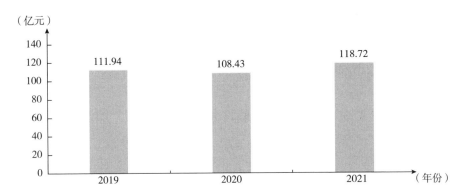

图4-39 2019~2021年广州市规模以上印刷和记录媒介复制业工业总产值

资料来源：笔者整理。

2021年，广州市规模以上文教、工美、体育和娱乐用品制造业工业总产值为171.41亿元，占广东省的4.29%，占粤港澳大湾区内地9市的5.31%，企业平均工业总产值为1.11亿元；工业增加值为55.85亿元，占全省的比重为8.35%，产业平均增加值率为32.58%，附加值相对较高。该产业在广州市八个时尚文化产业中所占比重最小。动态来看，2019~2021年该产业波动较大（见图4-40）。

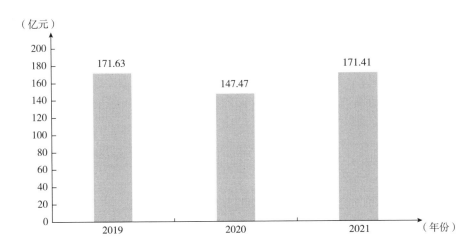

图4-40 2019~2021年广州市规模以上文教、工美、体育和娱乐用品制造业工业总产值

资料来源：笔者整理。

3. 国际贸易

广州市时尚文化产业具有明显的外向型特点,产品出口规模较大,占比较高。出口产品品种为纺织纱线、织物及其制品,服装及衣着附件,鞋靴,家具及其零件,箱包及类似容器,出口规模如图4-41所示。从图4-41可以看出,纺织纱线、织物及其制品,服装及衣着附件,鞋靴等产品已经恢复到新冠疫情之前的水平,家具及其零件、箱包及类似容器等较新冠疫情之前有大幅度下降。

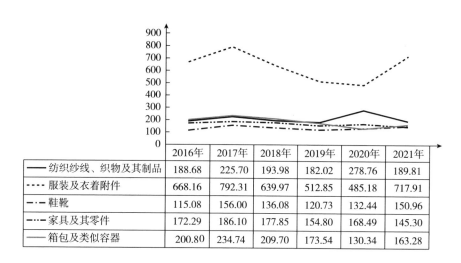

	2016年	2017年	2018年	2019年	2020年	2021年
—— 纺织纱线、织物及其制品	188.68	225.70	193.98	182.02	278.76	189.81
---- 服装及衣着附件	668.16	792.31	639.97	512.85	485.18	717.91
—·— 鞋靴	115.08	156.00	136.08	120.73	132.44	150.96
—··— 家具及其零件	172.29	186.10	177.85	154.80	168.49	145.30
⋯⋯ 箱包及类似容器	200.80	234.74	209.70	173.54	130.34	163.28

图4-41 2016~2021年广州时尚产业出口规模

资料来源:笔者整理。

(二) 广州时尚文化产业高校和人才支撑

广州市高校林立,很多高校立足于时尚文化产业需求设立了相关专业(见表4-9),培养行业所需人才,这些高校不仅为广州市培养相关人才,还输送到粤港澳大湾区乃至全国。

表4-9 广州市部分高校开办时尚文化产业相关专业一览

高校	相关专业
中山大学	新闻学、传播学、音乐表演、会展经济与管理
华南理工大学	工业设计、会展经济与管理、广告学、传播学
暨南大学	新闻学、广告学、播音与主持艺术、动画、美术学、国际商务
华南师范大学	美术学、音乐学、音乐表演、舞蹈学

续表

高校	相关专业
华南农业大学	广播电视编导、服装设计与工程、动画、服装与服饰设计、视觉传达设计、音乐学
广东工业大学	美术学、视觉传达设计、环境设计、产品设计、服装与服饰设计、数字媒体艺术
广州大学	播音与主持艺术、设计学、广播电视编导、舞蹈编导、音乐学、美术学、网络与新媒体
广东财经大学	新闻学、广告学、网络与新媒体、文化产业管理、工商管理、会展经济与管理、广播电视编导、播音与主持艺术、动画、戏剧影视文学、视觉传达设计、产品设计、环境设计、数字媒体艺术
广东技术师范大学	广播电视编导、戏剧影视文学、动画、美术学、视觉传达、环境设计、服装设计、产品设计、音乐学、舞蹈学
仲恺农业工程学院	环境设计、产品设计、视觉传达设计、数字媒体艺术、会展经济与管理、文化产业管理、包装工程
广州美术学院	绘画、摄影、公共艺术、影视摄影与制作、产品设计、服装与服饰设计、动画、视觉传达设计、艺术与科技、环境设计、工艺美术、陶瓷艺术设计、戏剧影视美术设计、雕塑、实验艺术
广州白云学院	服装设计与工程、动画、视觉传达设计、环境设计、产品设计
广东外语外贸大学南国商学院	会展经济与管理
广州华商学院	网络与新媒体、新闻学、广告学、动画、视觉传达设计、环境设计、产品设计、数字媒体艺术设计
广东轻工职业技术学院	艺术设计、广告设计与制作、会展策划与管理
广东南华工商职业学院	环境艺术设计、数字媒体技术、艺术设计

资料来源：笔者整理。

（三）时尚文化产业发展环境

广州市拥有浓郁的时尚文化产业发展氛围，拥有艺术表演团体7个，文化馆12个，公共图书馆13个，博物馆（含美术馆）64个，档案馆14个，为提升公众的时尚文化素养提供了良好的平台（见表4-10），形成了"产业+时尚+商贸"的整体格局。

表4-10　2021年广州市文化、文物事业单位情况

类别	艺术表演团体	文化馆	公共图书馆	博物馆（含美术馆）	档案馆
数量（个）	7	12	13	64	14
从业人员（人）	836	253	961	1311	386

资料来源：笔者整理。

（四）政府对时尚产业创新发展的支持

广东省制定了《广东省发展现代轻工纺织战略性支柱产业集群行动计划（2023—2025年）》《广东省纺织服装创意设计园区（平台）培育建设实施方案（2019—2025年）》等政策文件，支持时尚文化产业集群发展。

2020年，广州市商务局、广州市工业和信息化局联合印发《广州市打造时尚之都三年行动方案（2020—2022年）》，主要任务包括产业服务体系建设行动、创新设计能力提升行动、产品展示贸易升级行动、时尚品牌培育行动、时尚消费升级行动、时尚传播平台建设行动，力争将广州打造成时尚之都。

2022年，广州市工业和信息化局、广州市商务局联合印发《广州市时尚产业集群高质量发展三年行动计划》，规划到2024年广州市时尚产业将冲击万亿级规模，力争培育出20位广州时尚名师、20个广州时尚名品、20家广州时尚名店、20个广州时尚设计师工作室，以及10家营业收入超100亿元、50家营业收入超过10亿元的行业龙头企业。

为了积极优化产业链，广州部署了八项重点工作任务：一是打造时尚产业名片，加快产业"控链"。整合多维元素构建时尚制造发布平台，发展新业态、新模式、新场景，提升广州时尚之都影响力，举办广州国际时尚产业大会，推动名牌穗企携手参展、抱团出海参加国际展会。二是夯实空间载体建设，强化产业"固链"。支持各区布局培育1~2个时尚产业智能制造特色园区，开展标准厂房建设实施产权分割转让等吸引优质企业"拎包入住"，打造时尚智慧商圈，连片建设时尚集聚区域。三是强化创新驱动引领，实施产业"强链"。建设工业设计中心、创客基地等提升时尚设计水平，建设企业技术中心、制造业创新中心等提升技术研发实力，发展柔性生产、共享制造、智能车间等提升智能制造水平。四是突出产业数字化赋能，实现产业"升链"。遴选、组建"1+2+N"供应商联合体，共同建设行业级工业互联网平台，每个重点领域打造20家数字化转型方案应用企业标杆。五是聚焦供应链管理提升，推动产业"延链"。鼓励传统商贸流通企业向全渠道平台商、集成服务商、供应链服务商等转型，发展供应链新模式，建设公共服务性质的供应链平台。六是加强绿色制造升级，抓好短板"补链"。加快构建绿色设计产品、绿色工厂、绿色园区、绿色供应链等绿色制造体系，对于符合要求的建设项目实施项目环评与区域规划环评联动。七是精准发力扶持企业，确保产业"稳链"。依托总部经济政策吸引产业链上下游企业集聚，依托"三个一批"企业库加快产业集群高成长企业发展，做好增量提质和存量挖潜。八是推动质量品牌双提升，突出产业"优链"。通过标准制定、体系认证、首席质量官制度等强化企业质量主体责任，通过优化国有物业租赁机制、加大租金优惠等支持老字号传承和传统技艺创新。

广州市时尚产业集群包括了服装、皮具、美妆日化、珠宝首饰、灯光音响、定制家居 6 条主要分链，还涵盖了文体用品和食品饮料等传统优势领域。《广州市时尚产业集群高质量发展三年行动计划》对主要分链提出了重点发展方向。服装分链围绕服装服饰、纺织面料，推进建设服装智能柔性制造产业园，搭建时尚发布平台，打造时尚纺织服装商圈。皮具分链以箱包、皮具、鞋帽为重点，推进智能柔性制造，促进白云、花都皮具皮革专业市场转型升级，打造高端皮具商圈与商务展贸中心。美妆日化分链聚焦化妆品、日化、香料等重点领域，打造专业特色产业园，培育壮大名品名牌，构建化妆品全产业链高质量发展格局。珠宝首饰分链以金银珠宝、日用饰品等为主，重点推进建设沙湾珠宝产业园、大罗塘珠宝集聚区，打造国家级钻石交易中心、珠宝交易中心。灯光音响分链围绕商用、家用、教育等领域的灯光音响设备，建设灯光音响产业集聚区，推进灯光音响产业商贸平台建设，做强做优广州灯光节，打造文旅灯光羊城 108 景。定制家居分链重点发展定制家具、红木家具、智能家具等，推进建设行业公共服务平台，打造定制家居特色产业园，培育世界级定制家居龙头企业。

此外，文体用品重点推动龙头企业在钢琴、吉他、数码乐器等领域拓展上下游环节，支持高成长企业打造"专精特新"行业单项冠军。食品饮料重点发展休闲时尚食品、功能健康食品及广府特产礼品三大细分领域，强化广州国际美食节等活动推广（见表 4-11）。

表 4-11　《广州市时尚产业集群高质量发展三年行动计划》主要内容

产业分链	发展重点
服装分链	重点领域包括男女服饰、儿童服饰、休闲服饰、牛仔服装、内衣、个性化定制、高端纺织面料等。重点推进建设服装柔性制造产业园，培育服装产业跨境电商，提升产业数字化能力，搭建时尚发布平台，升级流花、沙河等服装商圈，促进洗水、印染等产业链集中入园，培育和引进顶级设计师等工作
皮具分链	重点领域包括箱包、皮具、皮鞋、皮衣、皮具皮革高端原辅料、配饰件等。重点推进白云、花都皮具皮革专业市场转型升级，培育中高端品牌，打造从产地到终端的全产业链，推动直播+实体融合发展等工作
美妆日化分链	重点领域包括化妆品、日化、香料以及配套产业等。重点推进优化美丽健康产业发展布局，打造白云、花都、黄埔等化妆品产业园，培育一批知名品牌，引进一批国际知名品牌落户，建立"化妆品"高质量新标准等工作
珠宝首饰分链	重点领域包括黄金珠宝、钻石、翡翠、玉石、银饰、珍珠、日用饰品等。重点推进建设珠宝加工产业园，打造国家级钻石交易中心、珠宝交易中心，做强珠宝玉石交易市场等工作

产业分链	发展重点
灯光音响分链	重点领域包括舞台灯光音响、景观照明、影院音响、家用智能灯光音响、汽车音响、电教声光电设备、会议扩声等。推进灯光音响产业商贸平台建设，召开全国性的高峰论坛，做强做优广州灯光节，打造文旅灯光羊城108景，建设灯光音响产业园等工作
定制家居分链	重点领域包括定制家具、红木家具、智能家居、厨具、家用纺织品、工艺美术品等。重点推进建设定制家居行业公共服务平台，打造定制家居特色产业园，培育世界级定制家居龙头企业等工作
其他行业分链	文体用品：推动龙头企业在钢琴、吉他、数码乐器等领域拓展上下游环节，争创全球乐器制造新标杆。支持文体用品企业深耕专业领域，壮大单项冠军品牌梯队。深化区块链、二维码、数字印刷等新技术融合应用，强化智能办公产品核心竞争力 食品饮料：重点发展休闲小吃、烘焙糕点等时尚食品，保健药膳、功能饮料、乳制品等健康食品，广式腊味、广州月饼、岭南佳果等广府特产。加快食品工业企业诚信管理体系及溯源体系建设，推动企业有机食品认证、绿色食品认证，强化广州国际美食节等活动推广

资料来源：《广州市时尚产业集群高质量发展三年行动计划》。

按照"重点突出、错位协同"的产业发展格局，《广州市时尚产业集群高质量发展三年行动计划》对广州各区重点发展的时尚细分产业也提出了相应的规划。其中，越秀区依托服装商业载体重点发展个性定制产业。发挥省市皮肤医院的临床优势打造化妆品的临床试验研发中心等。海珠区依托纺织商圈、服装创意园等载体重点发展服装设计产业。天河区推动商圈载体的数字化转型升级，着力促进服装产业与文化产业深度融合。推动总部和研发集聚，着力促进智能家居产业发展。荔湾区依托商圈载体重点发展服装的生产服务业和服务型制造业。推动珠宝玉器市场转型升级，加快商旅文联动发展。番禺区重点打造以南村镇为主的时尚经济带、打造服装名区。加快专业灯光"三园区一基地"建设，重点发展光电产业。依托红木家具小镇等载体重点发展柔性制造和定制服务。依托珠宝产业园等载体打造国际珠宝首饰品牌首创地、原产地、发布地。白云区依托时尚服装产业园、时尚皮具产业园及商业商务产业园等载体推动服装、皮具产业智能化、定制化、高端化和信息化发展。依托美丽健康产业园重点发展化妆品产业，擦亮"白云美湾"名片。依托广州"定制之都"产业园发展高端智能灯光音响、全屋定制家居。花都区依托工业园区载体重点发展服装、皮具产业，擦亮广州花都皮具（狮岭皮具）名片。聚焦"一核四园"重点发展美妆行业，擦亮"中国美都"名片。依托电子工业园区，重点发展高端音响优势领域，擦亮"中国音响之都"产业名片。依托珠宝小镇推动珠宝产业向商旅文转变，建设珠宝文创产业示范园区。依托本地全屋定制家居龙头企业，培育智能家居产业集聚区。黄埔区依托广州科学城重点发展高端日化行业。以时尚休闲小吃、功能保健食品等为重点，壮大千亿级健康食品产业。南沙区依托本地企业重点布局节能与环保家居设备，发展定制家居创新产业。依托珠宝小镇，推动珠宝饰品产业向品牌化、定制化、时尚化方向发展。多点布局，全面推进纸制品及印刷包装等上下游发展。增城区以新塘镇为重点打造牛仔服装全产业链，擦亮广州增城牛仔（新塘牛仔）名片。依托日化、家居、乐器行业的本地龙头企业，分别发展以洗护用品为代表的家庭护理品、定制家居的产业全生态、电子琴钢琴等高附加值乐器制造。从化区依托黄埔—从化产业共建合作区，重点发展家庭洗护用品产业。依托"智能定制家居产业园"，着力打造全球定制之都展示平台。依托从化高技术产业园和明珠工业园，加快广府特色食品全产业链建设。

（五）金融支持

2021 年末，广州地区金融机构本外币各项存款余额 74988.86 亿元，其中人民币各项存款余额 72848.92 亿元，增加 7233.45 亿元。金融机构本外币各项贷款余额 61399.61 亿元，增加 7012.04 亿元，其中人民币各项贷款余额 60238.74 亿元，增加 6703.42 亿元。

2021 年，广州市共有境内上市公司 131 家，总市值 22445.86 亿元。各类企业通过证券市场筹集资金 3337.38 亿元。共有证券公司 4 家，全年实现营业收入 237.05 亿元，证券分支机构 353 家，股票账户数 2151.37 万户，代理股票交易额 147485.62 亿元。期货公司 6 家，基金公司 2 家，共管理公募基金 56 只，基金规模 534 亿份，基金净值 679.90 亿元。拥有保险法人机构 6 家，市场主体 110 家。全年原保险保费收入 1463.36 亿元。较为完善的金融支持系统为广州时尚文化产业发展提供了充裕的资金保障。

二、深圳的时尚文化产业

深圳是我国时尚文化产业较发达的城市之一，引领着中国的时尚潮流，其时尚文化产业主要涵盖服装、家具、黄金珠宝、钟表、鞋包/皮革、内衣、眼镜、家纺等行业，不仅形成了完善的产业链，其中多个产业在全国也占据着绝对领先的位置，如女装板块占据全国领先地位，男装板块在全国高端服饰领域占据一席之地。作为深圳招牌产业之一的罗湖黄金珠宝产业，占据国内市场份额的半壁江山，罗湖水贝片区的黄金珠宝法人企业约 7000 家。作为全球重要的钟表产区之一，深圳市拥有完整的手表产业链，现有钟表企业 1500 多家，年产值 680 亿元，中国钟表协会发布的《2020 年度中国钟表行业十强企业名单》中，深圳企业占据了榜单的半壁江山。深圳是粤港澳大湾区内的设计中心城市，在服装设计、平面设计、产品设计等方面发展迅猛，联合国教科文组织授予深圳"设计之都"称号。深圳时尚文化产业发展得益于其较为健全的产业创新体系。

（一）时尚文化产业链

1. 时尚产业链及空间分布

深圳经济特区建立40多年来，深圳时尚产业链从最底层的"三来一补"攀升到产业链顶端的设计、品牌营销，从低端制造业向文化创意产业转型升级。近年来，时尚文化产业积极融入全球经济大循环，抓住全球产业转移机遇，有效集聚和发展了一批时尚领域的制造行业，服装、家居、钟表、黄金珠宝、皮革、眼镜等产业规模位居全国前列，工业设计规模位居全国前列，女装占据全国领先地位，钟表产业链较为完备，黄金珠宝首饰具有行业风向标作用，家居、皮革、眼镜、工艺美术品等逐步迈向产业链顶端，科技时尚成为新亮点。深圳成为国内行业门类齐全、原创品牌集中、产业配套完善、规模集聚效应显著的时尚产业基地之一。

2021年，深圳时尚文化产业增加值377亿元。处于时尚产业核心的服装产业拥有四个中国"行业第一"：品牌数量第一，拥有品牌企业2500多家，其中90%以上为自有品牌；上市企业数量第一，拥有近10家上市企业；经济总量居首位，服装业总销售额超过2600亿元，占全国的10%；市场占有率第一，服装行业占据全国大中城市一线高端市场60%以上。服装产业占据全国女装产业第一梯队的位置，聚集了全国70%左右的高端女装企业，涌现出玛丝菲尔、影儿、歌力思、珂莱蒂尔、卡尔丹顿、梵思诺、艺之卉等大批知名品牌，分布在龙华大浪、福田车公庙、南山南油、罗湖东门等区域，形成了龙华大浪时尚小镇创新示范产业集群、福田车公庙时尚总部基地、南山南油原创设计师集群三大特色产业集群。深圳时尚文化产业基本形成了"一区一特色"的发展格局，具有良好的竞合关系和互补关系。例如，龙华区以大浪时尚小镇为中心，集聚660多家服装设计、生产企业及其配套企业，时尚产业已成规模，成为全区四大支柱产业之一。龙华区时尚创意产业增加值约650亿元，占地区生产总值的比重约为26%，占全市时尚产业总量的17.6%；光明区以时间谷产业园区为产业核心，形成了从研发设计、精密制造到市场品牌营销的完整产业链，获得"全国钟表产业知名品牌创建示范区"的美誉；深圳水贝—布心黄金珠宝产业集聚区黄金、铂金实物提货量已占上海黄金交易所实物交割量的70%，钻石实际使用量占上海钻石交易所进口额的80%。此外，深圳钟表产业产值、出口值、出口量占全国的53%，内衣、家具、鞋包等时尚产品同样在全国享有盛誉。

2. 生产情况

2021年，深圳市拥有规模以上纺织业企业78家，纺织服装、服饰业企业

165 家，皮革、毛皮、羽毛及其制品和制鞋业企业 77 家，木材加工和木、竹、藤、棕、草制品业企业 22 家，家具制造业企业 125 家，造纸和纸制品业企业 225 家，印刷和记录媒介复制业企业 237 家，文教、工美、体育和娱乐用品制造业企业 380 家（见图 4-42），总共有 1309 家，占全市规模以上工业企业数量（13027 家）的 10.05%。深圳市时尚文化产业规模以上企业数量比广州市少 247 家，印刷和记录媒介复制业和文教、工美、体育和娱乐用品制造业企业偏多。

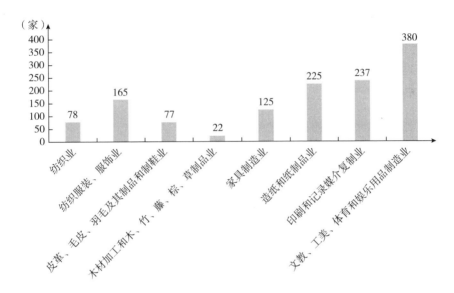

图 4-42 2021 年深圳市时尚文化产品制造业规模以上企业单位数量

资料来源：笔者整理。

2021 年深圳市八大产业规模以上企业工业总产值为 2627.36 亿元，占全市规模以上企业工业总产值（42453.96 亿元）的 6.19%，企业平均工业总产值为 2.01 亿元，与全市规模以上工业企业平均规模（3.26 亿元）存在一定差距；工业增加值为 399.39 亿元，占全市工业增加值（10356.03 亿元）的 3.86%，占全市规模以上工业增加值的（9578 亿元）的 4.17%；平均增加值率为 15.20%，比全市规模以上工业企业平均增加值率（24.39%）低 9.19 个百分点，规模较大的文教、工美、体育和娱乐用品制造业增加值率仅为 8.29%，拉低了时尚文化产业总体增加值率。各时尚文化产业具体情况如表 4-12 所示。

表 4-12　2021 年深圳市时尚文化产品制造业规模以上企业具体情况

行业	工业总产值（亿元）	工业总产值占全省比重（%）	工业增加值（亿元）	工业增加值占全省比重（%）
纺织业	133.28	5.74	30.22	5.79
纺织服装、服饰业	284.41	9.28	86.88	11.43
皮革、毛皮、羽毛及其制品和制鞋业	86.79	5.95	18.51	4.98
木材加工和木、竹、藤、棕、草制品业	16.98	3.22	2.30	2.09
家具制造业	129.58	5.49	28.21	5.07
造纸和纸制品业	148.66	5.31	33.07	6.12
印刷和记录媒介复制业	306.30	20.81	74.08	20.53
文教、工美、体育和娱乐用品制造业	1521.36	38.04	126.12	18.85

资料来源：笔者整理。

2021 年，深圳市规模以上纺织业工业总产值为 133.28 亿元，占全省的 5.74%，占粤港澳大湾区内地 9 市的 7.30%，企业平均工业总产值为 1.71 亿元。与广州市相比，总体规模偏小。工业增加值为 30.22 亿元，占全省的 5.79%，产业平均增加值率为 22.67%。2019~2021 年，产业处于稳定增长期（见图 4-43）。

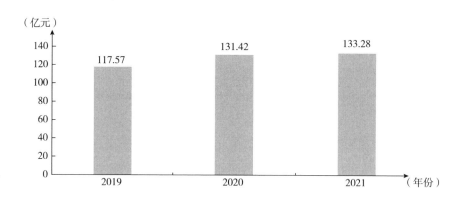

图 4-43　2019~2021 年深圳市规模以上纺织业工业总产值

资料来源：笔者整理。

2021 年，深圳市规模以上纺织服装、服饰业工业总产值为 284.41 亿元（见图 4-44），占全省的 9.28%，占粤港澳大湾区内地 9 市的 16.17%，企业平均工业总产值为 1.71 亿元，而广州市为 6413 万元，深圳市纺织服装、服饰业单个企业规模高于广州市，服装和服饰企业成熟度相对较高。工业增加值为 86.88 亿元，占全省的 11.43%，平均增加值率 30.55%，增加值率较高的原因在于深圳纺织服装、服饰业的国内知名品牌较多，提升了产业附加值。

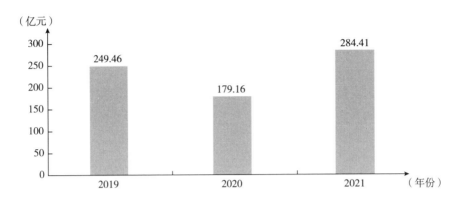

图 4-44　2019～2021 年深圳市规模以上纺织服装、服饰业工业总产值

资料来源：笔者整理。

2021 年，深圳市规模以上皮革、毛皮、羽毛及其制品和制鞋业工业总产值为 86.79 亿元，占全省的 5.95%，占粤港澳大湾区内地 9 市的 8.91%，企业平均工业总产值为 1.13 亿元，而广州市为 4809 万元，深圳市皮革、毛皮、羽毛及其制品和制鞋业工业总产值单个企业规模大大高于广州市，呈现出少而强的特点。工业增加值为 18.51 亿元，占全省的 4.98%，平均增加值率为 21.33%。2019～2021 年，该产业发展较为稳健（见图 4-45）。

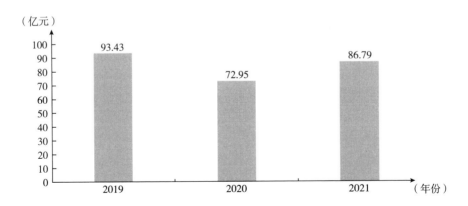

图 4-45　2019～2021 年深圳市规模以上皮革、毛皮、羽毛及其制品和
制鞋业工业总产值

资料来源：笔者整理。

2021年，深圳市规模以上木材加工和木、竹、藤、棕、草制品业工业总产值仅为16.98亿元（见图4-46），占粤港澳大湾区内地9市的3.22%，企业平均工业总产值为7718万元，企业规模偏小；工业增加值为2.30亿元，占全省的2.09%，平均增加值率仅为13.54%。该产业在深圳市八个时尚产业中体量最小，不是深圳时尚产业发展的重点。

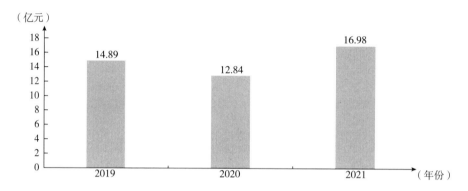

图4-46　2019~2021年深圳市规模以上木材加工和木、竹、藤、棕、草制品业工业总产值

资料来源：笔者整理。

2021年，深圳市规模以上家具制造业工业总产值仅为129.58亿元（见图4-47），占全省的5.49%，占粤港澳大湾区内地9市的5.78%，企业平均工业总产值为1.04亿元，低于广州的2.35亿元；工业增加值为28.21亿元，占全省的5.07%，平均增加值率为21.77%，竞争力不及广州，产业发展平稳。

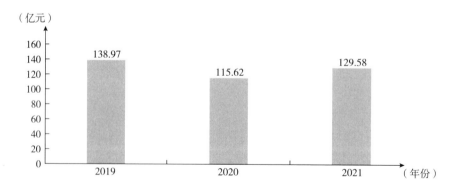

图4-47　2019~2021年深圳市规模以上家具制造业工业总产值

资料来源：笔者整理。

2021 年，深圳市规模以上造纸和纸制品业工业总产值为 148.66 亿元（见图 4-48），占全省的 5.31%，占粤港澳大湾区内地 9 市的 6.30%，企业平均工业总产值为 6607 万元；工业增加值为 33.07 亿元，占全省的 6.12%，平均增加值率为 22.25%，产业发展过程中有波动。

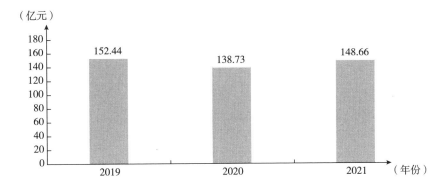

图 4-48　2019~2021 年深圳市规模以上造纸和纸制品业工业总产值

资料来源：笔者整理。

2021 年，深圳市规模以上印刷和记录媒介复制业工业总产值为 306.30 亿元，占全省的 20.81%，占粤港澳大湾区内地 9 市的 25.41%，企业平均工业总产值为 1.29 亿元；工业增加值为 74.08 亿元，占全省的 20.53%，平均增加值率为 24.18%，产业发展处于稳定上升期（见图 4-49）。

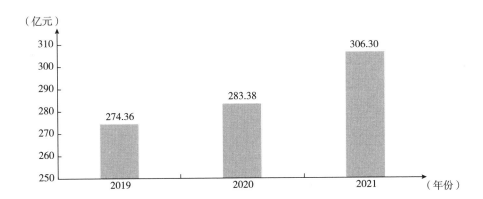

图 4-49　2019~2021 年深圳市规模以上印刷和记录媒介复制业工业总产值

资料来源：笔者整理。

2021 年，深圳市规模以上文教、工美、体育和娱乐用品制造业工业总产值为 1521.36 亿元，占全省的 38.04%，占粤港澳大湾区内地 9 市的 47.16%，企业平均工业总产值为 4.00 亿元，该产业规模在广东省和粤港澳大湾区均位列第一；工业增加值为 126.12 亿元，占全省的 18.85%，产业平均增加值率仅为 8.29%，产业附加值有待提高，2019~2021 年产业发展平稳（见图 4-50）。

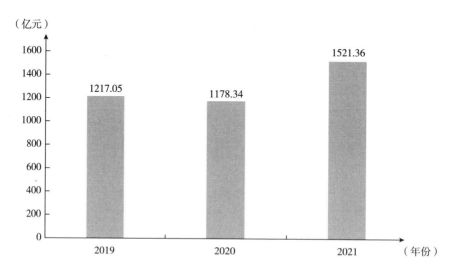

图 4-50　2019~2021 年深圳市规模以上文教、工美、体育和
娱乐用品制造业工业总产值

资料来源：笔者整理。

从主要经济效益指标来看（见表 4-13），2020 年深圳市时尚文化产业主要指标表现均不理想，成本费用利润率指标只有印刷和记录媒介复制业高于全市平均水平，纺织服装、服饰业和家具制造业成本费用利润率尤其低；总资产贡献率只有纺织业高于全市平均水平，纺织服装、服饰业和家具制造业同样表现不佳；八大产业的全员劳动生产率均低于全市平均水平，说明虽然产业不断转型升级，时尚文化产业劳动密集程度仍然远远高于其他产业。

表 4-13　2020 年深圳市时尚文化产业主要经济效益指标

产业	成本费用利润率（%）	总资产贡献率（%）	全员劳动生产率（元/人）
全市	7.66	8.48	287545
纺织业	7.64	11.24	210446

续表

产业	成本费用利润率（%）	总资产贡献率（%）	全员劳动生产率（元/人）
纺织服装、服饰业	0.76	3.35	94434
皮革、毛皮、羽毛及其制品和制鞋业	2.20	5.32	87326
木材加工和木、竹、藤、棕、草制品业	6.35	8.14	114005
家具制造业	0.95	2.46	96958
造纸和纸制品业	5.84	6.56	115572
印刷和记录媒介复制业	9.57	7.21	154045
文教、工美、体育和娱乐用品制造业	3.63	4.98	128854

资料来源：笔者整理。

3. 国际贸易

深圳市时尚文化产业出口的主要产品是服装及衣着附件，鞋类，家具及其零件，纺织纱线、织物及制品，塑料制品，自动数据处理设备及其部件，主要出口地为中国香港、日本、美国、法国、德国、泰国、新加坡、韩国、中国台湾、澳大利亚等国家和地区。

深圳市服装及衣着附件出口连年下降，2020 年出口额为 50.38 亿美元，较 2017 年降低了 34.50%（见图 4-51）。

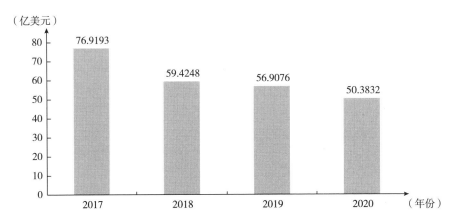

图 4-51　2017~2020 年深圳市服装及衣着附件出口金额
资料来源：笔者整理。

深圳市鞋类出口趋势与服装类似，亦呈连年下降态势，2020 年出口额为 19.26 亿美元，较 2017 年大幅度降低了 49.81%（见图 4-52）。

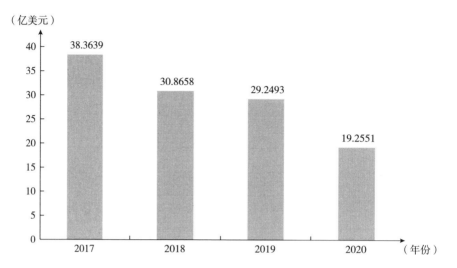

图 4-52　2017~2020 年深圳市鞋类出口金额

资料来源：笔者整理。

深圳市家具及其零件呈连年下降态势，2020 年出口额为 32.51 亿美元，较 2017 年大幅度降低了 24.90%（见图 4-53）。

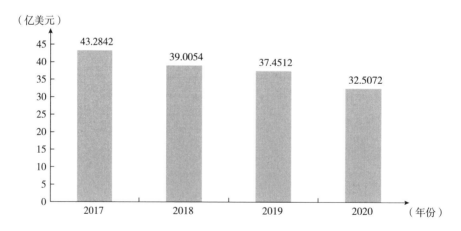

图 4-53　2017~2020 年深圳市家具及其零件出口金额

资料来源：笔者整理。

深圳市纺织纱线、织物及制品出口与其他时尚产品趋势不同，呈现增长态势，2020 年大幅度增长，与 2019 年相比增幅达到 344.56%（见图 4-54）。

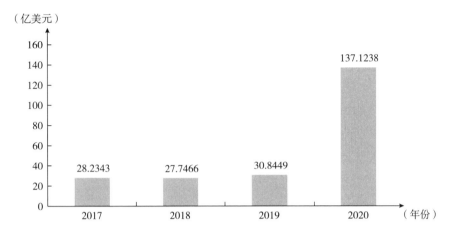

图 4-54 2017~2020 年深圳市纺织纱线、织物及制品出口金额

资料来源：笔者整理。

深圳市塑料制品出口相对稳定，呈现小幅波动，2020 年出口额为 52.22 亿美元，较 2017 年增长了 23.15%（见图 4-55）。

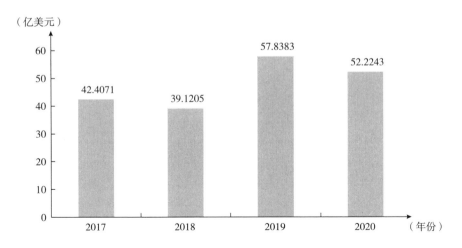

图 4-55 2017~2020 年深圳市塑料制品出口金额

资料来源：笔者整理。

深圳市自动数据处理设备及其部件出口规模较大，2020 年出口额达到 248.46 亿美元，且出口总体稳定（见图 4-56）。

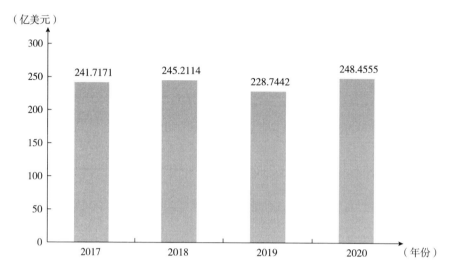

图 4-56　2017～2020 年深圳市自动数据处理设备及其部件出口金额

资料来源：笔者整理。

（二）高校和人才支撑

人才是时尚产业发展的关键。深圳服装产业领先全国，离不开设计与技术人才的探索，及行业对"工匠精神"的坚守。深圳服装行业聚集了 2 万多名服装设计师，涌现出一批产品独特、设计感强、风格鲜明的设计师品牌，其中已有不少成长型服装品牌崭露头角。来自深圳的高端服装，在国内大中城市一线商场占有率已超过 60%。深圳大学开设了服装与服饰设计、视觉传达设计、美术学、产品设计、表演（影视戏剧）、播音与主持艺术、艺术设计学、舞蹈编导、环境设计、音乐表演、数字媒体艺术、广告学、新闻学、网络与新媒体等专业，培养相关人才。

虽然如此，与深圳时尚文化产业发展的定位相比，深圳大咖级国际设计师缺失，其根本原因是时尚教育不足，与国际时尚之都相比，深圳的时尚创意设计教育仍有很大短板，创新创意设计学院仍处于规划建设阶段，建成及发挥功能仍需时日。同时，时尚匠人、时尚媒介、时尚品牌管理、市场运营管理等复合型人才也十分短缺，以市场价值为主导的时尚产业人才评价体系尚未建立。根据《深圳市培育发展现代时尚产业集群行动计划（2022—2025 年）》，深圳市将依托深圳大学、深圳技术大学、深圳创新创意设计学院等高校院所，加强时尚创意、工业设计学科建设，培育创意设计高端人才；支持高等院校、职业院校等设置会展专业，培养会展业人才；鼓励以项目合作或管理策划等方式引进海外研发设计、技术创新团队及人才，提升企业研发设计水平；鼓励搭建设计师孵化平台，为新锐设计师提供展示发布、供应链、销售等资源对接服务，培育一批有潜力的国际新兴设计师。

（三）政府对时尚文化产业的支持

为支持时尚文化产业的发展，中共中央、国务院先后出台《粤港澳大湾区发展规划纲要》《关于支持深圳建设中国特色社会主义先行示范区的意见》；深圳市先后出台《深圳市时尚产业高质量发展行动计划（2020—2024 年）》《深圳市时尚产业发展规划（2021—2025 年）》，明确了重大工程和具体任务。2020 年以来，深圳相继出台《关于进一步促进工业设计发展的若干措施》《深圳市推进工业互联网创新发展行动计划（2021—2023）》，进一步加大对时尚产业数字化转型的扶持力度。2022 年，深圳发布《深圳市培育发展现代时尚产业集群行动计划（2022—2025 年）》，将数字化、智能化列为时尚产业重点发展的方向，还提出推广应用机器视觉等技术和智能检测装备，推动数字化生产，建立全流程信息一体化平台。该行动计划要求各区根据产业基础和发展特点，研究编制时尚产业地图，形成错落有致、布局合理的时尚产业集群。福田区建设时尚品牌总部中心、工业设计基地和会展核心功能区，培育国际化时尚"橱窗经济"。罗湖区、盐田区打造黄金珠宝产业集聚地，巩固深圳在全国的引领地位。南山区（前海）打造工业设计和科技时尚集聚地。龙华区推进大浪时尚小镇等产业核心区域升级，打造时尚产业新城。龙岗区建设时尚产业制造基地。宝安区（前海）建设创新创意基地和会展服务集聚区。坪山区建设家具和化妆品总部研发基地。光明区推动钟表、内衣产业基地优化升级。此外，深圳还着力扩大工业互联网应用，推动全流程、全产业链数字化转型，打造供应链新模式，通过政府引导，使深圳成为时尚产业的"数字大脑"，积极拓展行业协会推广、科技企业扶持等渠道。

《中共中央　国务院关于支持深圳建设中国特色社会主义先行示范区的意见》要求深圳建设具有全球影响力的创新创业创意之都，支持深圳建设创新创意设计学院，引进世界高端创意设计资源，设立面向全球的创意设计大奖。深圳积极培育了一批具有较强竞争优势的时尚（文化）产业，如创意设计、动漫游戏、文化旅游、高端印刷、黄金珠宝、文化会展等，全面构建了较为完备的现代时尚产业链；成功吸引了文博会、文交所、国家文化创意产业投资基金等多个国家级产业发展平台；以开放、多元、包容的城市文化和敢于尝试、敢为人先、拼搏进取的经济特区精神，不断吸引和促进国内外高端时尚资源的快速汇聚。

（四）时尚文化产业发展环境

2021 年，深圳市拥有艺术表演团体 3 个、文化馆 10 个、博物馆（含美术馆）86 个、公共图书馆 12 个、档案馆 11 个（见表 4-14），拥有广播电台 1 座，电视台 2 座，广播电视中心 3 座，广播、电视人口覆盖率达 100%，全年文化及相关产业增加值 2086.36 亿元。公共服务平台、创博媒体等产业支撑体系建设完善，聚集全球时尚产业发展要素与资源的能力大幅提升；深圳时尚家居设计周、深圳国际家具设计展、深圳时装周等在业界具有较大的影响力。

表 4-14 2021 年深圳市文化、文物事业单位情况

类别	艺术表演团体	文化馆	公共图书馆	博物馆（含美术馆）	档案馆
数量（个）	3	10	12	86	11
从业人员（人）	393	385	1740	1448	147

资料来源：笔者整理。

深圳大力实施时尚产业数字化转型战略，推动数字经济与时尚产业深度结合。各服装品牌也纷纷投入数字化转型的浪潮中，为产业创新发展注入强大新动能。近年来，面对互联网经济新环境与新冠疫情冲击，深圳服装产业不断创新求变，以多渠道、多模式加速布局服装销售数字化。"云逛街""云看秀""云购物""云体验"等以线上为主要渠道的直播经济迅猛发展。汇聚了约 700 家服装及配套企业的大浪时尚小镇，已引进 10 余家时尚直播机构，正着力打造"虚拟数字产业集群"。拥有约 3000 家服装企业的南油片区，则以"网红经济+专业市场+直播平台"为核心优势，形成网红直播产业链。在开展"网红"营销的同时，不少服装企业还积极探索多元化、个性化的数字营销模式，通过线上、线下全渠道的数据整合，建立精准的"用户画像"，利用数字化技术，开展精准营销和个性化服务。

（五）金融支持

2021 年末，深圳市金融机构（含外资）本外币各项存款余额 112545.17 亿元；金融机构（含外资）本外币各项贷款余额 77240.78 亿元。全年证券市场总成交金额 195.38 万亿元，其中，股票成交金额 143.97 万亿元，债券成交金额 48.35 万亿元，基金成交金额 2.98 万亿元。年末上市公司市价总值 39.64 万亿元，上市公司流通市值 31.61 万亿元。年末深圳证券交易所上市公司 2578 家，上市股票 2614 只。全年保险机构原保险保费收入 1426.51 亿元。较为完善的金融体系为时尚产业发展提供了强大的金融支持。

三、珠海的时尚文化产业

珠海地处粤港澳大湾区核心区域，位于广东省珠江口的西南部，东与香港隔海相望，南与澳门相连，西邻江门市新会区、台山市，北与中山市接壤，设有拱北、九洲港、珠海港、万山、横琴、斗门、湾仔、珠澳跨境工业区 8 个国家一类口岸，是珠三角中海洋面积最大、岛屿最多、海岸线最长的城市，素有"百岛之市"之称。珠海市社会经济发展条件优良，是休闲舒适、花园式的海滨旅游城市，是中国最早实行对外开放政策的四个经济特区之一。

（一）时尚文化产业链

1979 年 3 月 5 日，国务院正式批准珠海撤县建市，20 世纪 70 年代末 80 年代初，由于毗邻香港和澳门，像珠三角其他许多地区一样，从香港和澳门带回的服装、鞋帽和袜子让人大开眼界。作为中国最早设立的经济特区之一，1978 年，澳门商人曹光彪开创了在内地直接投资的先河，并与珠海签订了珠海第一家羊毛（服装）企业——香洲毛纺厂项目。1979 年，香洲毛纺厂投产，主要生产纯羊毛衫和兔毛混纺纱，不仅是珠海第一家以补偿贸易形式引进的来料加工企业，也是中国第一家"提供加工和补偿"的企业。1984 年，邓小平同志亲自视察了该厂，高度评价了该厂的大胆改革。80 年代中后期，珠海服装企业逐渐增多，其中包括珠海市振威服装有限公司；90 年代初，由于珠海城市发展的定位，具有劳动密集型特征的服装加工企业纷纷外迁至中山、东莞等珠三角周边城市，造成珠海时尚文化产业规模小，产业链不丰富的局面。

2021 年，珠海有规模以上纺织业企业 14 家，纺织服装、服饰业企业 31 家，皮革、毛皮、羽毛及其制品和制鞋业企业 1 家，木材加工和木、竹、藤、棕、草制品业企业 6 家，家具制造业企业 7 家，造纸和纸制品业企业 28 家，印刷和记录媒介复制业企业 36 家，文教、工美、体育和娱乐用品制造业 22 家（见图4-57），总共 145 家，占全市规模以上工业企业数量（1655 家）的比重约为 8.76%，在珠海市工业体系中的份额较低，对经济的贡献也较小。珠海市拥有威丝曼、卡索、例外、卓夫、阿桑娜、色兰一代、卡尔·兰迪、奥伦提、尤妩、雅嘉图、水原素、奥尔登曼、圣瑞纳、阑纹等服装品牌。

2021 年，珠海市八大时尚文化产业规模以上企业工业总产值为 183.77 亿元（见表4-15），仅占全市规模以上工业总产值（5272.44 亿元）的 3.49%，企业平均工业总产值为 1.27 亿元，与全市规模以上工业企业平均规模（3.19 亿元）相比存在较大差距；工业增加值为 43.67 亿元，仅占全市规模以上企业工业增加值的（1329.49 亿元）3.28%；平均增加值率为 23.76%，比全市规模以上工业企业平均增加值率（25.22%）低 1.46 个百分点。珠海时尚文化产业规模小，在广东省所占比重较低，在全市工业企业中影响力也非常有限。

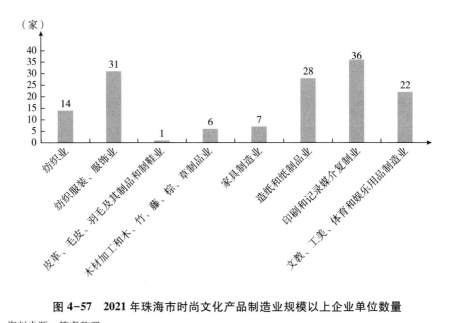

图4-57 2021年珠海市时尚文化产品制造业规模以上企业单位数量

资料来源：笔者整理。

表4-15 2021年珠海市时尚文化产品制造业规模以上企业具体情况

行业	工业总产值 （亿元）	工业总产值 占全省比重（%）	工业增加值 （亿元）	工业增加值 占全省比重（%）
纺织业	18.93	0.81	4.76	0.91
纺织服装、服饰业	22.24	0.73	6.91	0.91
皮革、毛皮、羽毛及其制品和制鞋业	0.38	0.03	0.09	0.02
木材加工和木、竹、藤、棕、草制品业	5.60	1.06	1.21	1.10
家具制造业	19.83	0.84	5.73	1.03
造纸和纸制品业	71.93	2.57	14.17	2.62
印刷和记录媒介复制业	20.51	1.39	4.66	1.29
文教、工美、体育和娱乐用品制造业	24.35	0.61	6.14	0.92

资料来源：笔者整理。

2021年，珠海市规模以上纺织业工业总产值为18.93亿元（见图4-58），占全省的0.81%，占粤港澳大湾区内地9市的1.04%，企业平均工业总产值为1.35亿元；工业增加值为4.76亿元，占全省的0.91%，纺织业平均增加值率为

25.15%。珠海市纺织业规模小，影响力不强。

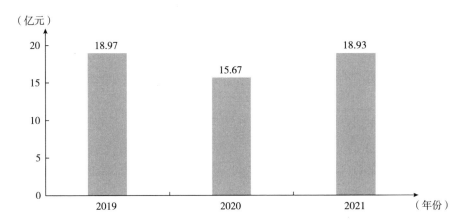

图 4-58　2019~2021 年珠海市规模以上纺织业工业总产值

资料来源：笔者整理。

2021 年，珠海市规模以上纺织服装、服饰业工业总产值为 22.24 亿元（见图 4-59），占全省的 0.73%，占粤港澳大湾区内地 9 市的 1.26%；工业增加值为 6.91 亿元，占全省的 0.91%。产业平均增加值率为 31.07%。珠海市纺织服装、服饰业企业平均工业总产值为 7174 万元，企业平均规模相对较大，平均增加值高于全省平均水平。

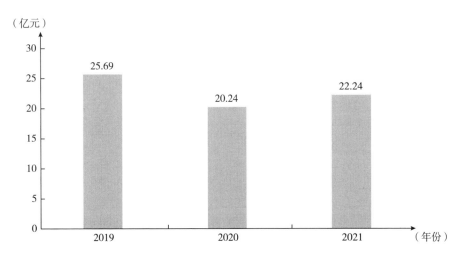

图 4-59　2019~2021 年珠海市规模以上纺织服装、服饰业工业总产值

资料来源：笔者整理。

2021 年，珠海市规模以上皮革、毛皮、羽毛及其制品和制鞋业工业总产值为 0.38 亿元（见图 4-60），占全省的 0.03%，占粤港澳大湾区内地 9 市的 0.04%；工业增加值为 0.09 亿元。产业整体规模小，缺乏竞争力。

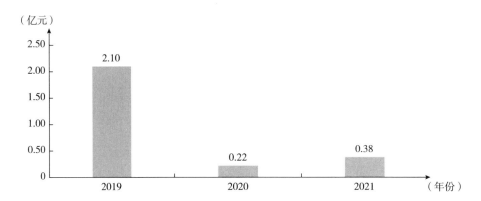

（亿元）

图 4-60　2019~2021 年珠海市规模以上皮革、毛皮、羽毛及其制品和制鞋业工业总产值

资料来源：笔者整理。

2021 年，珠海市规模以上木材加工和木、竹、藤、棕、草制品业工业总产值为 5.60 亿元（见图 4-61），占全省的 1.06%，占粤港澳大湾区内地 9 市的 0.88%；工业增加值为 1.21 亿元，占全省的 1.10%，产业平均增加值率为 21.61%。

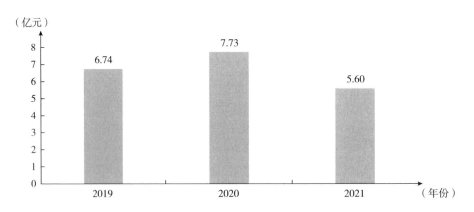

（亿元）

图 4-61　2019~2021 年珠海市规模以上木材加工和木、竹、藤、棕、草制品业工业总产值

资料来源：笔者整理。

2021 年，珠海市规模以上家具制造业工业总产值为 19.83 亿元（见图 4-62），占全省的 0.84%，占粤港澳大湾区内地 9 市的 3.05%；工业增加值为 5.73 亿元，占全省的 1.03%，产业平均增加值率为 28.90%。珠海家具企业平均工业总产值为 2.7 亿元，企业规模中等。

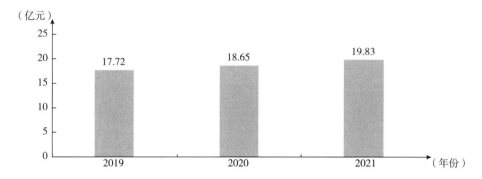

图 4-62 2019~2021 年珠海市规模以上家具制造业工业总产值

资料来源：笔者整理。

2021 年，珠海市规模以上造纸和纸制品业工业总产值为 71.93 亿元（见图 4-63），占全省的 2.57%，占粤港澳大湾区内地 9 市的 3.05%；工业增加值为 14.17 亿元，占全省的 2.62%，产业平均增加值率为 19.70%，相对较低。造纸企业平均工业总产值为 3.60 亿元，规模偏小。

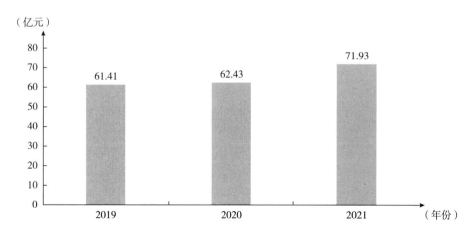

图 4-63 2019~2021 年珠海市规模以上造纸和纸制品业工业总产值

资料来源：笔者整理。

2021 年，珠海市规模以上印刷和记录媒介复制业工业总产值为 20.51 亿元（见图 4-64），占全省的 1.39%，占粤港澳大湾区内地 9 市的 1.70%；工业增加值为 4.66 亿元，占全省的 1.29%，产业平均增加值率为 22.72%，企业平均工业总产值为 5697 万元。

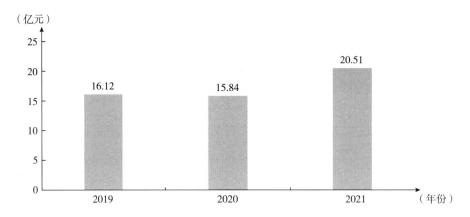

图 4-64　2019~2021 年珠海市规模以上印刷和记录媒介复制业工业总产值
资料来源：笔者整理。

2021 年，珠海市规模以上文教、工美、体育和娱乐用品制造业工业总产值为 24.35 亿元（见图 4-65），占全省的 0.61%，占粤港澳大湾区内地 9 市的 0.75%；工业增加值为 6.14 亿元，占全省的 0.92%，产业平均增加值率为 25.22%，企业平均工业总产值为 9322 万元。

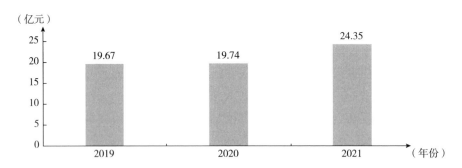

图 4-65　2019~2021 年珠海市规模以上文教、工美、体育和
娱乐用品制造业工业总产值

资料来源：笔者整理。

从经济效益角度来看（见表4-16），2021年珠海市八大时尚文化产业产值利润率普遍低于全市12.24%的平均水平，其中木材加工和木、竹、藤、棕、草制品业产值利润率为负值，除造纸和纸制品业、家具制造业利润率稍高一点外，其他产业均为微利产业；除造纸和纸制品业全员劳动生产率高于全市296991元/人的平均水平外，其他行业均远远低于这个水平，显示出显著的劳动密集型特点，时尚文化产业整体经济效益欠佳。

表4-16 2021年珠海市时尚文化产业主要经济效益指标

产业	产值利润率（%）	亏损企业数（家）	亏损金额（万元）	全员劳动生产率（元/人）
纺织业	2.74	5	5274	167423
纺织服装、服饰业	1.40	8	6225	92602
皮革、毛皮、羽毛及其制品和制鞋业	1.16	0	0	52749
木材加工和木、竹、藤、棕、草制品业	-14.87	3	10823	121294
家具制造业	9.10	3	729	171561
造纸和纸制品业	10.49	7	1079	356599
印刷和记录媒介复制业	6.77	5	2054	142842
文教、工美、体育和娱乐用品制造业	6.03	8	2987	100916

资料来源：笔者整理。

（二）时尚文化产业发展环境

珠海自然风浪条件良好，适宜发展风帆、游艇等健身休闲活动，珠海游艇产业和"两杆"（钓鱼的钓竿、帆船的桅杆）经济初见端倪，每年定期举办中国国际航空航天博览会，吸引大量游客。在文化载体建设方面，2021年珠海拥有艺术表演团体2个、文化馆4个、公共图书馆4个、博物馆（含美术馆）9个、档案馆5个（见表4-17），市区10分钟文化圈和西部地区10里文化圈基本建成，市区镇村四级公共文化服务设施实现全覆盖，珠海大剧院、珠海博物馆、珠海规划展览馆成为城市文化新地标。珠海市获评中国旅游休闲示范城市、广东省全域旅游示范区，2021年接待入境旅游人数62.55万人次。

表4-17 2021年珠海市文化、文物事业单位情况

类别	艺术表演团体	文化馆	公共图书馆	博物馆（含美术馆）	档案馆
数量（个）	2	4	4	9	5

续表

类别	艺术表演团体	文化馆	公共图书馆	博物馆（含美术馆）	档案馆
从业人员（人）	245	83	128	239	62

资料来源：笔者整理。

2022 年，中国时尚产业工业设计大会在香洲区举行，其间珠海市香洲区人民政府与中国纺织信息中心签署战略合作协议。双方将加强合作，帮助珠海打造以"时尚引领、设计驱动"为特色的发展优势，打造粤港澳大湾区文化高地，提升时尚引领和工业设计能力。值得关注的是，2022 年珠海时装周期间，中国（珠海）时尚潮流发布中心和中国（珠海）时尚设计创新平台授牌落户，标志着珠海成为中国第一个同时"双落地"的国家级时尚平台和中心。珠海市香洲区服装设计师协会同步揭牌，通过引领时尚、联动产业，进一步将时尚产业资源引入珠海。

（三）高校和科研机构

2021 年，珠海有高等教育在校生 58.22 万人，北京师范大学—香港浸会大学联合国际学院开设了广告学、传播学、会展、文化产业管理、音乐表演、动画等相关专业；北京理工大学珠海学院开设了产品设计、服装与服饰设计、工艺美术、环境设计、视觉传达设计等相关专业；珠海科技学院开设了广告学、会展经济与管理、音乐表演、舞蹈编导、音乐学（师范）、动画、视觉传达设计等相关专业；珠海城市职业技术学院开设了游艇设计与制造、数字媒体技术、会展策划与管理、艺术设计、环境艺术设计、产品艺术设计等相关专业；珠海艺术职业学院开设了游艇设计与制造、动漫制作技术、会展策划与管理、视觉传达设计、书画艺术、雕塑设计、室内艺术设计、玉器设计与工艺、工艺美术品设计、数字媒体艺术设计、艺术设计、广告艺术设计、雕刻艺术设计、首饰设计与工艺、动漫设计、环境艺术设计、产品艺术设计、表演艺术、音乐表演、舞蹈表演、文化产业经营与管理、影视动画、影视多媒体技术等相关专业，为珠海市时尚文化产业发展提供中高端人才。

（四）政策支持

《珠海市国民经济和社会发展第十四个五年规划和二〇三五年远景目标纲要》提出，以文化涵养城市品格，探索特区文化建设的发展道路和规律，厚植城市文化根基。打造特区文化品牌，努力打造"志愿者之城""艺术之城""书香之城"，通过特色文化地标、面向青年和未来的公共文化空间，提升城市的文化品位。深度挖掘岭南文化、红色文化、改革文化、海洋文化等丰富资源，推进历史文化资源的创作、提炼，打造一批享誉海内外、脍炙人口的文化精品，建设区域性文化艺术中心。实施文化产业数字化战略，发展 4K/8K 影视、数字出版、动漫网游和创意设计等新兴文化产业，培育发展网络文学、视听和直播等数字文化新型业态。开展生活创意产品集市、创意产品展等活动，高水平建设创意文化产业园区，培育壮大一批骨干文化企业，打造全球知名的文化创意城市。推动文化旅游融合发展，强化"青春之城，活力之都"，推动粤港澳游艇自由行政策落地。依托横琴新区的区位优势和政策优势，主动对接港澳地区金融、旅游文化、物流、会展、中医药、科技等产业资源，积极探索信息化背景下服务贸易发展新模式。推动粤港澳大湾区文创产业协同发展；推进旅游项目建设，丰富产品供给，打造核心竞争力；创新营销手段，加大城市旅游形象推广，擦亮"青春之城，活力之都"的城市新名片。举办粤港澳大湾区文化创意设计大赛，挖掘和培育创意设计人才，促进大湾区优秀传统文化创造性转化、创新性发展，促进文化创意设计成果的现实转化与尝试开发，培育文旅产业投融资体系。着力构建粤港澳大湾区在文创领域的交流合作与资源共享平台，支持珠海打造大湾区文化创意设计基地，扩大动漫游戏设计、影视文化艺术和新闻出版等文化产品和服务出口。建设粤港澳大湾区国际会展名城，整合全市会展资源，提升会展设施，充分发挥区位优势，依托城市禀赋和产业优势，引进和培育一批具有本土特色的国际品牌展会。与香港、澳门的国际会展业权威机构、行业协会、国际知名会展企业及重要媒体开展交流与合作。扶持以展会主办为龙头，金融、旅游、餐饮、策划、广告等行业为支撑和配套的产业集群发展。

珠海市香洲区计划出台《珠海市香洲区支持时尚产业发展若干措施》，计划在三年左右的时间内，投资至少 1000 万元打造"时尚之都"城市品牌形象，吸引一批实力雄厚的时尚企业和品牌入驻香洲，形成百亿规模的时尚产业集群。目前，该政策正处于征求公众意见的阶段。该政策主要针对时尚设计（服装设计、家居设计、文化创意设计、珠宝设计、箱包配饰等）、时尚趋势研究和发布、时尚活动、时尚品牌服装、时尚媒体等时尚相关行业。

（五）金融支持

2021 年，珠海市中外资银行业金融机构本外币各项存款余额 10496.05 亿元，银行业金融机构本外币各项贷款余额 8909.80 亿元，上市公司 34 家（境内），总市值 6310.15 亿元，上市公司通过证券市场筹集资金 421.57 亿元，证券营业部 60 家，证券分公司 7 家，期货公司 3 家，下辖 3 家期货营业部。证券、期货从业人员总数 980 人，全市证券经营机构股票、基金、债券成交总额 26641.05 亿元，保险法人机构 2 家，分支机构 153 家。全年实现保费收入 181.41 亿元。珠海市引导金融机构加大对民营企业的信贷支持力度，扩大中小融、粤信融、"四位一体"等金融服务平台的风险补偿和贴息范围。落实国家和省级相关金融机构对服务贸易企业的支持政策，加强金融服务体系建设，鼓励金融机构在风险可控的前提下创新金融产品和服务，开展供应链融资、海外并购融资、应收账款质押贷款、仓单质押贷款、融资租赁等业务。鼓励政策性金融机构在现有业务范围内加大对服务贸易和服务外包企业开拓国际市场、开展国际并购等业务的支持力度，支持服务贸易和服务外包重点项目建设。鼓励保险机构对服务贸易企业创新保险品种和保险业务，研究推出更多、更便捷的汇率避险产品，简化投保手续。推动小微企业融资担保体系建设，积极推进小微企业综合信息共享。支持符合条件的服务贸易企业上市、在全国中小企业股份转让系统和区域性股权市场挂牌、发行公司债和中小企业私募债等。

四、佛山的时尚文化产业

(一) 时尚文化产业链

佛山是国家级历史文化名城，中国龙舟龙狮文化名城，粤剧的发源地，岭南文化分支广府文化发源地和兴盛地之一，享有全国文明城市、世界美食之都、品牌之都、最具浪漫城市等美誉。佛山现辖禅城区、南海区、顺德区、高明区和三水区，全市总面积 3797.72 平方千米，常住人口超 960 万人，其中户籍人口495.4 万人。在时尚文化产业方面，佛山拥有中国面料名镇——南海区西樵镇；中国内衣名镇——南海区大沥镇；中国针织名镇——禅城区张槎街道；中国童装名镇——禅城区祖庙街道；以石湾中国陶谷为中心的陶瓷创意产业集聚区；以张槎新媒体产业园为中心的数字文化产业集聚区；以平州玉器街为中心的玉器产业集聚区；以西樵国艺影视城为中心的影视旅游产业集聚区；以顺德华侨城为中心的休闲旅游产业集聚区；以北滘广东工业设计城为中心的工业设计产业集聚区；以伦教珠宝产业园为中心的珠宝首饰产业集聚区；以佛山新城国际文化演艺馆为中心的体育休闲娱乐产业集聚区，时尚产业链丰富，具有一定的影响力。

1. 生产情况

2021 年，佛山有规模以上纺织业企业 466 家，纺织服装、服饰业企业266 家，皮革、毛皮、羽毛及其制品和制鞋业企业 155 家，木材加工和木、竹、藤、棕、草制品业企业 83 家，家具制造业企业 584 家，造纸和纸制品业企业193 家，印刷和记录媒介复制业企业 129 家，文教、工美、体育和娱乐用品制造业企业 87 家（见图 4-66），总共 1963 家，占全市规模以上工业企业数量（9370家）的 20.95%。时尚产业规模较大，时尚企业集聚度高，在广东省内和粤港澳大湾区占有重要地位。

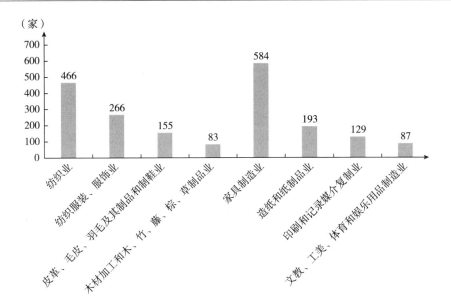

图 4-66　2021 年佛山市时尚文化产品制造业规模以上工业企业单位数量

资料来源：笔者整理。

2021 年，佛山市八大时尚文化产业规模以上企业工业总产值为 3531.15 亿元，占全市规模以上企业工业总产值（26312.48 亿元）的 13.42%，企业平均工业总产值为 1.79 亿元，与全市规模以上工业企业平均规模（2.81 亿元）相比存在较大差距；工业增加值为 676.82 亿元，占全市规模以上企业工业增加值（5432.94 亿元）的比重为 12.46%，时尚文化产业在佛山市整体经济中具有一定地位。时尚文化产业平均增加值率为 19.16%，比全市规模以上工业企业平均增加值率（20.65%）低 1.49 个百分点，时尚文化产业附加值不高（见表 4-18）。总体而言，佛山时尚文化产业具有规模优势，但产业附加值相对较低，竞争力有待进一步提升。

表 4-18　2021 年佛山市时尚文化产品制造业规模以上企业具体情况

行业	工业总产值（亿元）	工业总产值占全省比重（%）	工业增加值（亿元）	工业增加值占全省比重（%）
纺织业	873.31	37.59	178.35	34.18
纺织服装、服饰业	431.49	14.07	99.35	13.07
皮革、毛皮、羽毛及其制品和制鞋业	202.29	13.87	40.82	10.99
木材加工和木、竹、藤、棕、草制品业	127.22	24.10	21.85	19.87

续表

行业	工业总产值（亿元）	工业总产值占全省比重（%）	工业增加值（亿元）	工业增加值占全省比重（%）
家具制造业	707.78	29.98	146.26	26.30
造纸和纸制品业	363.10	12.97	73.98	13.70
印刷和记录媒介复制业	231.18	15.71	44.63	12.37
文教、工美、体育和娱乐用品制造业	594.78	14.87	71.58	10.70

资料来源：笔者整理。

2021 年，佛山市规模以上纺织业工业总产值为 873.31 亿元，占全省的 37.59%，占粤港澳大湾区内地 9 市的 47.85%，位列全省第一，企业平均工业总产值为 1.87 亿元；工业增加值为 178.35 亿元，占全省的 34.18%，产业平均增加值率为 20.42%（见图 4-67）。佛山市拥有溢达集团、佛山市顺德彩辉纺织集团有限公司、佛山市丰泽纺织有限公司等知名企业。

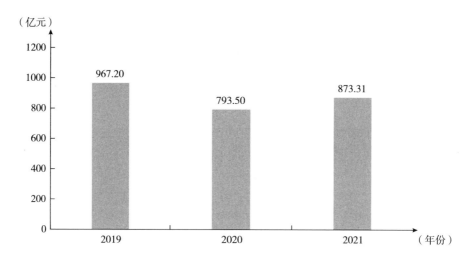

（亿元）

图 4-67 2019~2021 年佛山市规模以上纺织业工业总产值
资料来源：笔者整理。

2021 年，佛山市规模以上纺织服装、服饰业工业总产值为 431.49 亿元，占全省的 14.07%，占粤港澳大湾区内地 9 市的 24.54%；工业增加值为 99.35 亿元，占全省的 13.07%，产业平均增加值率为 23.02%，高于纺织业；企业平均工业总产值为 1.62 亿元（见图 4-68）。纺织服装、服饰业近年来产业发展相对平稳。

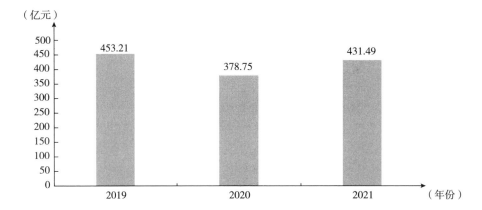

图 4-68　2019~2021 年佛山市规模以上纺织服装、服饰业工业总产值

资料来源：笔者整理。

2021 年，佛山市规模以上皮革、毛皮、羽毛及其制品和制鞋业工业总产值为 202.29 亿元，占全省的 13.87%，占粤港澳大湾区内地 9 市的 20.77%；工业增加值为 40.82 亿元，占全省的 10.99%，产业平均增加值率为 20.18%，企业平均工业总产值为 1.31 亿元（见图 4-69）。佛山的皮革、毛皮、羽毛及其制品和制鞋业在粤港澳大湾区具有重要地位，近年来该产业发展相对平稳。

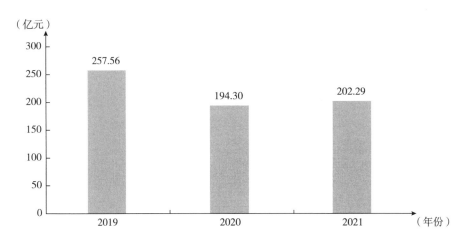

图 4-69　2019~2021 年佛山市皮革、毛皮、羽毛及其制品和制鞋业工业总产值

资料来源：笔者整理。

2021 年，佛山市规模以上木材加工和木、竹、藤、棕、草制品业工业总产值为 127.22 亿元，占全省的 24.10%，占粤港澳大湾区内地 9 市的 31.97%，企业平均工业总产值为 1.53 亿元；工业增加值为 21.85 亿元，占全省的 19.87%，产业平均增加值率为 17.17%，产业附加值较低（见图 4-70）。该产业规模列粤港澳大湾区第一，近年来发展较为平稳。

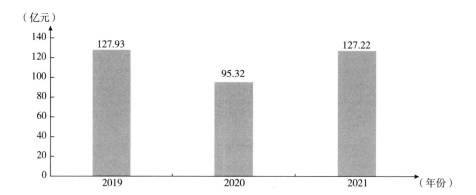

图 4-70 2019~2021 年佛山市木材加工和木、竹、藤、棕、草制品业工业总产值
资料来源：笔者整理。

2021 年，佛山市规模以上家具制造业工业总产值为 707.78 亿元，占全省的 29.98%，占粤港澳大湾区内地 9 市的 31.58%，企业平均工业总产值为 1.21 亿元；工业增加值为 146.26 亿元，占全省的 26.30%，产业平均增加值率为 20.66%（见图 4-71）。佛山的家具制造业在粤港澳大湾区、广东省乃至全国都具有重要影响力。

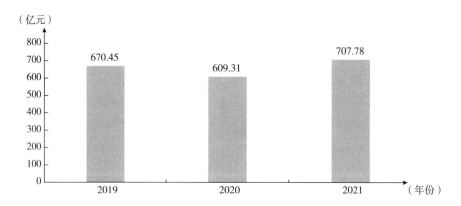

图 4-71 2019~2021 年佛山市规模以上家具制造业工业总产值
资料来源：笔者整理。

2021 年，佛山市规模以上造纸和纸制品业工业总产值为 363.10 亿元，占全省的 12.97%，占粤港澳大湾区内地 9 市的 15.38%，企业平均工业总产值为 1.88 亿元；工业增加值为 73.98 亿元，占全省的 13.70%，产业平均增加值率为 20.37%（见图 4-72）。佛山市规模以上造纸和纸制品业 2019~2021 年发展平稳。

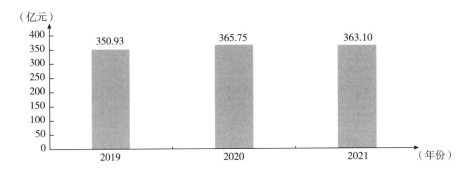

图 4-72　2019~2021 年佛山市规模以上造纸和纸制品业工业总产值

资料来源：笔者整理。

2021 年，佛山市规模以上印刷和记录媒介复制业工业总产值为 231.18 亿元，占全省的 15.71%，占粤港澳大湾区内地 9 市的 19.18%，企业平均工业总产值为 1.79 亿元；工业增加值为 44.63 亿元，占全省的 12.37%，产业平均增加值率为 19.30%（见图 4-73），附加值较低，该产业处于波动上升期。

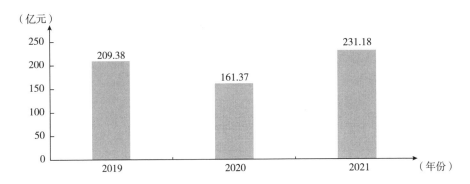

图 4-73　2019~2021 年佛山市印刷和记录媒介复制业工业总产值

资料来源：笔者整理。

2021 年，佛山市规模以上文教、工美、体育和娱乐用品制造业工业总产值为 594.78 亿元，占全省的 14.87%，占粤港澳大湾区内地 9 市的 18.44%，企业平均工业总产值为 6.84 亿元,企业平均规模较大;工业增加值为 71.58 亿元,占全省的 10.70%,产业平均增加值率为 12.03%(见图 4-74),附加值非常低。佛山市该产业规模较大,在粤港澳大湾区占有重要地位。

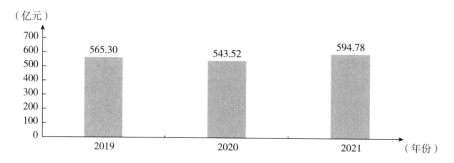

图 4-74 2019~2021 年佛山市规模以上文教、工美、体育和
娱乐用品制造业工业总产值

资料来源:笔者整理。

佛山市主要时尚文化产品包括纱、布、服装、皮革、家具,这些产品规模较大,但受新冠疫情影响,产量有些波动(家具产业产量 2018~2019 年统计口径为木制家具,2020 年改为全部家具,数据仅供参考,见表 4-19)。

表 4-19 2018~2020 年佛山市主要时尚产品产量

时尚产品 年份	2018	2019	2020
纱(吨)	162413.00	106385.90	89218.70
布(万米)	65250.10	57658.70	41869.90
印染布(万米)	88839.00	100206.70	95294.80
服装(万件)	42544.60	44271.90	42471.00
皮革鞋靴(万双)	6900.20	6031.30	4916.80
塑料制品(吨)	343.68	476.94	414.72
家具(万件)	618.18	832.21	4294.98

资料来源:笔者整理。

2. 产品出口

佛山市时尚文化产品出口量较大的为纺织纱线、织物及其制品,灯具、照明装置及其零件,家具及其零件,玩具,服装及衣着附件等,其中最具竞争力的产品为纺织纱线、织物及其制品。佛山市时尚产品出口受新冠疫情影响较大,大部分产品都出现了负增长，其中降幅较大的为箱包及其类似容器，纸浆、纸及其制品，美容化妆品及洗护用品、服装及衣着附件（见表4-20）。

表4-20 2020年佛山市时尚文化产品出口情况

产品类别	出口额（万元）	比2019年增长（%）
纺织纱线、织物及其制品	198339	19.3
灯具、照明装置及其零件	180010	-30.7
家具及其零件	143113	-11.9
玩具	133153	-18.3
服装及衣着附件	132389	-38.2
美容化妆品及洗护用品	63150	-39.2
纸浆、纸及其制品	61560	-40.8
箱包及其类似容器	29994	-56.5
钟表及其零件	14397	-15.6

资料来源：笔者整理。

（二）时尚文化产业发展环境

2020年，佛山市常住居民人均可支配收入5.62万元，常住居民人均生活消费支出36936元，其中与时尚产业密切相关的衣着支出1164元，生活用品及服务支出2174元，教育文化娱乐支出4018元。社会消费品零售总额3289.09亿元，纺织、服装及家庭用品批发企业471家，商品销售额771.25亿元；文化、体育用品及器材批发企业32家，商品销售额18.09亿元。2021年，佛山市拥有艺术表演团体1个、文化馆6个、公共图书馆6个、博物馆（含美术馆）27个，档案馆9个（见表4-21）。广东（佛山）创意城市博览会、中国（佛山）陶瓷节、IOD国际设计大会、顺德国际珠宝展、佛山国际艺术博览会等文化创意会展交易平台，助力时尚文化产业形成跨界融合的"会、商、旅、文、体"联动格局，促进创意设计与制造业融合，助推制造业转型升级。

表4-21 2021年佛山市文化、文物事业单位情况

类别	艺术表演团体	文化馆	公共图书馆	博物馆（含美术馆）	档案馆
数量（个）	1	6	6	27	9
从业人员（人）	52	153	349	733	257

资料来源：笔者整理。

（三）高校和科研机构

2021 年末佛山市共有普通高等学校 13 所，全年招生 5.35 万人，在校学生 15.32 万人。佛山科学技术学院开设了工业设计、视觉传达设计、产品设计、园艺、风景园林等相关专业；顺德职业技术学院开设了工业设计、数字化设计与制造技术、家具设计与制造、会展策划与管理、环境艺术设计、家具艺术设计、首饰设计与工艺、数字媒体艺术设计、展示艺术设计等相关专业；广东东软学院开设了工业设计、数字媒体技术、动画、环境设计、视觉传达设计、数字媒体艺术、数字媒体艺术设计等相关专业；广东职业技术学院开设了工业设计、化妆品技术、现代非织造技术、服装设计与工艺、数字化染整技术、现代纺织技术、纺织品检验与贸易、纺织品设计、针织技术与针织服装、服装与服饰设计、皮具艺术设计、室内艺术设计、环境艺术设计、产品艺术设计、数字媒体艺术设计、广告艺术设计、陶瓷设计与工艺、展示艺术设计、艺术设计等相关专业；广东环境保护工程职业学院开设了园艺技术、环境艺术设计、展示艺术设计等相关专业，为行业提供人才支撑。

（四）政策支持

佛山市人民政府出台了《佛山市人民政府关于加快文化产业融合发展的实施意见》《佛山市加快文化产业发展若干政策措施》等，对时尚文化产业发展发挥着促进作用。根据《中共佛山市委办公室佛山市人民政府办公室印发〈佛山市十大创新引领型特色制造业园区规划方案〉〈佛山市十大现代服务业产业集聚区规划方案〉的通知》要求，为高标准规划建设佛山伦教珠宝时尚产业园，加快实现佛山珠宝首饰、香云纱等时尚产业高质量发展，佛山市顺德区经济促进局牵头市区各部门拟制了《促进佛山伦教珠宝时尚产业园黄金珠宝首饰产业发展扶持办法（公开征求意见稿）》，目前已经通过征求意见阶段。

（五）金融支持

佛山市依托广东金融高新区设立文化金融服务中心，加强金融机构和文化企业对接，缓解了文化企业融资难问题；推动金融机构设立文化支行，创新文化金融借贷、版权质押、票房质押、旅游门票收入质押等金融产品；成立 50 亿元规模的文化产业投资基金，探索运用创业投资、风险补偿、财政贴息等方式，支持文化企业快速发展；鼓励有实力的企业进行股份制改造、境内外上市和新三板挂牌，通过资本运作助推企业发展。

五、惠州的时尚文化产业

惠州在隋唐已是"粤东重镇"，一直以来都是东江流域政治、经济、军事、文化中心和商品集散地。惠州是东江中下游的中心城市，处在客家文化、广府文化和潮汕文化的交汇地带，各种文化相互交融、兼收并蓄，广东汉剧、渔歌、山歌、舞龙、舞狮、舞春牛、瑶族的舞火狗等各种文化活动盛行，是国家历史文化名城。惠州市时尚文化产业主要涉及服装、鞋、家具等产业，2021 年，惠州市服装产量 4829.17 万件，鞋 9940.27 万双，家具 4051.76 万件，营养、保健食品 5552 吨，进口纺织纱线、织物及其制品 13.28 亿元，出口家具及其零件 97.87 亿元，手机 91.70 亿元，塑料制品 76.39 亿元，纺织服装 57.76 亿元，鞋靴 56.95 亿元，灯具、照明装置及其零件 39.35 亿元，玩具 29.23 亿元。惠州市惠城区被评为中国男装名城，博罗县园洲镇被评为中国休闲服装名镇。

（一）时尚产业链

惠州市时尚文化产业发端于改革开放，承接香港、台湾的产业转移，从"三来一补"加工贸易发展到现在，已经形成了具有一定规模的纺织服装、服饰业产业链，皮革、毛皮、羽毛及其制品和制鞋业产业链，家具制造业产业链，以及文教、工美、体育和娱乐用品制造业产业链，规模以上工业企业最多的产业为家具制造业，皮革、毛皮、羽毛及其制品和制鞋业，文教、工美、体育和娱乐用品制造业，八大时尚文化产业企业总数为 918 家，占全市规模以上工业企业（3873 家）的 23.70%，时尚文化产业在惠州经济社会发展中发挥着举足轻重的作用（见图 4-75）。

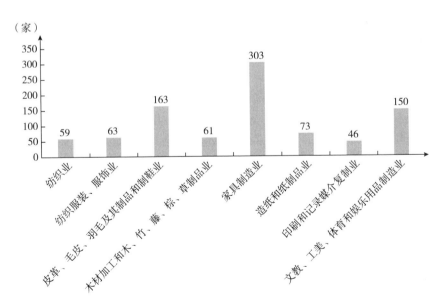

图 4-75　2021 年惠州市时尚文化产品制造业规模以上工业企业单位数量

资料来源：笔者整理。

2021 年，惠州市八大时尚文化产业规模以上企业工业总产值为 656.55 亿元，占全市规模以上企业工业总产值（9949.28 亿元）的 6.60%，企业平均工业总产值为 7152 万元，与全市工业企业平均规模（2.57 亿元）相比规模偏小；工业增加值为 164.59 亿元，占全市规模以上企业工业增加值（2215.85 亿元）的比重为 7.43%，产业平均增加值率为 25.07%，与全市工业企业平均增加值率（22.27%）相比略高，时尚文化产业在惠州市总体经济体系中所占份额较小（见表 4-22）。

表 4-22　2021 年惠州市时尚文化产品制造业规模以上企业具体情况

行业	工业总产值（亿元）	工业总产值占全省比重（%）	工业增加值（亿元）	工业增加值占全省比重（%）
纺织业	33.53	1.44	7.19	1.38
纺织服装、服饰业	54.29	1.77	19.50	2.57
皮革、毛皮、羽毛及其制品和制鞋业	88.08	6.04	29.65	7.98
木材加工和木、竹、藤、棕、草制品业	41.19	7.80	7.72	7.02
家具制造业	224.59	9.51	51.59	9.28
造纸和纸制品业	64.65	2.31	10.09	1.87
印刷和记录媒介复制业	35.50	2.41	9.95	2.76
文教、工美、体育和娱乐用品制造业	114.72	2.87	28.90	4.32

资料来源：笔者整理。

2021 年，惠州市规模以上纺织业工业总产值为 33.53 亿元，占全省的 1.44%，占粤港澳大湾区内地 9 市的 1.84%，企业平均工业总产值为 5683 万元；工业增加值为 7.19 亿元，占全省的 1.38%，平均增加值率为 21.44%，规模及在全省的影响力较小（见图 4-76）。

2021 年，惠州市规模以上纺织服装、服饰业工业总产值为 54.29 亿元，占全省的 1.77%，占粤港澳大湾区内地 9 市的 3.09%，企业平均工业总产值为 8617 万元；工业增加值为 19.50 亿元，占全省的 2.57%，产业平均增加值率为 35.92%，附加值率相对较高。惠州市纺织服装、服饰业内销占比较高，男装在粤港澳大湾区具有一定影响力，知名品牌有富绅、真维斯、威利仕等。受新冠疫情影响，该产业有一定下滑（见图 4-77）。

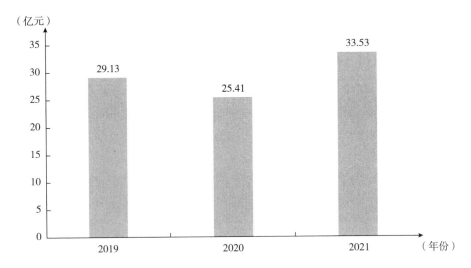

图 4-76 2019~2021 年惠州市规模以上纺织业工业总产值

资料来源：笔者整理。

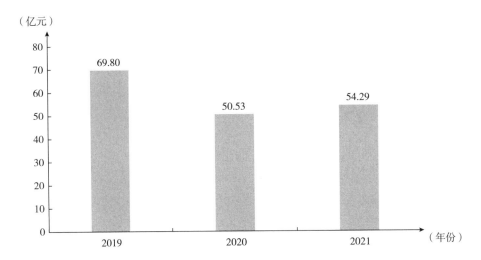

图 4-77 2019~2021 年惠州市规模以上纺织服装、服饰业工业总产值

资料来源：笔者整理。

2021 年，惠州市规模以上皮革、毛皮、羽毛及其制品和制鞋业工业总产值为 88.08 亿元，占全省的 6.04%，占粤港澳大湾区内地 9 市的 9.05%，企业平均工业总产值为 5404 万元，企业规模偏小；工业增加值为 29.65 亿元，占全省的 7.98%，产业平均增加值率为 33.66%，产业附加值较高（见图 4-78）。该产业在粤港澳大湾区所占比重较高，具有一定的竞争力，以内销为主。

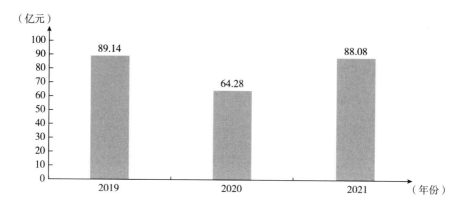

图 4-78　2019~2021 年惠州市规模以上皮革、毛皮、羽毛及其制品和制鞋业工业总产值

资料来源：笔者整理。

2021 年，惠州市规模以上木材加工和木、竹、藤、棕、草制品业工业总产值为 41.19 亿元，占全省的 7.80%，占粤港澳大湾区内地 9 市的 10.35%，企业平均工业总产值为 8135 万元；工业增加值为 7.72 亿元，占全省的 7.02%，产业平均工业增加值率为 18.74%，附加值偏低（见图 4-79）。惠州市该产业具有一定的规模，近年来发展较为平稳。

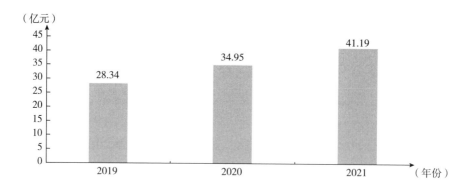

图 4-79　2019~2021 年惠州市规模以上木材加工和木、竹、藤、棕、草制品业工业总产值

资料来源：笔者整理。

2021 年，惠州市规模以上家具制造业工业总产值为 224.59 亿元，占全省的 9.51%，占粤港澳大湾区内地 9 市的 10.35%，企业平均工业总产值为 7412 万元；工业增加值为 51.59 亿元，占全省的 9.28%，产业平均增加值率为 22.97%（见图 4-80）。该产业在惠州市八大产业中规模最大，但企业平均规模偏小，产业附加值较低，近年来增长较快。

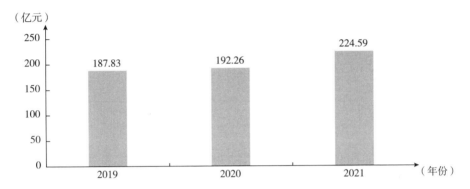

图 4-80 2019~2021 年惠州市规模以上家具制造业工业总产值

资料来源：笔者整理。

2021 年，惠州市规模以上造纸和纸制品业工业总产值为 64.65 亿元，占全省的 2.31%，占粤港澳大湾区内地 9 市的 2.74%，企业平均工业增加值为 8856 万元；工业增加值为 10.09 亿元，占全省的 1.87%，产业工业增加值率为 15.61%，附加值率非常低（见图 4-81）。惠州市造纸和纸制品业企业数量，近年来有一定的增长，但企业平均规模偏小，难以获得规模经济效应，整个产业缺乏竞争力。

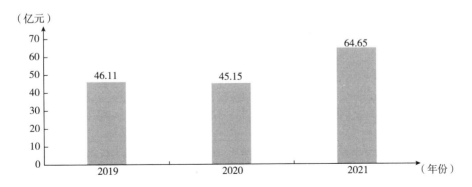

图 4-81 2019~2021 年惠州市规模以上造纸和纸制品业工业总产值

资料来源：笔者整理。

2021 年，惠州市规模以上印刷和记录媒介复制业工业总产值为 35.50 亿元，占全省的 2.41%，占粤港澳大湾区内地 9 市的 2.94%，企业平均工业总产值为 7713 万元；工业增加值为 9.95 亿元，占全省的 2.76%，产业平均增加值率为 28.03%（见图 4-82）。惠州市印刷和记录媒介复制业所占比例较低，影响力较小。

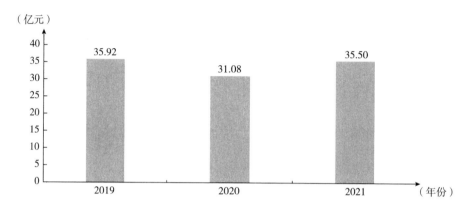

图 4-82　2019~2021 年惠州市规模以上印刷和记录媒介复制业工业总产值

资料来源：笔者整理。

2021 年，惠州市规模以上文教、工美、体育和娱乐用品制造业工业总产值为 114.72 亿元，占全省的 2.87%，占粤港澳大湾区内地 9 市的 3.56%，企业平均工业总产值为 7648 万元；工业增加值为 28.90 亿元，占全省的 4.32%，产业平均增加值率为 25.19%（见图 4-83）。惠州市规模以上文教、工美、体育和娱乐用品制造业工业总产值 2021 年较 2019 年增长了 53.70%。

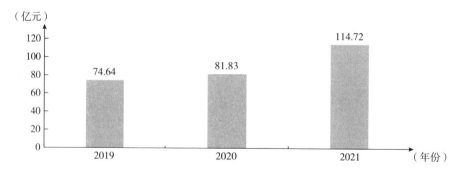

图 4-83　2019~2021 年惠州市规模以上文教、工美、体育和娱乐用品制造业工业总产值

资料来源：笔者整理。

2020 年惠州市主要时尚文化产品产量如表 4-23 所示。

表 4-23　2020 年惠州市主要时尚文化产品产量

产品	产量	产品	产量
布（万米）	408	纸制品（吨）	263878
印染布（万米）	3173	塑料制品（吨）	282861
服装（万件）	4684	眼镜（副）	421598
手提包（袋）、背包（万个）	989	灯具及照明装置（万套）	7975
鞋（万双）	7267	钟（只）	1944631
家具（件）	34861425	表（只）	1480318

资料来源：笔者整理。

（二）高校和科研机构

为适应时尚文化产业发展的需求，惠州市大中专院校开设了相应的专业：惠州学院开设了服装设计与工程、服装与服饰设计、美术学、视觉传达设计、环境设计、产品设计、音乐学、音乐表演等相关专业。惠州学院惠东时尚创意学院，可以为鞋包产业培养本科人才，提供技术服务以及研究开发鞋业技术和产品，围绕科技成果商品化、产业化和市场化进行应用性研究开发，向企业提供技术转移和各项工业技术服务。惠州经济职业技术学院开设了建筑室内设计、建筑动画设计、广告艺术设计、动漫制作技术、服装设计与工艺、全媒体广告策划与营销等相关专业。惠州城市职业学院开设了工业设计、智能产品开发、建筑室内设计、动漫制作技术、服装与服饰设计、数字媒体艺术设计等相关专业。惠州工程职业学院开设了数字媒体艺术设计、建筑室内设计、工业设计等相关专业。惠州市华达技工学校开设了皮革加工与设计、新媒体与互联网应用等相关专业，为时尚文化产业发展提供了较为充裕的中高端人才。

（三）时尚文化产业发展环境

2021 年，惠州常住人口 606.6 万人，城镇化率 72.90%；全市共接待国内外游客 2811.07 万人次；人均地区生产总值 82113 元（按年平均汇率折算为 12728 美元），全体居民人均可支配收入 43351 元，城镇常住居民人均可支配收入 49243 元，全年社会消费品零售总额 1978.92 亿元，增长 13.3%。2021 年末全市共有艺术表演团体 1 个、文化馆 6 个、公共图书馆 5 个、博物馆（含美术馆）10 个、档案馆 8 个（见表 4-24）。2020 年人均衣着支出 1226.5 元，生活用品及服务支出 1614.6 元,教育文化娱乐支出 2634.2 元。服装、鞋帽、针纺织品类销售总额 25.81 亿元,化妆品类销售总额 2.88 亿元,金银珠宝类销售总额 3.66 亿元,日用品类销售总额 15.28 亿元,体育娱乐用品类销售总额 0.70 亿元,书报杂志类 1.99 亿元。

表 4-24 2021 年惠州市文化、文物事业单位情况

类别	艺术表演团体	文化馆	公共图书馆	博物馆(含美术馆)	档案馆
数量(个)	1	6	5	10	8
从业人员(人)	92	111	126	198	109

资料来源:笔者整理。

(四)政策支持

《惠州市国民经济和社会发展第十四个五年规划和二〇三五年远景目标纲要》提出,推动传统优势产业集聚融合发展。着力打造中国男装名城、中国休闲服装名镇、中国女鞋生产基地、智能家居特色小镇等区域特色优势传统产业集聚区,引导纺织服装、女鞋、家具等传统产业空间集聚。充分发挥龙头骨干实体企业带动作用,鼓励中小微企业进入龙头骨干企业的供应网络,注重发展上下游配套,努力延伸产业链,形成"龙头+配套"的产业发展模式。

惠州市推进传统优势产业智能化创意化转型升级。推进互联网、大数据、人工智能与传统制造业深度融合,用足用好技术改造政策和资金,利用数字孪生技术改造提升传统产业,拓展大规模个性化定制、网络化协同制造、共享生产平台等模式,建设一批智能工厂、数字化车间、智能制造示范基地和示范项目,争创省特色产业集群数字化转型试点示范。推动产业链上下游企业"上云上平台",开展特色产业集群产业链协同创新。引导研发设计、文化创意、电子商务等服务型企业以委托制造、品牌授权等方式向制造环节扩展,以研发创意提升传统产业附加值。

惠州市大力推广线上线下营销新模式。打通设计端、生产制造端与销售端链条,通过线上平台展示生产工艺流程,促进产品品牌形象塑造和在线引流销售。用好中国(惠州)跨境电子商务综合试验区平台,鼓励传统产业企业扩大先进生产技术进口,运用新业态新模式扩大优质产品出口。大力扶持企业设计开发生产小批量、个性化、高质量的产品,适应互联网时代消费者"短平快"的消费模式。4K 电视机和车载导航产量分别约占全国的 33%、60%,超高清视频和智能家电入选首批国家先进制造业集群决赛优胜者名单。

2021 年 1 月,广东省人民政府发布《广东省推动化妆品产业高质量发展实施方案》，明确力争到 2025 年，培育年销售收入超过 200 亿元、100 亿元的领军企业各 3~5 家、超过 50 亿元的本土企业 10 家以上。2022 年 12 月，惠州市人民政府发布《惠州市推动化妆品产业高质量发展实施方案》，力争到 2025 年，培育出 8 家年销售超过亿元的企业，建设集总部经济、科技创新、智能制造、检验检测、市场营销、文化传播于一体的化妆品产业生态链，打造成为具有竞争力和影响力的化妆品产业。重点任务首要提出，要统筹推进化妆品产业集聚发展。培育壮大化妆品龙头企业，推动重点科研院所、研发机构、检验检测机构以及企业集聚产业园建设发展，搭建化妆品产品配方研发、技术创新、安全评估、功效评价等公共服务和资源共享平台，提升资源配置效能，提升高端化妆品设计研发能力，形成"平台+中心+园区"一体化发展格局。

2020 年，惠东县委、县政府制定并组织实施《惠东县制鞋产业发展规划（2020—2025）》，创建成立"惠东县国家外贸转型升级基地（鞋类）"、"国家鞋检中心"和惠州学院惠东时尚创意学院，为惠东女鞋的转型升级、品牌打造、质量把关和技术人才支撑奠定坚实基础。

（五）金融支持

2021 年，惠州市金融机构本外币存款余额 7809.67 亿元。其中人民币各项存款余额 7218.17 亿元。全市金融机构本外币贷款余额 8478.86 亿元。2021 年末，全市证券市场共有上市公司 17 家，市价总值 5233.14 亿元。全年上市公司通过境内市场累计筹资 57.18 亿元。上市公司通过沪深交易所发行公司债、可转债筹资 5 亿元。2021 年末，全国股转系统新三板挂牌企业 23 家，定向发行股票筹资 0.44 亿元。证券公司 29 家，证券公司分支机构 45 家，股票账户数 254.37 万户。2021 年末，全市成立并在中国证券投资基金业协会备案的私募基金管理机构有 22 家，管理资金规模超 50 亿元。全市共有各类保险公司 61 家（含分支机构），全年实现保费收入 181.12 亿元。支付各类保险赔款 52.63 亿元，增长 4.6%。未来，惠州市将用好金融支持粤港澳大湾区建设有关政策，不断提高融资便利化水平。积极稳妥引进银行、证券、保险等金融机构设立机构、开展业务，丰富机构组织新业态和服务产品多样化，建立企业融资需求与金融服务产品高效对接机制，发挥金融资源对产业发展的支撑和推动作用。大力发展普惠金融、绿色金融、科技金融、地方特色金融。

六、东莞的时尚文化产业

东莞位于广州东南、珠江口东岸，南邻深圳，是全国 5 个不设区的地级市之一，是中国的制造业名城，被列为第一批国家新型城镇化综合试点地区和广东历史文化名城。2021 年末，东莞拥有户籍人口 278.61 万人，常住人口 1053.68 万人，是地区生产总值过万亿元、人口超千万的"双万"城市。东莞时尚文化产业资源丰富，产业链较多，是世界时尚产品代工基地。2021年，东莞市生产布1.13亿米，服装9.49亿件，鞋1.39亿双，移动通信手机2.45亿台，灯具及照明装置2.51亿台套；出口手机1028亿元，文化产品694.79亿元（其中音视频设备及其零件255.26亿元），家具及其零件329.20亿元，服装及衣着附件298.90亿元，纺织纱线、织物及其制品168.09亿元，玩具337.66亿元，鞋靴121.80亿元，箱包及类似容器126.04亿元，灯具、照明装置及其零件224.06亿元。

（一）时尚文化产业链

1. 生产情况

2021年，东莞市有规模以上纺织业企业214家，纺织服装、服饰业企业461家，皮革、毛皮、羽毛及其制品和制鞋业企业403家，木材加工和木、竹、藤、棕、草制品业企业70家，家具制造业企业405家，造纸和纸制品业企业408家，印刷和记录媒介复制业企业269家，文教、工美、体育和娱乐用品制造业465家（见图4-84）。东莞市八大时尚文化产业拥有规模以上制造业企业2695家，占全市规模以上工业企业数量（12778家）的21.09%。时尚文化产业核心层主要分布：服装产业以虎门镇为中心，辐射长安、厚街等镇区，主要生产时尚女装、休闲装、童装等；以大朗镇为中心，辐射常平、寮步等镇区，主要生产毛针织产品；以茶山镇为中心，辐射石龙、东城、石排等镇区，主要生产休闲服、童装、针织T恤、运动服、内衣裤等；东坑镇则集聚生产洋服的男装企业；以麻涌、洪梅、沙田等镇形成水乡片区，主要从事印染、洗水等环节；中堂镇则主要生产牛仔服装。在产业规模上，产业链配套完善、产业集群优势明显，形成了"厚街—虎门—长安—松山湖—大朗时尚产业带"。以虎门、大朗为核心引领全市纺织服装鞋帽产业集群发展，依托虎门"中国女装名镇""中国童装名镇"，以及大朗"中国羊毛衫名镇"等产业基础和区域品牌，加快推动纺织服装鞋帽制造业向时尚产业、文化产业和智造产业升级，以虎门为核心辐射带动厚街、长安、沙田等镇的面辅料、鞋、箱包等产业以及城区片区的纺织服装产业转型升级；以大朗为核心辐射带动茶山、大岭山、寮步等镇的辅料及配件、服装、家纺等产业，成为全省乃至全国的纺织服装加工生产出口基地，总体呈现良性发展态势。东莞拥有近百家饰品企业，其中长安镇、虎门镇饰品企业相对比较集中。家具制造业企业重点研发生产高档品牌家具、智能家居、绿色环保家具、功能性板材等高附加值产品，形成了以厚街、大岭山为核心的家具制造业发展空间格局。

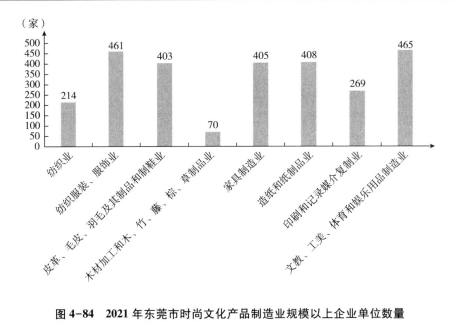

图 4-84 2021 年东莞市时尚文化产品制造业规模以上企业单位数量

资料来源：笔者整理。

    2021 年，东莞市八大时尚文化产业规模以上企业工业总产值为 3370.83 亿元，占全市规模以上企业工业总产值（24513.14 亿元）的 13.75%，企业平均工业总产值为 1.25 亿元，与全市工业企业平均规模（1.92 亿元）相比规模偏小；工业增加值为 835.45 亿元，占全市规模以上企业工业增加值（5187.03 亿元）的 16.11%，产业平均增加值率为 24.78%，比全市工业企业平均增加值率（21.16%）高 3.62 个百分点，时尚文化产业在东莞市整体经济体系中有一定地位。2021 年东莞市时尚文化产业具体情况如表 4-25 所示。

表 4-25 2021 年东莞市时尚文化产业具体情况

行业	工业总产值（亿元）	工业总产值占全省比重（%）	工业增加值（亿元）	工业增加值占全省比重（%）
纺织业	228.75	9.85	69.73	13.36
纺织服装、服饰业	436.42	14.23	98.22	12.93
皮革、毛皮、羽毛及其制品和制鞋业	307.65	21.10	85.40	22.99
木材加工和木、竹、藤、棕、草制品业	48.44	9.17	14.36	13.06
家具制造业	418.65	17.73	123.77	22.25
造纸和纸制品业	1049.75	37.50	208.68	38.65

续表

行业	工业总产值（亿元）	工业总产值占全省比重（%）	工业增加值（亿元）	工业增加值占全省比重（%）
印刷和记录媒介复制业	342.27	23.26	83.18	23.05
文教、工美、体育和娱乐用品制造业	538.90	13.48	152.11	22.73

资料来源：笔者整理。

2021 年，由于新冠疫情原因，很多时尚文化产业因订单减少、销售渠道不畅等出现亏损，亏损面较大的行业是皮革、毛皮、羽毛及其制品和制鞋业，家具制造业和文教、工美、体育和娱乐用品制造业（见表 4-26）。

表 4-26　2021 年东莞规模以上时尚文化企业亏损企业占比

行业	企业数量（家）	亏损企业数量（家）	占比（%）
纺织业	214	39	18.22
纺织服装、服饰业	461	85	18.44
皮革、毛皮、羽毛及其制品和制鞋业	403	98	24.32
木材加工和木、竹、藤、棕、草制品业	70	13	18.57
家具制造业	405	95	23.46
造纸和纸制品业	408	51	12.50
印刷和记录媒介复制业	269	39	14.50
文教、工美、体育和娱乐用品制造业	465	86	18.49

资料来源：笔者整理。

2021 年，东莞市规模以上纺织业工业总产值为 228.75 亿元，占粤港澳大湾区内地 9 市的 12.54%，占广东省的 9.85%，企业平均工业总产值为 1.67 亿元；工业增加值为 69.73 亿元，占全省的比重为 13.36%，产业平均工业增加值率为 30.48%，高于全市平均工业增加值率（21.16%）9.32 个百分点，具有一定的规模效应（见图 4-85）。东莞市纺织业规模仅次于佛山市，主要企业有东莞德永佳纺织制衣有限公司、东莞沙田丽海纺织印染有限公司、东莞超盈纺织有限公司等。

2021 年，东莞市规模以上纺织服装、服饰业工业总产值为 436.42 亿元，占全省的 14.23%，占粤港澳大湾区内地 9 市的 24.82%，企业平均工业总产值为 9467 万元；产业工业增加值为 98.22 亿元，占全省的比重为 12.93%，产业平均增加值率为 22.51%，略高于全市规模以上工业企业增加值率，具有一定的规模优势（见图 4-86）。东莞市纺织服装、服饰业著名的企业有以纯、搜于特、佐

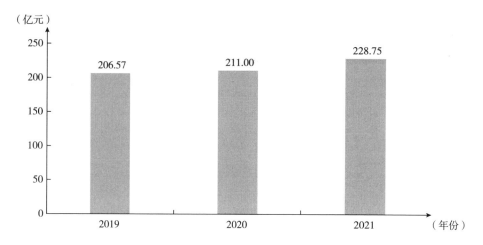

图 4-85　2019~2021 年东莞市规模以上纺织业工业总产值

资料来源：笔者整理。

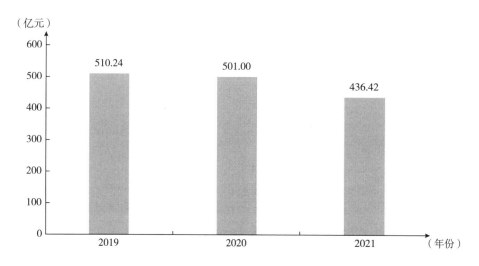

图 4-86　2019~2021 年东莞市规模以上纺织服装、服饰业工业总产值

资料来源：笔者整理。

霓、松鹰等，由于东莞纺织服装、服饰业外向型企业比重加大，该产业受新冠疫情影响较为严重，出现了连续下滑。东莞虎门有服装服饰生产企业 3100 多家，从业人员超过 20 万人，年工业总产值约 430 亿元，年销售额超 850 亿元，成为享誉国内外的以女装、童装、休闲装为特色的"中国服装服饰名城"，荣获了"中国女装名镇""中国童装名镇""全国纺织模范产业集群""中国服装产业示范集群""国家电子商务示范基地""国家火炬计划服装设计与制造产业基地"
"中国百佳产业集群"等多项荣誉。大朗镇拥有毛织相关企业超过 10000 家，毛
织品市场年交易额达 600 亿元，占广东省销售总额的 70% 以上，是"中国羊毛衫
名镇"，荣获"全国纺织产业集群发展突出贡献奖""国家外贸转型升级专业型
示范基地"等荣誉称号，茶山镇被评为中国品牌服装制造名镇。

2021 年，东莞市规模以上皮革、毛皮、羽毛及其制品和制鞋业工业总产值
为 307.65 亿元，占全省的 20.10%，占粤港澳大湾区内地 9 市的 31.59%，企业
平均工业总产值为 7634 万元，平均规模偏小；工业增加值为 85.40 亿元，占全
省的比重为 22.99%，产业平均增加值率为 22.76%，略高于全市规模以上工业企
业平均增加值率（见图 4-87）。东莞皮革、毛皮、羽毛及其制品和制鞋业在粤港
澳大湾区乃至全省、全国具有重要地位，受新冠疫情影响出现波动。

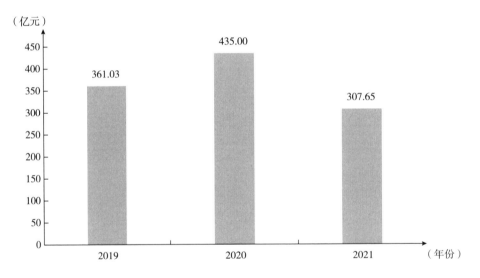

图 4-87　2019~2021 年东莞市规模以上皮革、毛皮、羽毛及其制品和
制鞋业工业总产值

资料来源：笔者整理。

2021 年，东莞市规模以上木材加工和木、竹、藤、棕、草制品业工业总产
值为 48.44 亿元，占全省的 9.17%，占粤港澳大湾区内地 9 市的 12.17%，企业
平均工业总产值为 6920 万元，企业平均规模较小；工业增加值为 14.36 亿元，
占全省的比重为 13.06%，产业平均增加值率为 29.64%，高于全市规模以上工业
企业平均增加值率（21.16%）8.48 个百分点（见图 4-88）。该产业在东莞时尚
文化产业中占比较小。

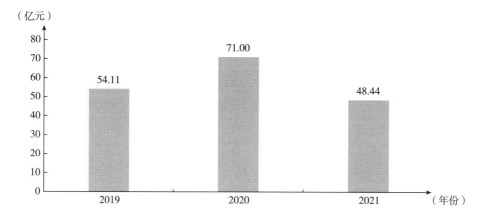

图 4-88 2019~2021 年东莞市木材加工和木、竹、藤、棕、草制品业工业总产值

资料来源：笔者整理。

2021 年，东莞市规模以上家具制造业工业总产值为 418.65 亿元，占全省的
17.73%，占粤港澳大湾区内地 9 市的 18.68%，企业平均工业总产值为 1.03 亿
元；工业增加值为 123.77 亿元，占全省的比重为 22.25%，产业平均工业增加值
率为 29.56%，高于全市规模以上工业企业平均增加值率（21.16%）8.40 个百
分点（见图 4-89）。东莞市家具制造业在粤港澳大湾区占有重要地位，在全国具
有一定的知名度，近年来产业发展较为稳定，著名企业有东莞慕思寝具销售有限
公司、东莞光润家具股份有限公司等。

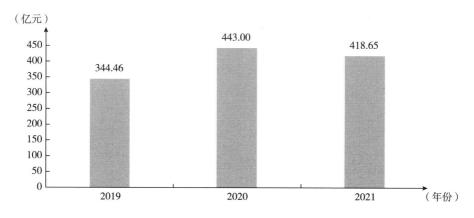

图 4-89 2019~2021 年东莞市规模以上家具制造业工业总产值

资料来源：笔者整理。

2021 年，东莞市规模以上造纸和纸制品业工业总产值为 1049.75 亿元，占全省的 37.50%，占粤港澳大湾区内地 9 市的 44.45%，企业平均工业总产值为 2.57 亿元；工业增加值为 208.68 亿元，占全省的比重为 38.65%，产业平均增加值率为 19.87%，低于全市规模以上工业企业平均增加值率（21.16%）1.29 个百分点（见图 4-90）。东莞市造纸和纸制品业位居粤港澳大湾区和全省第一，具有一定的竞争力。

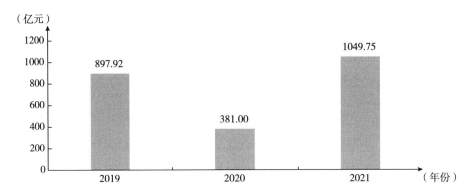

图 4-90　2019~2021 年东莞市规模以上造纸和纸制品业工业总产值
资料来源：笔者整理。

2021 年，东莞市规模以上印刷和记录媒介复制业工业总产值为 342.27 亿元，占全省的 23.26%，占粤港澳大湾区内地 9 市的 28.39%，企业平均工业总产值为 1.27 亿元；工业增加值为 83.18 亿元，占全省的比重为 23.05%，产业平均增加值率为 24.31%，高于全市规模以上工业企业平均增加值率（21.16%）3.15 个百分点（见图 4-91）。该产业近年来发展平稳，具有一定的竞争力。

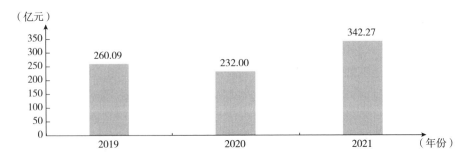

图 4-91　2019~2021 年东莞市规模以上印刷和记录媒介复制业工业总产值
资料来源：笔者整理。

2021 年，东莞市规模以上文教、工美、体育和娱乐用品制造业工业总产值为 538.90 亿元，占全省的 13.48%，占粤港澳大湾区内地 9 市的 16.70%，企业平均工业总产值为 1.16 亿元；工业增加值为 152.11 亿元，占全省的比重为 22.73%，产业平均增加值率为 28.23%，高于全市规模以上工业企业平均增加值率（21.16%）7.07 个百分点（见图 4-92）。东莞文教、工美、体育和娱乐用品制造业具有一定的规模优势，尤其是玩具制造业在国内外具有重要影响力。

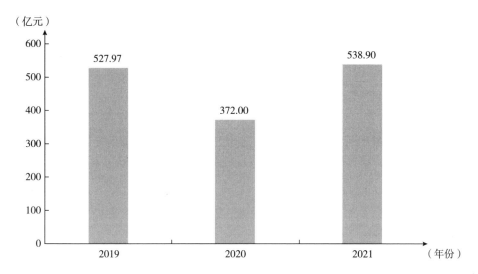

图 4-92　2019~2021 年东莞市规模以上文教、工美、体育和娱乐用品制造业工业总产值

资料来源：笔者整理。

2. 贸易情况

东莞是外贸大市，在全国地级市中国际贸易总额位列第一，时尚文化产品在国际贸易中占有重要份额。东莞时尚文化产业在改革开放之初，得益于香港、台湾的产业转移，经营模式主要为加工贸易形式，近年来政府大力支持加工贸易企业转型升级，但仍有许多企业主要以出口为主，时尚产品出口量加大，主要时尚文化产业出口情况如图 4-93 所示，虽然受到新冠疫情影响，但东莞时尚文化产品出口仍然表现出比较强的韧性，在 2019~2020 年出现了明显下滑之后，2021 年时尚文化产品普遍表现出恢复性增长，基本达到了新冠疫情之前的水平。

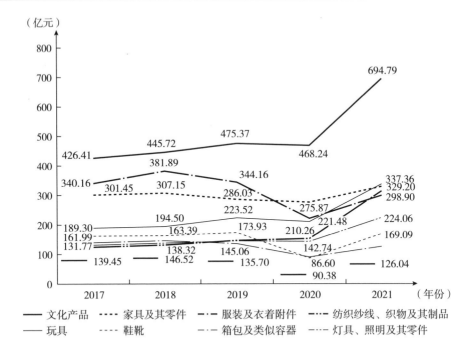

图 4-93　2017～2021 年东莞主要时尚文化产业出口情况

资料来源：笔者整理。

2018 年，东莞市被国务院批准成为跨境电商综合试验区，时尚产品通过国内电商平台和跨境电子商务进行交易，拓展了营销渠道，助力时尚文化产业发展（见表 4-27）。

表 4-27　2018～2020 年东莞市时尚文化产业电子商务交易额　单位：亿元

类别 　　　　　年份	2018	2019	2020
服装	157.0	154.1	167.2
手机数码	83.1	92.2	87.8
家具家装	71.9	78.6	112.8
母婴	31.6	29.6	30.2
运动健康	18.7	18.8	30.5
个护化妆	7.8	8.3	12.4
珠宝礼品	8.0	9.3	10.2
箱包饰品	7.2	6.5	9.6

续表

年份 类别	2018	2019	2020
图书音像	4.1	0.3	0.2

资料来源：笔者整理。

（二）高校和科研机构

东莞理工学院开设了文化产业管理、工业设计等相关专业；东莞城市学院开设了网络与新媒体、工业设计、舞蹈编导、表演、数字媒体艺术、视觉传达设计、产品设计等相关专业；东莞职业技术学院开设了工业设计、包装策划与设计、印刷媒体技术、动漫制作技术、产品艺术设计、服装与服饰设计、广告艺术设计、家具艺术设计、动漫设计、传播与策划等相关专业；广东科技学院开设了服装设计与工程、艺术与科技等相关专业；广州新华学院（地址在东莞市麻涌镇）开设了艺术设计学、网络与新媒体、服装与服饰设计、音乐学、数字媒体技术等相关专业；广东创新科技职业学院开设了艺术设计、服装设计、工业设计、动漫设计与制作等相关专业；东莞市技师学院开设了室内设计、工业设计、服装设计与制作等相关专业；东莞市经济贸易学校开设了美术设计与制作、数字影像技术、动漫与游戏制作等相关专业。大中专院校为东莞时尚文化产业发展提供了不同层次的人才支撑。

（三）时尚文化产业发展环境

2021年，东莞居民人均可支配收入62126元，其中城镇常住居民衣着支出2151元，教育文化娱乐支出4437元。东莞有中国国际影视动漫版权保护和贸易博览会、中国（广东）国际印刷技术展览会、中国（东莞）国际沉香艺术博览会、塘厦高尔夫球博览会、中国（虎门）国际服装交易会、大朗毛衣节等重要时尚文化产品展会和博览会，智能移动终端、消费电子、纺织服装鞋帽、家具、玩具及文体用品等领域工业设计应用场景不断丰富，拥有OPPO、vivo国家级工业设计中心、广东湾区智能终端工业设计研究院有限公司、广东华南工业设计院等平台，推进工业设计产学研一体化。2021年，东莞市有文化馆1个，文化站33个，公共图书馆657个，公共电子阅览室582个，公办博物馆17个，民办博物馆36个，文化广场756个，电影放映单位136个。全市公共广播节目43套，公共电视节目35套。全年共发行报纸5963.61万份。电影放映149.42万场次，观众1467.4万人次。东莞市时尚文化产业发展氛围浓厚。

（四）政策支持

东莞市人民政府制定了《东莞市文化产业发展专项资金管理暂行办法》《东

· 131 ·

莞市文化发展"十四五"规划》，完善促进文化产业发展政策，加大文化产业供给侧结构性改革，做大做强印刷、玩具、文化装备等文化制造业，重点发展创意设计、动漫游戏、数字文化等文化服务业。2025 年文化产业增加值占地区生产总值的比例达 6.5%，提出强化对重大文化企业项目落地、龙头企业及文化产业智库扶持、文化制造业转型升级的引导和杠杆功能。制定出台重点鼓励创意设计产业、数字文化产业等专项政策，推动印刷包装、玩具制造等传统文化产业迈向价值链高端环节，引进一批具有全国影响力的创意设计和数字文化龙头企业。推动建立东莞文化产业专家咨询委员会，发挥粤港澳大湾区高校、研究机构、产业聚集优势，促进文化产业智库发展。《东莞市科技创新"十四五"规划》提出，着力推进数字技术赋能传统产业发展。聚焦食品饮料、纺织服装、家具等传统产业，引进传统产业数字化转型服务商，实施一批传统产业数字化转型升级项目，推进传统产业在生产、研发、管理、仓储、物流等各环节广泛应用数字技术，打造传统产业数字化转型升级标杆项目。推动创新能力较强的传统企业积极申报高新技术企业，引导传统产业建设企业研发机构，积极申报省市工程技术研究中心、企业重点实验室等研发平台，夯实创新基础。引导东莞理工学院、松山湖材料实验室、新型研发机构等科研机构积极发掘传统产业技术创新需求，开展技术攻关，为传统产业的创新发展提供支撑。

纺织服装鞋帽业推进智能工厂（车间）建设，以互联网、大数据、人工智能为代表的新一代信息技术加速与纺织工业的深度融合，建立包括测体、设计、试衣、加工在内的自动化生产流程，以及检验、储运、信息追溯、门店管理的信息集成管理系统；家具产业集群鼓励龙头企业与数字化转型服务商合作，打造数字化转型系统集成解决方案，提升家具行业研发、设计、生产等环节的协同水平。支持企业改造生产线，试点小批量、订单式生产经营模式，推动企业向个性化定制、模块化家具等新型生产模式转型，加强与智能家居系统配套的家具产品智能化设计。

《东莞市制造业高质量发展"十四五"规划》提出，以龙头企业为核心，围绕研发设计、生产加工、原料辅料供应、机械设备、物流贸易、人才培训、生产服务、信息咨询的全产业链环节，重点推进纺织服装鞋帽制造业数字化转型与智能化重塑，整合优质资源，打造特色品牌；力争到 2025 年，纺织服装鞋帽产业集群营业收入规模达到 1050 亿元；推动传统纺织服装鞋帽产业品牌化发展，打造一批企业品牌和产业集群区域品牌，扩大东莞服装交易展会的国际影响力，培育一批具有较高品牌知名度和市场占有率的时尚服装鞋帽企业；推动服装鞋帽行业加快商业模式创新，加速产业集群数字化赋能向柔性化定制、众包设计、网络新零售等服务型制造转型，促进纺织服装、服饰产业与时尚创意产业、工业设计产业的深度融合；强化纺织服装原材料及辅料优势环节，加快新型、高档的面辅料的研发，重点突破新型非织造、多种材料多层复合、立体织造等关键技术，着力发展环保阻燃纤维及面料、纳米纤维及复合材料，加快发展技术含量高、产品附加值高、产业渗透面广的高性能产业用纺织品。

这些对时尚文化产业发展发挥了直接或间接的作用，有助于进一步提升东莞时尚文化产业竞争力。

（五）金融支持

2021年，东莞市金融业实现增加值697.43亿元，各类金融机构168家，上市公司66家，后备上市公司357家，金融机构各项本外币存款余额20315.59亿元，各项本外币贷款余额14931.21亿元，年末制造业贷款余额、普惠小微企业贷款余额分别增长22.2%、46.6%，全年股票总成交额36609.62亿元，保证金余额189.89亿元，全年全市各类保险保费收入525.20亿元，全年共支付各项赔款和给付198.81亿元。东莞被称为"金融绿洲"，为时尚文化产业发展提供了充裕的资金支持。

七、中山的时尚文化产业

中山市是中国5个不设市辖区的地级市之一，位于珠江三角洲中部偏南的西江、北江下游出海处，北接广州市番禺区和佛山市顺德区，西邻江门市区、新会区和珠海市斗门区，东南连珠海市，东隔珠江口伶仃洋与深圳市和香港特别行政区相望。中山是国家历史文化名城，发祥于中山的香山文化是中国近代文化的重要源头，享有广东省曲艺之乡（粤剧）、华侨之乡的美誉。中山市积极实施文化强市发展战略，以"文化+"的理念推动"一镇一品"专业镇转型升级，沙溪镇为中国休闲服装名镇，大涌镇为中国牛仔服装名镇，小榄镇为中国内衣名镇；推动文化与游戏游艺、红木家具、灯饰、首饰等传统产业向文化产业转型，形成以游戏游艺、红木文化和灯饰文化等产业集群为代表的多业态时尚文化产业发展格局，拥有灯饰之都、化妆品之都的美誉。

（一）时尚文化产业链

中山市时尚文化产业主要包括纺织服装、光电、美妆、板式家具四大特色优势产业集群。2021年，中山市有规模以上纺织业企业134家，纺织服装、服饰业企业254家，皮革、毛皮、羽毛及其制品和制鞋业企业70家，木材加工和木、竹、藤、棕、草制品业企业25家，家具制造业企业164家，造纸和纸制品业企业120家，印刷和记录媒介复制业企业81家，文教、工美、体育和娱乐用品制造业企业132家（见图4-94）。中山市八大时尚文化产业总共有企业980家，占全市规模以上工业企业数量（4626家）的21.18%。2021年中山市生产化学纤维

4174 吨，纱 2955 吨，布 4120 万米，服装 52131 万件，鞋 2284 万双，家具
1654.80 万件，灯具及照明装置 7043.38 万套，在灯饰照明、五金锁具、家具等
产业具有一定优势。

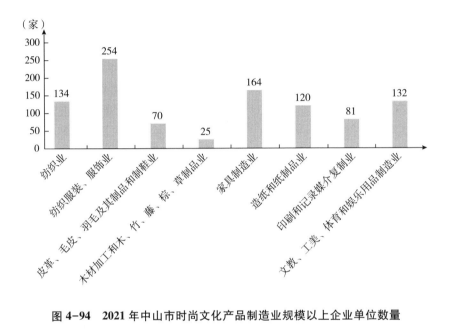

图 4-94　2021 年中山市时尚文化产品制造业规模以上企业单位数量

资料来源：笔者整理。

2021 年，中山市八大时尚文化产业规模以上企业工业总产值为 894.05 亿元，
占全市规模以上企业工业总产值（6619.31 亿元）的 13.51%，企业平均工业总
产值为 9123 万元，与全市工业企业平均规模（1.43 亿元）相比规模偏小；工业
增加值为 229.96 亿元，占全市规模以上企业工业增加值（1361.97 亿元）的
16.88%，产业平均增加值率为 25.72%，比全市规模以上工业企业平均增加值率
（20.58%）高 5.14 个百分点，时尚文化产业在中山市整体经济体系中有一定地
位。中山市时尚文化产业具体情况如表 4-28 所示。

表 4-28　2021 年中山市时尚文化产业以上企业具体情况

行业	工业总产值 （亿元）	工业总产值 占全省比重（%）	工业增加值 （亿元）	工业增加值 占全省比重（%）
纺织业	105.33	4.53	29.12	5.58
纺织服装、服饰业	170.92	5.57	46.61	6.13

续表

行业	工业总产值（亿元）	工业总产值占全省比重（%）	工业增加值（亿元）	工业增加值占全省比重（%）
皮革、毛皮、羽毛及其制品和制鞋业	52.55	3.60	17.14	4.61
木材加工和木、竹、藤、棕、草制品业	24.24	4.59	4.51	4.10
家具制造业	174.83	7.40	47.41	8.52
造纸和纸制品业	149.04	5.32	23.43	4.34
印刷和记录媒介复制业	57.28	3.89	17.17	4.76
文教、工美、体育和娱乐用品制造业	159.86	4.00	44.57	6.66

资料来源：笔者整理。

2021 年，中山市规模以上纺织业工业总产值为 105.33 亿元，占全省的 4.53%，占粤港澳大湾区内地 9 市的 5.77%，企业平均工业总产值为 7860 万元，远远低于全市规模以上工业企业平均规模（1.43 亿元）；工业增加值为 29.12 亿元，占全省的比重为 5.58%，产业平均工业增加值率为 27.65%，高于全市规模以上工业企业平均增加值率（20.58%）7.02 个百分点（见图 4-95）。近年来中山市纺织业发展比较平稳。

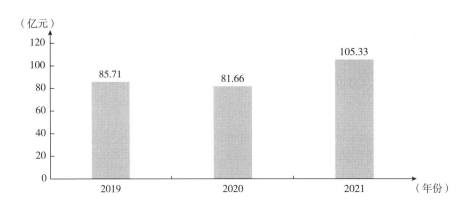

图 4-95 2019~2021 年中山市规模以上纺织业工业总产值
资料来源：笔者整理。

2021 年，中山市规模以上纺织服装、服饰业工业总产值为 170.92 亿元，占全省的 5.57%，占粤港澳大湾区内地 9 市的 9.72%，企业平均工业总产值为 6729 万元，企业平均规模偏小；工业增加值为 46.61 亿元，占全省的比重为 6.13%，产业平均增加值率为 27.27%，高于全市规模以上工业企业平均增加值率（20.58%）6.69 个百分点（见图 4-96）。

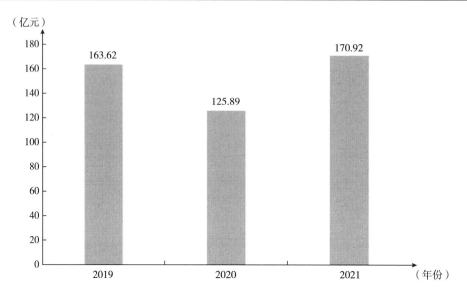

图4-96　2019~2021年中山市规模以上纺织服装、服饰业工业总产值

资料来源：笔者整理。

2021年，中山市规模以上皮革、毛皮、羽毛及其制品和制鞋业工业总产值为52.55亿元，占全省的3.60%，占粤港澳大湾区内地9市的6.09%，企业平均工业总产值为7507万元；工业增加值为17.14亿元，占全省的比重为4.61%，产业平均增加值率为32.66%，高于全市规模以上工业企业平均增加值率（20.58%）12.08个百分点（见图4-97）。中山市该产业总体规模小，影响力有限。

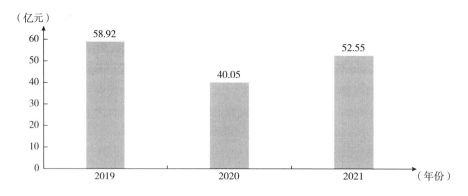

图4-97　2019~2021年中山市规模以上皮革、毛皮、羽毛及其制品和
制鞋业工业总产值

资料来源：笔者整理。

2021年，中山市规模以上木材加工和木、竹、藤、棕、草制品业工业总产值为24.24亿元，占全省的4.59%，占粤港澳大湾区内地9市的6.09%，企业平均工业总产值为9696万元；工业增加值为4.51亿元，占全省的比重为4.10%，产业平均工业增加值率为18.61%，低于全市规模以上工业企业平均增加值率（20.58%）1.97个百分点（见图4-98）。中山市该产业规模小，不具有竞争力。

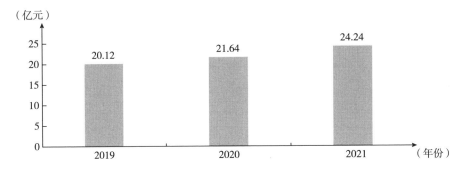

图4-98 2019～2021年中山市规模以上木材加工和木、竹、藤、棕、草制品业工业总产值

资料来源：笔者整理。

2021年，中山市规模以上家具制造业工业总产值为174.83亿元，占全省的7.40%，占粤港澳大湾区内地9市的7.80%，企业平均工业总产值为1.07亿元；工业增加值为47.41亿元，占全省的比重为8.52%，产业平均增加值率为27.12%，高于全市规模以上工业企业平均增加值率（20.58%）6.54个百分点（见图4-99）。

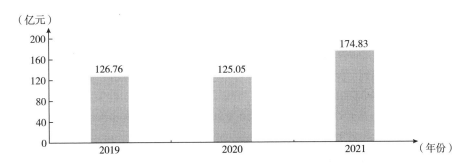

图4-99 2019～2021年中山市规模以上家具制造业工业总产值

资料来源：笔者整理。

2021 年，中山市规模以上造纸和纸制品业工业总产值为 149.04 亿元，占全省的5.32%，占粤港澳大湾区内地 9 市的 6.31%，企业平均工业总产值为1.24 亿元；工业增加值为 23.43 亿元，占全省的比重为 4.34%，产业平均增加值率为 15.72%，低于全市规模以上工业企业平均增加值率（20.58%）4.86 个百分点（见图 4-100）。

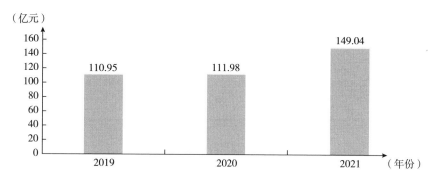

图 4-100　2019~2021 年中山市规模以上造纸和纸制品业工业总产值

资料来源：笔者整理。

2021 年，中山市规模以上印刷和记录媒介复制业工业总产值为 57.28 亿元，占全省的 3.89%，占粤港澳大湾区内地 9 市的 4.75%，企业平均工业总产值为7138 万元；工业增加值为 17.17 亿元，占全省的比重为 4.76%，产业平均增加值率为 29.98%，高于全市规模以上工业企业平均增加值率（20.58%）9.40 个百分点（见图 4-101）。近年来，中山市印刷和记录媒介复制业发展较为稳定，得益于粤港澳大湾区其他城市的产业转移。

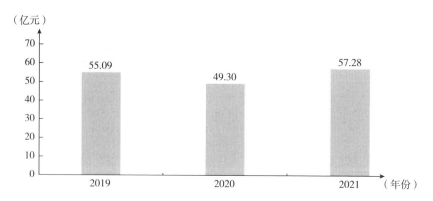

图 4-101　2019~2021 年中山市规模以上印刷和记录媒介复制业工业总产值

资料来源：笔者整理。

2021 年，中山市规模以上文教、工美、体育和娱乐用品制造业工业总产值为 159.86 亿元，占全省的 4.00%，占粤港澳大湾区内地 9 市的 4.96%，企业平均工业总产值为 1.21 亿元；工业增加值为 44.57 亿元，占全省的比重为 6.66%，产业平均增加值率为 27.88%，高于全市规模以上工业企业平均增加值率（20.58%）7.30 个百分点（见图 4-102）。中山市文教、工美、体育和娱乐用品制造业在粤港澳大湾区具有一定的地位。

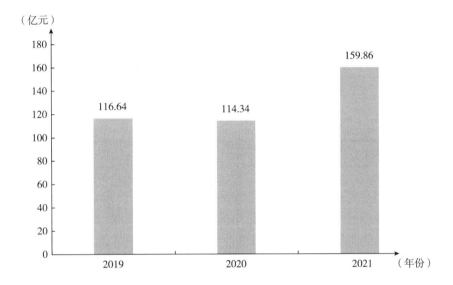

图 4-102　2019~2021 年中山市规模以上文教、工美、体育和
娱乐用品制造业工业总产值

资料来源：笔者整理。

（二）时尚文化产业发展环境

2021 年，中山城镇居民人均可支配收入 60323 元，衣着消费 1675 元，生活用品及服务消费 2466 元，教育文化娱乐消费 4228 元。中山市拥有限额以上纺织、服装及家庭用品批发企业 202 家，商品销售额 523.96 亿元，文化、体育用品及器材批发企业 31 家，商品销售额 23.11 亿元；限额以上纺织、服装及日用品专门零售企业 8 家，商品销售额 1.46 亿元；文化、体育用品及器材专门零售企业 17 家，商品销售额 14.93 亿元；拥有文化馆 1 个、公共图书馆 1 个、博物馆（含美术馆）9 个、档案馆 2 个（见表 4-29），电影放映单位 76 家。近年来，中山市文化产业创新发展提速，工业设计、创意设计能力大幅提升，文化与互联网、金融、商业、旅游、体育、时尚等产业融合，文化产业占比不断提升。中山

加强与佛山对接合作，打通两市之间瓶颈路，立足北部片区家电、灯饰、五金、物流等产业特色和优势，深化与佛山智能家居、现代物流、装备制造等领域合作，推动中山北部与顺德东北部跨区域全产业链协作；加强文旅交流合作，推进三地历史人文景点串珠成链，争取游艇码头对港澳籍游艇开放，构建休闲度假、养生保健、邮轮游艇等多元旅游产品体系，携手打造人文湾区和世界级旅游目的地；规划建设翠亨国际会展中心，做强游博会、家博会、灯博会、家电展、菊花会、花木会等区域精品会展品牌，争取更多国际性、全国性、区域性会议和品牌展览活动在中山举办。

表4-29　2021年中山市文化、文物事业单位情况

类别	文化馆	公共图书馆	博物馆（含美术馆）	档案馆
数量（个）	1	1	9	2
从业人员（人）	58	54	122	112

资料来源：笔者整理。

中山市致力于打造时尚文化产业发展载体，建设了广东（中山）游戏游艺文化产业城、中国（大涌）红木文化博览城、760文化创意产业园、小榄文化艺术品产业基地、火炬开发区德宝怡高文化街区、三溪古屋文创小镇等重点文化产业园区（见表4-30），形成了较为浓郁的文化产业发展氛围。

表4-30　中山市重点文化产业园区基本情况

名称	简介
广东（中山）游戏游艺文化产业城	建筑面积80万平方米，涵盖游戏游艺内容设计、软件开发、衍生品交易
中国（大涌）红木文化博览城	建筑面积30万平方米，涵盖红木家具展销、文化旅游、文化展览、红木主题酒店、商务总部
760文化创意产业园	建筑面积12000多平方米，打造集文字、图案、影视、动漫、展览、交易以及餐饮休闲于一体的产业园区
小榄文化艺术品产业基地	占地面积25000平方米，画廊100间，以生产优化产品为主，被省文化厅命名为"广东文化（创意）产业园区"
火炬开发区德宝怡高文化街区	定位为"创意文化生活家"，重点拓展音乐农庄、影视制作等特色文化产业和创新创业融汇发展空间
三溪古屋文创小镇	定位"文化旅游+传媒创意+城中村改造示范区"，岭南历史文化与现代文化创意深度融合的产业特色小镇

资料来源：笔者整理。

（三）政策支持

《中山市国民经济和社会发展第十四个五年规划和二〇三五年远景目标纲要》提出，依托家电、家具、灯饰、五金、服装等产业集聚、产品终端化优势，探索以"中山制造"统一形象打造线上展会平台，培育一批特色突出、示范性强的直播基地。支持外贸企业出口转内销，引导外贸企业结合国内需求积极转型、搭建内销渠道。推动出口产品转内销标准转化与内销产品认证体系对接，将同线同标同质使用范围扩大到一般消费品、工业品领域。健全售后服务体系，探索"互联网+智能售后"模式。统筹推进现代流通体系硬件和软件建设，有效整合物流基础设施资源，完善城乡物流配送体系，推动构建新型物流运营平台和信息平台，培育具有国际竞争力的物流企业。

培育外贸发展新优势。加快打造高能级外贸发展平台，推进跨境电商综试区建设，高标准规划建设跨境电商产业园，争取翠亨新区纳入广东自贸区扩区范围，推进药品进口口岸建设，积极申报综合保税区，做强古镇灯饰、小榄锁具、南头家电、沙溪休闲服装等国家和省外贸转型基地。持续优化外贸结构，扩大机电产品出口，推动加工贸易企业由 OEM（原始设备生产商）向 ODM（原始设计制造商）、OBM（原始品牌制造商）转型，鼓励先进设备进口。大力发展外贸新业态新模式，推进服务贸易创新发展，完善市场采购平台建设。优化通关环境，完善口岸布局和建设，深化智能通关改革，推动港口通关提速降费。

优化国际市场布局。谋划用好《区域全面经济伙伴关系协定》（RCEP）、《中欧全面投资协定》等重大机制，深化与重点国家和地区的务实合作。继续深耕发达经济体等传统市场，争取更多商品进入欧美发达国家中高端市场、大型商家供应链体系。大力拓展"一带一路"沿线新兴市场，加快境外展销平台布局建设，提高出口产品在中东欧、金砖国家、东盟等新兴市场的占有率。办好用好重大国际会展活动，精心组织企业参加高交会、中博会、文博会、海博会、海丝博览会等国内重点展会，支持企业参与"一带一路"沿线国家和地区展会。推动与重点国家和地区官方、民间各领域交流合作，拓宽国际"朋友圈"。

推动工业互联网公共服务平台体系建设，鼓励开放技术标准，对接全生命周期公共技术服务平台资源。引进知名企业，围绕家电、灯饰、锁具、板式家具、服装、美妆等产业需求，建设综合性、行业性工业互联网平台体系，开展企业内外数据汇聚和建模分析，打造数据驱动的制造业新业态。举办工业互联网 App 创新大赛，培育和引进技术与模式领先的工业互联网服务资源池企业。

优化文化产业发展布局。以岐江新城、翠亨新区为依托，力争引进百亿级文旅项目落地，打造文化产业增长极。串联"大5A"孙中山故里旅游区、岐澳古道、郑观应故居等名人文化旅游资源，建设伟人故里古驿道文旅带。挖掘孙文西路历史文化街区、环铁城古建筑群等岐江两岸历史文化资源，推进沙涌历史文化街区建设，打造大香山铁城文旅带。立足文化产业基础，推动影视产业发展，培育发展一批文化产业集聚区。加快文化产业数字化、网络化、智能化转型，支持文化产业孵化平台建设，大力发展影视传媒、动漫游戏、创意设计等高附加值、高牵引力业态，打造文创产业高地。

做大做强优势文化产业。打造优势文化产业集群，重点建设广东（中山）游戏游艺文化产业城、中国（大涌）红木文化博览城、华艺灯饰文化产业园等特色文化产业园区，优化特色产业园区投融资、创新、人才等综合配套服务。提升工业产品文化附加值，推动印刷包装、工业设计等行业注入更多文化元素。深挖中山美食文化内涵，探索美食品牌化、集团化、社会化经营，擦亮"中国粤菜名城"金字招牌。构建中山文化产业"品牌矩阵"，在全市文化产业体系中打造代表性城市品牌、标志性项目品牌、典范性企业品牌和特色性专业品牌。全面繁荣新闻出版、广播影视、文学艺术、哲学社会科学事业。积极推动市属国有文化企业资源整合。

促进文化融合创新发展。推动文化和旅游融合发展，加快建设国家全域旅游示范区，打造孙中山故里、岐澳古道、环铁城三大文化遗产旅游圈，以及孙中山、岐澳古道、红色文化、华人华侨四大主题精品文化遗产游径，打造一批文旅综合体。依托特色文化旅游资源，打造粤港澳"一程多站"旅游精品路线，参与粤港澳大湾区文化遗产游径建设。推进文化科技深度融合，创新文化创作生产传播消费的平台和渠道，重构文化生态、场景和发展模式，创建省文化和科技融合示范基地，培育一批文化科技骨干企业。

灯饰照明、家具、五金锁具、纺织服装、家用电器等传统特色产业齐头并进，产业体系不断健全，产业链条逐步完善，古镇灯饰入选国家新型工业化示范基地，中山美居、古镇灯饰成为国家产业集群品牌试点区。做强做优光源照明、五金锁具、板式家具等三大特色优势产业。光源照明产业重点聚焦新一代光源、电源驱动、产品设计及智能制造等共性环节，擦亮"古镇灯饰"品牌，升级发展灯饰产业。五金锁具产业重点发展上游制锁基础的五金配件、芯片、生物识别技术、云平台以及中游智能锁具的研发与制造等领域。板式家具产业重点推动办公家具、家用家具、酒店家具等现代家具研制，打造中国办公家具重镇。推进智能制造试点示范和工业机器人应用，加快特色优势产业智能化、绿色化、品牌化、时尚化发展。打好"数字化+""标准化+""品牌+"组合拳，促进特色优势产业在技术升级、设备更新、品质提升等方面实现升级突破，加快实现从规模优势到质量优势的根本转变。

实施传统制造业改造提升 2.0 版，加快推动灯饰照明、五金家具、纺织服装、家用电器等传统优势产业向智能化、品牌化、绿色化转型升级，建设全国竞争力强的汽车及零部件制造基地。推进新一轮技术改造，依托互联网、大数据、人工智能，精准采集并对接用户需求，发展个性化定制、全生命周期管理、网络精准营销、云制造等新业态，推动中山制造向中山智造转变。争取到 2025 年，传统产业优化升级取得明显成效，发展质量和效益达到国内先进水平。

传统产业优化升级：实施新一轮技术改造，加大政策支持力度，提高奖补比例和总额上限，支持企业向数字化、网络化、智能化和绿色化改造升级。发挥家电、家具、五金、灯饰等传统家居产业优势，引进培育数字家装运营单位，以产业协同平台、共享设计平台、共性工厂、共性仓储物流等为重点，建设数字家装产业平台。完善传统产业全生命周期公共技术服务体系，带动上下游企业协同升级。通过优化园区功能、淘汰小散乱污危落后产能、"腾笼换鸟"等措施，实现产业结构逐步优化升级。

立足现有产业基础，着眼未来产业发展制高点，重点打造生物医药、光电光学、智能家电、五金锁具、灯饰光源、新能源等标志性特色产业链。将系统集成能力强、市场占有率高、产业拉动作用大的龙头骨干企业作为"链主"企业进行重点支持，支持链主企业联合中小企业建立战略联盟，促进产业垂直分工和相关配套企业集聚，加大相关部件、工序间的紧密联动。通过"一链一图""一链一策"，推动资源向产业链关键环节和价值链的高端领域延伸，打造若干拥有关键环节核心优势的产业链专业园区，形成特色鲜明的产业地标。

推动传统产业走好数字化转型之路，按照"一链一策"制定数字化转型路线图，支持企业围绕研发设计、生产加工、经营管理、销售服务等开展全方位数字化智能化转型。聚焦灯饰照明、五金家具、纺织服装、家用电器等重点传统优势产业集群，实施"一群一策"转型升级行动，推动产业集群数字化转型试点建设。打造一批制造业数字化智能化转型标杆企业，引进培育一批专业化水平高、实力强的数字化服务平台，建设一批数字化管理示范产业园区。建设智能生产线、智能车间（数字化车间）、智能工厂。构建数字化转型共性支撑平台和行业"数据大脑"，面向产业链上下游企业和行业内中小微企业提供需求撮合、转型咨询等服务，促进全渠道、全链条供需调配和精准对接。力争到 2025 年，打造 40 家数字化智能化示范工厂、60 个数字化智能化示范车间，推动 40 家企业开展工业互联网标杆示范项目建设。

2020 年，中山市沙溪镇为牢牢把握"双区驱动"和深中通道重大机遇，进一步巩固和提升沙溪纺织服装产业在业界的知名度和竞争力，印发《关于建设时尚沙溪 打造粤港澳大湾区时尚高地的工作意见》，制定 20 条硬核措施，力求依托服装产业基础优势，加大政策扶持力度，优化发展环境，完善支撑服务体系，擦亮"中国休闲服装名镇"名片，推动沙溪高质量崛起。2019 年 9 月，中山市大涌镇发布了《中山大涌牛仔服装产业发展规划（2019—2023 年）》及国内首份以牛仔服装为内容的产业集群社会责任报告，指出通过 2019～2023 年的努力，牛仔服装产业将成为大涌镇的经济增长引擎、服装行业牛仔服装先进制造中心、大湾区传统制造业改造升级典范。

2022 年，中山市出台《中山市推动化妆品产业高质量发展行动方案》，将打造"中山美妆"区域品牌，力争到 2025 年全市化妆品产业销售收入达 250 亿元，培育年销售收入超过 50 亿元的本地龙头企业 1～2 家、年销售收入 20 亿～50 亿元的本土企业 2～3 家。该方案提出，中山将以高质量发展为目标，坚持数字化、标准化、绿色化发展方向，将该市打造成为集高端研发、规范生产、优质服务为一体的国内知名的化妆品先进制造示范区及持证人创新发展引领区。该方案的重点任务是推动产业数字化智能化转型，围绕研发管理、供应链溯源、客户关系、生产管控、智能仓储、精准营销、检验检测、共性生产等重点领域，推动化妆品行业制造企业数字化转型、智能化改造。推动龙头骨干企业、重点产业链核心节点企业等实施全流程数字化升级，并依托企业自身数字化智能化示范应用项目，整合资源、开放技术和服务能力，建设化妆品行业的数字化服务平台。推动有条件的镇街创建化妆品产业集群数字化转型试点。中山市将推动企业申报知识产权公共服务平台建设、产业规划类专利导航、企业运营类专利导航、企业高价值专利培育等项目，参与制修订国家标准、行业标准和团体标准，鼓励企业将专利技术等科技成果转化为企业先进技术标准。扶持企业或机构提升检测能力，鼓励化妆品生产企业建设通过 CNAS（中国合格评定国家认可委员会）认可的实验室。该方案提出，中山将推进中国检验检疫科学研究院粤港澳大湾区研究院化妆品相关项目的建设。积极促进化妆品质量提升和产业发展研究中心的落户，打造中山市化妆品国家级检验检测标准认证体系，推动形成相关产业集群。中山将塑造"中山美妆"区域品牌。申请注册"中山美妆"集体商标，定期举办"中山美妆产业大会"；探索在品牌商圈开设"中山美妆"品牌时尚体验街区，支持开辟化妆品工业旅游或休闲旅游购物专线，推动传统艺术、特色产业与化妆品时尚产业融合发展。

（四）高校和人才支撑

电子科技大学中山学院开设了会展经济与管理、产品设计、视觉传达设计、环境设计等相关专业；中山职业技术学院开设了化妆品技术、化妆品质量与安全、动漫制作技术、产品艺术设计、数字媒体艺术设计、服装与服饰设计、视觉传达设计、家具艺术设计、环境艺术设计等相关专业；中山火炬职业技术学院开设了包装策划与设计、印刷媒体技术、广告艺术设计、产品艺术设计、融媒体技术与运营等相关专业。

（五）金融支持

2021 年末，中山市有证券营业部 55 家，上市公司 35 家，期货机构 1 家，全年证券交易额 19257.15 亿元，全年实现保费收入 215.07 亿元，全年赔付支出 51.97 亿元。2021 年末金融机构本外币各项存款余额 7332.85 亿元，比上年末增长 5.9%；各项贷款余额 6486.49 亿元，增长 13.6%。未来，中山市将深化投融资体制改革，发挥财政资金的引导作用，引入优势金融机构合作设立基础设施投资基金、产业投资基金、城市更新基金，支持符合条件的基础设施、重大产业项目等申请中央预算内投资、债券资金、专项建设基金、产业投资基金、创业投资基金等。加强金融机构对外贸企业信贷支持，扩大出口信用保险规模和覆盖面，鼓励银行保险机构创新支付结算、融资、关税保证保险等贸易金融产品服务。

八、江门的时尚文化产业

江门市位于珠江三角洲西岸城市中心，东邻中山、珠海，西连阳江，北接佛山、云浮，南濒南海海域，毗邻港澳。全市总面积 9505 平方千米。江门以侨乡文化符号、特色文化底蕴和岭南水乡自然资源为特点，拥有赤坎古镇、牛江镇、潮连岛、那吉镇、古劳水乡等一批拥有独特文化内涵和旅游功能的特色小镇，具有较为深厚的文化底蕴、良好生态、历史渊源特色的"五邑天地"文化品牌；拥有古典家具（传统家具）企业 2100 多家，文化及相关产业增加值约占全市地区生产总值的 4%，蔡李佛拳术、咏春拳术、太虚拳术等众多文化资源丰富，享有"中国曲艺之乡""中国舞蹈之城""世界名厨之乡"称号，台山市入选全国首批国家全域旅游示范区，开平市荣获"中国建筑之乡"称号，开平碉楼文化旅游区为国家 AAAAA 级旅游景区。

（一）时尚文化产业链

2021 年，江门市有规模以上纺织业企业 113 家，纺织服装、服饰业企业 71 家，皮革、毛皮、羽毛及其制品和制鞋业企业 46 家，木材加工和木、竹、藤、棕、草制品业企业 40 家，家具制造业企业 83 家，造纸和纸制品业企业 93 家，印刷和记录媒介复制业企业 43 家，文教、工美、体育和娱乐用品制造业企业 33 家（见图 4-103），总计 522 家，占全市规模以上工业企业数量（2903 家）的 17.98%。2021 年，江门市主要的时尚文化产品产量：布 13832.20 万米，服装 7176.60 万件，家具 1575.78 万件，机制纸及纸板 250.33 万吨，灯具及照明装置 25653.95 万只。在国际贸易方面，江门市出口的时尚文化产品：纺织纱线、织物及其制品 57.10 亿元，家具及其零件 50.90 亿元，服装及衣着附件 50.00 亿元。江门市服装产业主要分布在新会区、开平市和恩平市，依托冠华针织、锦兴纺织、奔达纺织、北丰家纺等龙头企业；造纸和印刷产业以新会区、鹤山市为重点区域，依托维达纸业、中顺纸业、亚太森博、雅图仕等龙头企业。开平市被评为中国纺织产业基地，开平市三埠街道被评为中国牛仔服装名镇。

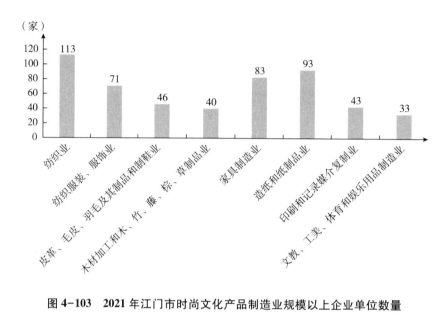

图 4-103   2021 年江门市时尚文化产品制造业规模以上企业单位数量

资料来源：笔者整理。

2021 年，江门市八大时尚文化产业规模以上企业工业总产值为 695.42 亿元，占全市规模以上企业工业总产值（5451.19 亿元）的 12.76%，企业平均工业总产值为 1.33 亿元，与全市工业企业平均规模（1.87 亿元）相比差距较大；工业增加值为 155.81 亿元，占全市规模以上企业工业增加值（1201.92 亿元）的 12.96%，产业平均增加值率为 22.41%，比全市规模以上工业企业平均增加值率（22.05%）略高，时尚文化产业对江门市整体经济有一定贡献。江门市时尚文化产业具体情况如表 4-31 所示。

表 4-31   2021 年江门市时尚文化产业具体情况

行业	工业总产值（亿元）	工业总产值占全省比重（%）	工业增加值（亿元）	工业增加值占全省比重（%）
纺织业	169.31	7.29	34.33	6.58
纺织服装、服饰业	44.87	1.46	13.89	1.83
皮革、毛皮、羽毛及其制品和制鞋业	29.07	1.99	8.57	2.31

续表

行业	工业总产值（亿元）	工业总产值占全省比重（%）	工业增加值（亿元）	工业增加值占全省比重（%）
木材加工和木、竹、藤、棕、草制品业	40.78	7.72	8.33	7.58
家具制造业	71.33	3.02	18.77	3.37
造纸和纸制品业	250.99	8.97	44.51	8.24
印刷和记录媒介复制业	63.56	4.32	21.41	5.93
文教、工美、体育和娱乐用品制造业	25.51	0.64	6.00	0.90

资料来源：笔者整理。

2021 年，江门市规模以上纺织业工业总产值为 169.31 亿元，占全省的 7.29%，占粤港澳大湾区内地 9 市的 9.28%，平均工业总产值为 1.50 亿元；工业增加值为 34.33 亿元，占全省的比重为 6.58%，产业平均工业增加值率为 20.28%，比全市规模以上工业企业平均增加值率（22.05%）低 1.77 个百分点（见图 4-104）。近年来，产业规模逐年上升，呈稳定增长态势。

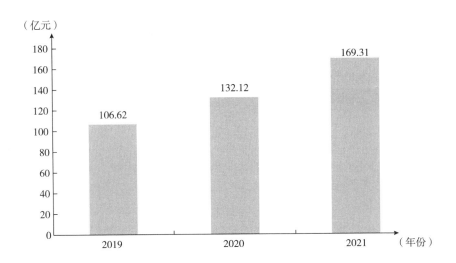

（亿元）

图 4-104　2019~2021 年江门市规模以上纺织业工业总产值

资料来源：笔者整理。

2021 年，江门市规模以上纺织服装、服饰业工业总产值为 44.87 亿元，占全省的 1.46%，占粤港澳大湾区内地 9 市的 2.55%，企业平均工业总产值为 6320 万元，与全市规模以上工业企业平均规模（1.87 亿元）相比规模差距非常大；工业增加值为 13.89 亿元，占全省的比重为 1.83%，产业平均增加值率为

30.96%，高于全市规模以上工业企业平均增加值率（22.05%）8.91 个百分点，产业附加值较高（见图 4-105）。

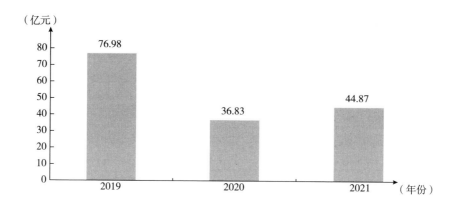

图 4-105　2019~2021 年江门市规模以上纺织服装、服饰业工业总产值

资料来源：笔者整理。

2021 年，江门市规模以上皮革、毛皮、羽毛及其制品和制鞋业工业总产值为 29.07 亿元，仅占全省的 1.99%，占粤港澳大湾区内地 9 市的 2.99%，企业平均工业总产值为 6320 万元，企业规模偏小；工业增加值为 8.57 亿元，占全省的比重为 2.31%，产业平均增加值率为 29.48%，比全市规模以上工业企业平均增加值率（22.05%）高 7.43 个百分点（见图 4-106）。

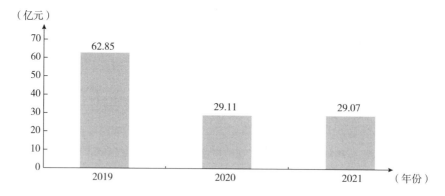

图 4-106　2019~2021 年江门市规模以上皮革、毛皮、羽毛及其制品和
制鞋业工业总产值

资料来源：笔者整理。

2021 年，江门市规模以上木材加工和木、竹、藤、棕、草制品业工业总产值为 40.78 亿元，占全省的 7.72%，占粤港澳大湾区内地 9 市的 10.25%，企业平均工业总产值为 1.02 亿元；工业增加值为 8.33 亿元，占全省的比重为 7.58%，产业平均增加值率为 20.43%（见图 4-107）。江门市规模以上木材加工和木、竹、藤、棕、草制品业在粤港澳大湾区和全省具有一定地位。

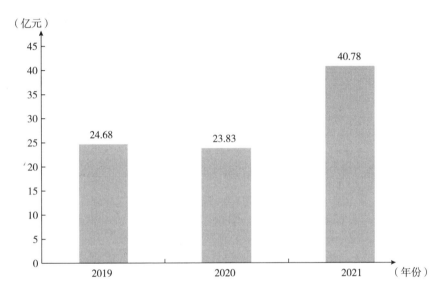

图 4-107　2019~2021 年江门市规模以上木材加工和木、竹、藤、棕、草制品业工业总产值

资料来源：笔者整理。

2021 年，江门市规模以上家具制造业工业总产值为 71.33 亿元，占全省的 3.02%，占粤港澳大湾区内地 9 市的 3.18%，企业平均工业总产值为 8594 万元，与其他地区家具制造业企业规模相比偏小；工业增加值为 18.77 亿元，占全省的比重为 3.37%，产业平均工业增加值率为 26.31%，比全市规模以上工业企业平均增加值率（22.05%）高 4.26 个百分点（见图 4-108）。

2021 年，江门市规模以上造纸和纸制品业工业总产值为 250.99 亿元，占全省的 8.97%，占粤港澳大湾区内地 9 市的 10.63%，企业平均工业增加值为 2.70 亿元；工业增加值为 44.51 亿元，占全省的比重为 8.24%，产业平均增加值率为 18.51%，比全市规模以上工业企业平均增加值率（22.05%）低 3.54 个百分点，在该市八个产业中规模领先，但大而不强（见图 4-109）。

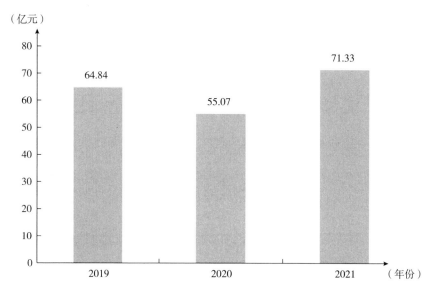

图 4-108　2019~2021 年江门市规模以上家具制造业工业总产值

资料来源：笔者整理。

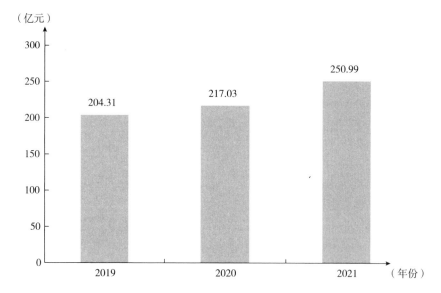

图 4-109　2019~2021 年江门市规模以上造纸和纸制品业工业总产值

资料来源：笔者整理。

2021 年，江门市规模以上印刷和记录媒介复制业工业总产值为 63.56 亿元，占全省的 4.32%，占粤港澳大湾区内地 9 市的 5.27%，企业平均工业总产值为 1.48 亿元；工业增加值为 21.41 亿元，占全省的比重为 5.93%，产业平均附加值率为 33.68%，比全市规模以上工业企业平均增加值率（22.05%）高 11.63 个百分点（见图 4-110）。

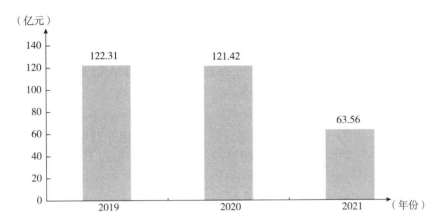

图 4-110　2019~2021 年江门市规模以上印刷和记录媒介复制业工业总产值

资料来源：笔者整理。

2021 年，江门市规模以上文教、工美、体育和娱乐用品制造业工业总产值为 25.51 亿元，占全省的 0.64%，占粤港澳大湾区内地 9 市的 0.79%，企业平均工业总产值为 7740 万元；工业增加值为 6.00 亿元，占全省的比重为 0.90%，产业平均工业增加值率为 23.52%，产业规模较小（见图 4-111）。

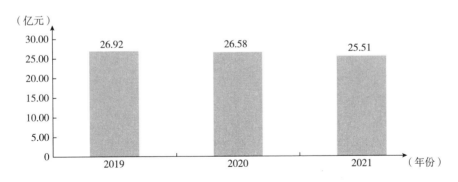

图 4-111　2019~2021 年江门市规模以上文教、工美、体育和
娱乐用品制造业工业总产值

资料来源：笔者整理。

（二）时尚文化产业发展环境

2021 年末，江门市拥有常住人口 483.51 万人，居民人均可支配收入 37068

元，城镇居民人均可支配收入 43622 元，全年社会消费品零售总额 1278.10 亿元。江门市、县、镇、村四级公共文化服务设施实现 100% 全覆盖。2 万平方米以上大型商业综合体超过 30 家，年营业额超 1 亿元以上的有 8 个；大型专业批发市场超过 40 家，年成交额超过 1 亿元的近 30 家，其中，超 10 亿元的有 4 家；建有成熟的特色商业街 37 条。恩平市、鹤山市、开平市被列入"广东大众网购消费十佳县"。2021 年，江门市有艺术表演团体 1 个、文化馆 8 个、公共图书馆 8 个、博物馆（含美术馆）12 个、档案馆 11 个（见表 4-32），图书馆和文化馆总分馆建设完成率超过省相关指标要求。市县级文化馆一级达标率为 100%。文化生产经营单位约 5399 家，其中印刷企业 1500 家；出版经营单位 719 家，拥有广东珠西国际会展中心，会展业与优势产业联动发展，建设了中国（江门）跨境电子商务综合试验区、大广海湾保税物流中心（B 型）等保税物流、保税电商基础设施，畅通国际贸易渠道。2019 年，江门有 6 家企业的 8 件产品分获广交会出口产品设计奖（CF 奖）2 金 1 银 5 铜，获奖成绩创历史最好水平。2020 年，江门市入围第十届"省长杯"工业设计大赛决赛的作品有 92 件，排全省第二位。

表 4-32　2021 年江门市文化、文物事业单位情况

类别	艺术表演团体	文化馆	公共图书馆	博物馆（含美术馆）	档案馆
数量（个）	1	8	8	12	11
从业人员（人）	42	99	154	164	146

资料来源：笔者整理。

（三）高校和人才支撑

2021 年，江门市高等教育（含成人高等教育）招生 4.31 万人，在校学生 10.41 万人，毕业生 2.39 万人。中等职业技术学校招生 1.20 万人，在校学生 3.25 万人，毕业生 1.01 万人。五邑大学开设了工业设计、纺织工程（纺织化学与清洁生产模块）、纺织工程（现代纺织技术与应用、针织品设计与服装模块）、纺织工程（非织造材料与工程模块）、纺织工程（染整模块）、产品设计、服装与服饰设计、环境设计、视觉传达设计等相关专业。江门职业技术学院开设了数字化染整技术、室内艺术设计、首饰设计与工艺、数字媒体艺术设计、艺术设计、视觉传达设计、传播与策划、美术教育、音乐教育等相关专业。广东南方职业学院开设了服装设计与工艺、数字媒体技术、动漫制作技术、艺术设计、服装与服饰设计等相关专业，为当地时尚文化产业发展提供基础性人才支撑。

（四）政策支持

《江门市国民经济和社会发展第十四个五年规划和 2035 年远景目标纲要》

《江门市商业发展"十四五"规划》提出，实施品牌战略，扩大"江门制造"区域品牌在国际市场的影响力和号召力。以家电、造纸和印刷、纺织服装、摩托车等优势行业的名优产品为突破口，引导企业开展自主品牌研发设计、营销推广，加强商标、专利国际注册和申请，组织外贸企业参与名牌名标认定。

2021 年，江门市重磅推出《江门市培育发展"5+N"产业集群行动方案》，明确把"5+N"产业集群作为重点培育发展方向，有针对性地打造 14 条产业链，力争到 2025 年打造一批产值超千亿元、500 亿元的产业集群。"5+N"中的"5"是指新材料、大健康、新一代信息技术、高端装备制造、新能源汽车及零部件五大新兴产业集群，具有较高的成长性和发展潜力，是壮大发展新动能，推动江门市制造业迈向中高端的主要着力点；"N"是指金属制品、造纸和印刷、纺织服装、家电、摩托车等一批具有良好发展基础和增长态势的传统特色优势产业集群。

2022 年，《江门市市场监督管理局推动化妆品产业高质量发展若干措施》印发，提出以本土企业为主导，集中优质资源建设一批规模化、绿色化、现代化企业，打造美妆产业集聚中心。还从鼓励守正创新、优化营商环境、培育江门品牌、强化技术支撑、构建社会共治格局、规范市场秩序六个方面提出 13 条具体举措。

（五）金融支持

2021 年末，江门市中外资金融机构本外币存款余额 5864.34 亿元，中外资金融机构本外币贷款余额 4970.31 亿元；证券市场共有沪深交易所上市公司 15 家，市价总值 1445.24 亿元；证券公司分支机构 47 家，期货公司分支机构 3 家；全市证券公司营业部总交易额 2.08 万亿元；各类保险公司 62 家，保险中介机构 56 家，全年保费收入 166.76 亿元。

2021 年，江门市人民政府提出为满足产业发展的融资需求，工商银行江门分行、农业银行江门分行、建设银行江门市分行、中国银行江门分行等 29 家银行机构对江门市"5+N"产业集群开展授信，未来 5 年授信金额将超 5300 亿元。江门市国资委与恒健控股等 10 家投资机构现场签约，组建江门市产业发展基金，母基金加子基金总规模超 200 亿元。在金融领域，大会推动市金融局与天风证券、财达证券、世纪证券、中山证券、浙商证券等 5 家证券公司签订战略合作协议，共同探索在江门人才岛设立证券公司一级机构，并以此为依托，为江门市"5+N"产业集群提供优质资本市场服务。

九、肇庆的时尚文化产业

肇庆市位于广东省中西部，西江干流中下游，东部和东南部分别与佛山市、江门市接壤，西南与云浮市相连，西部及西北部分别与广西壮族自治区的梧州市和贺州市交界，北部和东北部与清远市相邻，行政区域总面积 148.91 万公顷，2021 年末全市常住人口共 412.97 万人，地区生产总值 2649.99 亿元。肇庆具有丰富的传统历史文化，丰厚的人文历史底蕴，是广府岭南文化的发源地，同时也是广府地域文化和白话的发源地，多样的文创形式以及浓厚的传统文化底蕴，为肇庆市时尚文化产业发展提供了优良的基础，拥有黄金、玉石等 50 多种矿产资源，被誉为广东的"黄金之乡""中国砚都"。

（一）时尚文化产业链

肇庆市时尚文化产业中最主要的是家具、纺织服装、食品饮料产业。2021 年，肇庆市有规模以上纺织业企业 47 家，纺织服装、服饰业企业 16 家，皮革、毛皮、羽毛及其制品和制鞋业企业 27 家，木材加工和木、竹、藤、棕、草制品业企业 31 家，家具制造业企业 22 家，造纸和纸制品业企业 37 家，印刷和记录媒介复制业企业 11 家，文教、工美、体育和娱乐用品制造业企业 27 家（见图 4-112）。肇庆市共有规模以上时尚文化产品制造业企业 218 家，占全市规模以上工业企业单位数量（1446 家）的 15.08%。肇庆有 994 家服装相关企业，但其中 95% 以上是小型企业，大多数从事销售、服装相关辅料和低端加工制造，没有相对知名的品牌，加工企业数量和规模都很小。服装业不发达，没有企业形成产业集群；文化创意产业发展中的资源、技术、市场等因素尚未形成突出的集群效应。

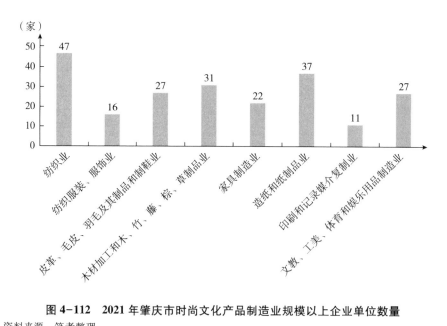

图 4-112 2021 年肇庆市时尚文化产品制造业规模以上企业单位数量

资料来源：笔者整理。

2021 年，肇庆市八大时尚文化产业规模以上企业工业总产值为 576.82 亿元，占全市规模以上企业工业总产值（4272.96 亿元）的 13.50%，企业平均工业总产值为 2.64 亿元，与全市工业企业平均规模（2.95 亿元）相比有一定差距；工业增加值为 117.14 亿元，占全市规模以上企业工业增加值（765.69 亿元）的 15.30%，产业平均增加值率为 20.31%，比全市规模以上工业企业平均增加值率（17.92%）高 2.39 个百分点，时尚文化产业对肇庆市整体经济有一定贡献。肇庆市时尚文化产业具体情况如表 4-33 所示。

表 4-33 2021 年肇庆市时尚文化产业具体情况

行业	工业总产值（亿元）	工业总产值占全省比重（%）	工业增加值（亿元）	工业增加值占全省比重（%）
纺织业	109.12	4.70	20.94	4.01
纺织服装、服饰业	29.71	0.97	8.33	1.10
皮革、毛皮、羽毛及其制品和制鞋业	59.31	4.07	16.62	4.47
木材加工和木、竹、藤、棕、草制品业	62.38	11.81	11.57	10.52
家具制造业	129.95	5.50	25.78	4.64
造纸和纸制品业	80.90	2.89	12.58	2.33
印刷和记录媒介复制业	30.21	2.05	5.93	1.64
文教、工美、体育和娱乐用品制造业	75.24	1.88	15.39	2.30

资料来源：笔者整理。

2021 年，肇庆市规模以上纺织业工业总产值为 109.12 亿元，占全省的 4.70%，占粤港澳大湾区内地 9 市的 5.98%，企业平均工业总产值为 2.32 亿元，低于全市规模以上工业企业平均规模（2.95 亿元）；工业增加值为 20.94 亿元，占全省的比重为 4.01%，产业平均工业增加值率为 19.19%（见图 4-113）。

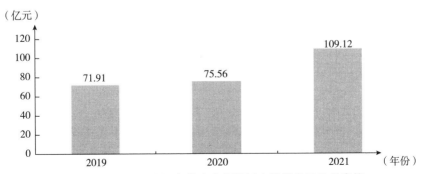

图 4-113 2019~2021 年肇庆市规模以上纺织业工业总产值

资料来源：笔者整理。

2021 年，肇庆市规模以上纺织服装、服饰业工业总产值为 29.71 亿元，占全省的 0.97%，占粤港澳大湾区内地 9 市的 1.69%，企业平均工业总产值为 1.86 亿元，远远低于全市规模以上工业企业平均规模；工业增加值为 8.33 亿元，占全省的比重为 1.10%，产业平均增加值率为 28.03%，比全市规模以上工业企业平均增加值率（17.92%）高 10.11 个百分点（见图 4-114）。肇庆市纺织服装、服饰业规模小，在全省影响力有限。

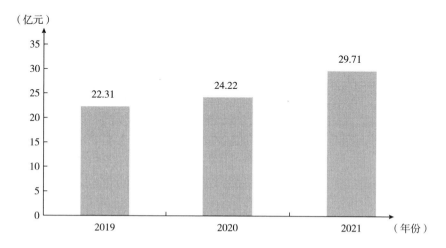

图 4-114　2019~2021 年肇庆市规模以上纺织服装、服饰业工业总产值

资料来源：笔者整理。

2021 年，肇庆市规模以上皮革、毛皮、羽毛及其制品和制鞋业工业总产值为 59.31 亿元，占全省的 4.07%，占粤港澳大湾区内地 9 市的 6.09%，企业平均工业总产值为 2.20 亿元；工业增加值为 16.62 亿元，占全省的比重为 4.47%，产业平均工业增加值率为 28.02%，比全市规模以上工业企业平均增加值率（17.92%）高 10.10 个百分点（见图 4-115）。肇庆市皮革、毛皮、羽毛及其制品和制鞋业在粤港澳大湾区有影响力，但竞争力不强。

2021 年，肇庆市规模以上木材加工和木、竹、藤、棕、草制品业工业总产值为 62.38 亿元，占全省的 11.81%，占粤港澳大湾区内地 9 市的 15.68%，企业平均工业总产值为 2.01 亿元；工业增加值为 11.57 亿元，占全省的比重为 10.52%，产业平均增加值率为 18.55%，比全市规模以上工业企业平均增加值率（17.92%）略高（见图 4-116）。肇庆市木材加工和木、竹、藤、棕、草制品业具有一定规模，在粤港澳大湾区和省内具有影响力。

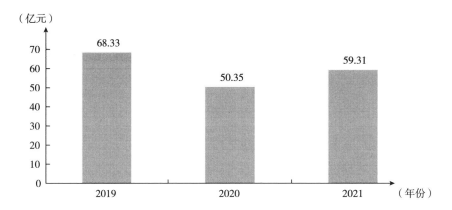

**图 4-115　2019~2021 年肇庆市规模以上皮革、毛皮、羽毛及其制品和
制鞋业工业总产值**

资料来源：笔者整理。

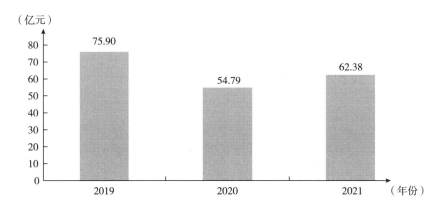

**图 4-116　2019~2021 年肇庆市规模以上木材加工和木、竹、藤、棕、
草制品业工业总产值**

资料来源：笔者整理。

2021 年，肇庆市规模以上家具制造业工业总产值为 129.95 亿元，占全省的 5.50%，占粤港澳大湾区内地 9 市的 5.80%，企业平均工业总产值为 5.91 亿元，企业平均规模较大；工业增加值为 25.78 亿元，占全省的比重为 4.64%，产业平均工业增加值率为 19.83%，比全市规模以上工业企业平均增加值率（17.92%）略高 1.91 个百分点（见图 4-117）。该产业在肇庆市时尚文化产业中占比较高，但在全省的影响力有限，且产业附加值偏低。

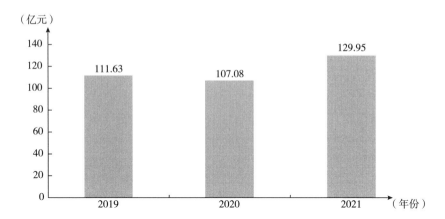

图 4-117 2019~2021 年肇庆市规模以上家具制造业工业总产值

资料来源：笔者整理。

2021 年，肇庆市规模以上造纸和纸制品业工业总产值为 80.90 亿元，占全省的 2.89%，占粤港澳大湾区内地 9 市的 3.43%，企业平均工业总产值为 2.19 亿元，比全市规模以上工业企业平均规模小；工业增加值为 12.58 亿元，占全省的比重为 2.33%，产业平均工业增加值率为 15.55%，比全市规模以上工业企业平均增加值率（17.92%）低 2.37 个百分点，产业整体附加值率较低（见图 4-118）。

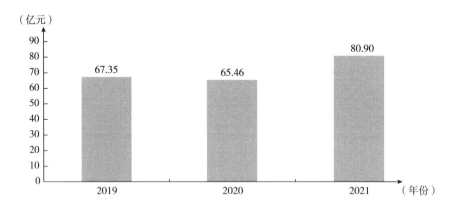

图 4-118 2019~2021 年肇庆市规模以上造纸和纸制品业工业总产值

资料来源：笔者整理。

2021 年，肇庆市规模以上印刷和记录媒介复制业工业总产值为 30.21 亿元，占全省的 2.05%，占粤港澳大湾区内地 9 市的 2.51%，企业平均工业总产值为 2.75 亿元；工业增加值为 5.93 亿元，占全省的比重为 1.64%，产业平均工业增加值率为 19.63%（见图 4-119）。肇庆市该产业近年来虽然增长稳定，但总体规模小，缺乏影响力。

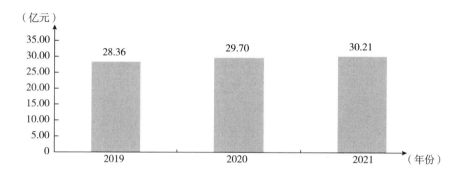

图 4-119　2019~2021 年肇庆市规模以上印刷和记录媒介复制业工业总产值

资料来源：笔者整理。

2021 年，肇庆市规模以上文教、工美、体育和娱乐用品制造业工业总产值为 75.24 亿元，占全省的 1.88%，占粤港澳大湾区内地 9 市的 2.33%，企业平均工业总产值为 2.79 亿元；工业增加值为 15.39 亿元，占全省的比重为 2.30%，产业平均工业增加值率为 20.45%，比全市规模以上工业企业平均增加值率（17.92%）高 2.53 个百分点，文教、工美、体育和娱乐用品制造业企业在肇庆市八个产业中属于有一定规模的产业（见图 4-120）。

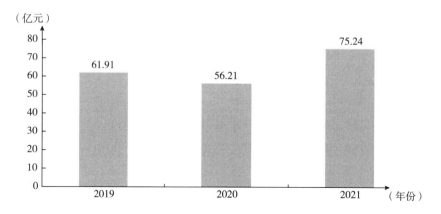

图 4-120　2019~2021 年肇庆市规模以上文教、工美、体育和娱乐用品制造业工业总产值

资料来源：笔者整理。

（二）时尚文化产业发展环境

2020年，肇庆市限额以上服装鞋帽、针纺织品类批发和零售业企业商品销售总额93.09亿元，化妆品类商品销售总额42.27亿元，金银珠宝类商品销售额6.41亿元，日用品类商品销售总额29.21亿元，体育、娱乐用品类商品销售总额16.28亿元，书报杂志类商品销售总额0.89亿元，电子出版物及音像制品类商品销售总额0.23亿元，文化办公用品类商品销售总额12.16亿元，家具类5.17亿元。在文化事业方面，2021年肇庆市拥有艺术表演团体2个、文化馆9个、公共图书馆9个、博物馆（含美术馆）17个、档案馆10个（见表4-34）。肇庆市重视创意设计专业园区建设，鼓励支持文化艺术场馆开辟创意设计空间，拥有肇福文化创意设计园和西江文化创意产业园，在推动创意设计与家具、纺织服装、食品饮料产业升级方面发挥了重要作用；建设了建筑装饰等大型建材交易市场，端砚、玉器、红木家具交易市场，配套产业嵌入消费，具有一站式消费功能；以肇庆新区商务中心为主，积极打造大湾区、大西南区域性会展中心，承接举办大型品牌展会，推动商贸、旅游、文化、体育、会展消费联动发展；以肇庆万达度假区、广东（大旺）国际赛车场等为主要载体，建设粤港澳大湾区体育赛事名城，融合旅游、度假、养生等业态，促进高端体育消费。

表4-34　2021年肇庆市文化、文物事业单位情况

类别	艺术表演团体	文化馆	公共图书馆	博物馆（含美术馆）	档案馆
数量（个）	2	9	9	17	10
从业人员（人）	68	124	184	293	69

资料来源：笔者整理。

（三）高校和人才支撑

肇庆学院开设了音乐学、音乐表演、舞蹈学、产品设计、环境设计、视觉传达设计、工艺美术、动画、美术学等相关专业；广东理工学院开设了建筑室内设计、产品艺术设计、动漫制作技术、服装设计与工程、服装与服饰设计、广告艺术设计、艺术设计学等相关专业；广东工商职业技术大学开设了环境艺术设计、音乐表演、网络与新媒体、数字媒体技术等相关专业；广东信息工程职业学院开设了服装设计与工艺、室内艺术设计、全媒体广告策划与营销、数字媒体技术等相关专业；广东肇庆航空职业学院开设了服装设计与工艺、艺术设计、视觉传达设计、展示艺术设计、歌舞表演、播音与主持等相关专业。此外，肇庆市正在建设香港都会大学（肇庆）。专业院校结合时尚文化产业发展需求设置了相关专业，为产业发展提供专业人才支持。

（四）政策支持

根据《肇庆市国民经济和社会发展第十四个五年规划和 2035 年远景目标纲要》，肇庆市重点发展"定制化、品牌化、智能化、绿色化"家具制造产业，支持家具制造企业研发应用环保材料、环保技术和新工艺，研发和生产智能家居产品，开展安保监测、健康管理、智能家居等高品质生活体验，推动大数据、互联网、云计算与家具制造业融合发展。推动食品饮料企业发挥行业企业重点实验室、工程技术中心等创新平台作用，研发和应用自动化、智能化、定制化成套生产设备，优化生产工艺，提升研发能力，支持食品质量安全信息追溯体系建设，实现食品标准化、安全化、绿色化生产。

（五）金融支持

2021 年，肇庆市金融机构本外币各项存款余额 3052.70 亿元，各项贷款余额 2639.61 亿元；农村合作机构本外币存款余额 955.37 亿元，各项贷款余额 650.10 亿元。证券市场共有上市公司 10 家，证券营业部 22 家，股票账户 110.86 万户，证券交易额 7160.08 亿元。全年实现保费收入 77.46 亿元。肇庆市健全金融组织体系，丰富金融市场要素，吸引法人金融机构进驻本市或在本市设立分支机构，做强本地法人金融机构，引导农商行回归本源。发展特色金融，完善绿色金融发展机制和健全绿色金融发展体系。大力发展直接融资，支持项目实施主体企业通过上市、发行债券等多种形式募集发展资金。落实已出台的支持企业利用资本市场加快发展的优惠奖励办法，推动辖内企业利用多层次资本市场拓宽直接融资渠道，支持企业利用资本市场开展并购重组，鼓励企业通过配股增资、发行境外债券、转让经营权等形式扩大融资规模。发挥政府产业投资引导基金作用，吸引社会资本、金融资本合作设立特色子基金，支持企业股权融资需求。创新间接融资支持方式，完善银行业金融机构支持地方经济发展的激励机制，鼓励银行业金融机构加强信贷产品和服务创新，健全银企对接机制，完善知识产权融资体系，创新中小企业用款还款方式，强化与政策性银行资金、保险资金合作对接。

第五章　粤港澳大湾区时尚文化产业协同发展的必要性

第一节　粤港澳大湾区时尚文化产业协同发展的总体评价

与其他湾区相比，粤港澳大湾区时尚文化产业大而不强，缺乏有世界影响力的时尚品牌，产业附加值偏低；香港虽被称为时尚之都，但没有跻身世界时尚之都行列；香港时装周、深圳时装周、广州国际服装节、虎门时装周、大朗毛衣节等名目繁多的展会跟风较多、引领不足。粤港澳大湾区城市时尚文化产业各自为政，没有形成整体合力。由于缺乏城市之间的协同，时尚资源难以实现共建共享，港澳地区的高端创意对粤辐射有限，区域品牌尚未形成，导致整体竞争力不强，未跻身世界时尚文化产业第一梯队，迫切需要"9+2"城市协同发展，提升粤港澳大湾区时尚文化产业的国际竞争力。

一、粤港澳大湾区时尚文化产业链

将前述"9+2"城市时尚文化产业综合起来，八个产业的总体情况如下：

（一）纺织业

粤港澳大湾区内地 9 市纺织业中，2021 年，佛山市纺织业工业总产值为 873.31 亿元，规模远大于其他城市。佛山的纺织业拥有很长历史，一批大型国有纺织企业聚集了大量纺织工业人才，还有各大棉纺厂和数量众多的服装厂，佛山纺织业主要集中在南海区西樵镇和禅城区的张槎街道。截至 2021 年底，张槎已集聚针织企业超过 5000 家，针织产业工业园区 10 多个，针织大圆机超过 2.5 万台，厂房面积达到 600 多万平方米，日棉纱交易量超 10000 吨。目前张槎已形成较为成熟的纺织产业集群，成为全国最大的针织产业集群基地、全国最大的纱线交易聚集地和最大的丝光棉面料及丝光棉 T 恤的产业基地，集聚针织服装企业 5800 余家，从业人员约 7 万人。纺织业工业总产值列 2~4 位的城市分别为东莞、江门和广州，三个城市的纺织业工业总产值之和不到佛山的七成。同时，纺织业工业总产值前四的城市中，佛山市纺织业工业增加值率为 20.42%，其他三个城市的纺织业工业增加值率分别为 30.48%、20.28% 和 22.65%，可见佛山纺织业存在大而不强、产业附加值偏低的特点。改革开放后，香港和澳门在珠三角地区投资设厂，通过"三来一补""前店后厂"等模式，将包括纺织业在内的产业生产基地转移到珠三角地区，产业规模相对很小，因此，没有再将香港、澳门的纺织业单列。2021 年粤港澳大湾区内地 9 市纺织业工业总产值和工业增加值分别如图 5-1、图 5-2 所示。

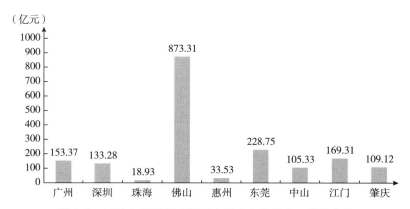

图 5-1 2021 年粤港澳大湾区内地 9 市纺织业工业总产值

资料来源：笔者整理。

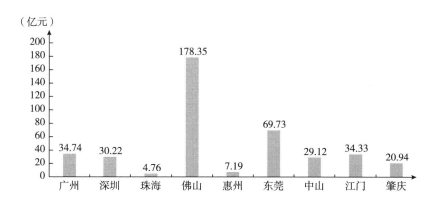

图 5-2 2021 年粤港澳大湾区内地 9 市纺织业工业增加值

资料来源：笔者整理。

（二）纺织服装、服饰业

纺织服装、服饰业规模较大的城市为广州、深圳、佛山、东莞，广州的工业增加值率为37.13%，深圳的为30.55%，佛山的为23.02%，东莞的为22.51%，可以看出，广州、深圳的纺织服装、服饰业工业增加值率远远高于佛山和东莞，纺织服装和服饰业相对高端，附加值较高。但从全国来看，广州的产业竞争力并不强，2015~2020年，广州市纺织服装行业规模以上企业服装产量占全国比重整体呈现下行，2015年占比大约为1.89%，而到了2020年，中国服装行业规模以上企业累计完成服装产量223.73亿件，广州市规上企业服装产量为3.29亿件，占比1.47%。另外，广州服装本土知名品牌较少。据不完全统计，广州本土出产的自有服装品牌超过1000个，但多为中小品牌，知名的品牌较少。受行业特征、产品性质、所处地域及销售对象等因素的影响，广州市纺织服装企业普遍存在品牌建设与宣传意识淡薄的问题。根据中国连锁经营协会发布的《2019—2020年中国时尚零售企业百强榜》，总部位于广州的品牌企业入围8家，占比仅为8%。广州市纺织服装较为知名的本土品牌包括GOGO、汇美、杰登等，总体来看知名品牌数量较少，与浙江相比，森马、太平鸟、雅戈尔、杉杉等知名服装品牌均为浙江品牌。广州服装品牌一方面驰名品牌数量缺乏，另一方面忠诚度不够，缺少个性，品牌与产品未能良性地互动，对消费者购买影响力有限，缺少清晰的、恒定的核心价值，存在服装品牌的空洞化危机。2019年香港纺织制品及成衣制造业企业有640家，工业增加值为11.28亿港元，相关产品消费主要依赖进口，2019年进口的衣物、鞋类及有关物品为1936.40亿港元。2020年香港有纺织品制造企业330家，从业人员1702人；成衣制造企业490家，从业人员2779人。澳门服装制造业规模非常小，可以忽略不计，其服装服饰消费主要依赖进口，2021年服装及衣服配件进口额为106.08亿澳门元（其中，从内地进口额为29.91亿澳门元）。2021年粤港澳大湾区内地9市规模以上纺织服装、服饰业工业总产值如图5-3所示。

2021年粤港澳大湾区内地9市规模以上纺织服装、服饰业工业增加值如图5-4所示。

在空间分布上，粤港澳大湾区的纺织服装、服饰业知名企业主要集中于广州、深圳、佛山和东莞。

（三）皮革、毛皮、羽毛及其制品和制鞋业

2021年，粤港澳大湾区内地9市规模以上皮革、毛皮、羽毛及其制品和制鞋业工业总产值排在前四位的是东莞、佛山、广州、惠州，产业平均增加值率分别为22.76%、20.18%、23.86%和33.66%，产业平均增加值率最高的为惠州，惠州皮革、毛皮、羽毛及其制品和制鞋业经过多年发展，在国内具有一定的影响

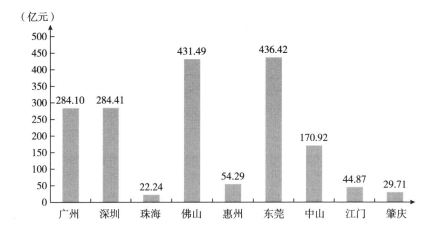

图5-3 2021年粤港澳大湾区内地9市规模以上纺织服装、服饰业工业总产值
资料来源：笔者整理。

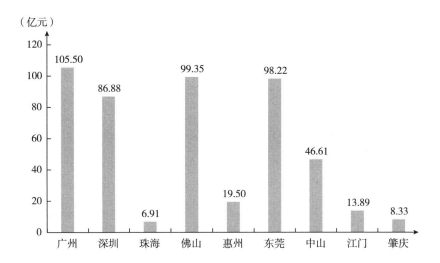

图5-4 2021年粤港澳大湾区内地9市规模以上纺织服装、服饰业工业增加值
资料来源：笔者整理。

力，建立了一定的品牌，较其他加工贸易比重较大的城市而言，附加值相对高一些。香港和澳门生产该类产品规模非常小，消费主要依赖进口。2020年，香港从事皮革及相关制品的制造、木材及木制品、水松制品、草编及编结材料制品的制造（家具及玩具除外）的企业有99家，从业人员298人。鞋类消费较2015年下降了36.3%。2021年，澳门进口鞋靴35.01亿澳门元（其中，从内地进口9.43亿澳门元）。2021年粤港澳大湾区内地9市规模以上皮革、毛皮、羽毛及其制品和制鞋业工业总产值如图 5-5 所示，2021 年粤港澳大湾区内地 9 市规模以上皮革、毛皮、羽毛及其制品和制鞋业工业增加值如图 5-6 所示。

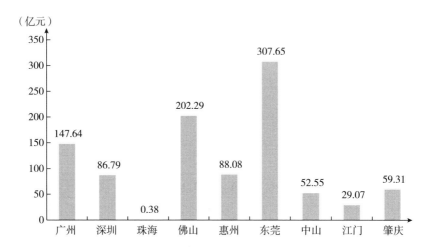

图 5-5　2021 年粤港澳大湾区内地 9 市规模以上皮革、毛皮、羽毛及其制品和制鞋业工业总产值

资料来源：笔者整理。

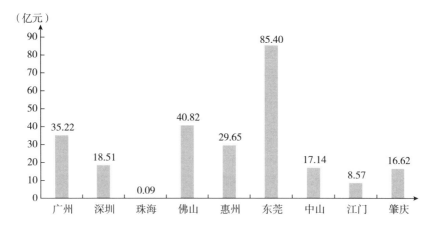

图 5-6　2021 年粤港澳大湾区内地 9 市规模以上皮革、毛皮、羽毛及其制品和制鞋业工业增加值

资料来源：笔者整理。

（四）木材加工和木、竹、藤、棕、草制品业

相对其他产业而言，木材加工和木、竹、藤、棕、草制品业规模较小，排在前列的为佛山、肇庆和东莞，其产业平均增加值率分别为 17.17%、18.55% 和 29.64%，该产业总体较为粗放，附加值较低。香港和澳门几乎没有此类生产企业。2021 年粤港澳大湾区内地 9 市规模以上木材加工和木、竹、藤、棕、草制品业工业总产值如图 5-7 所示，2021 年粤港澳大湾区内地 9 市规模以上木材加工和木、竹、藤、棕、草制品业工业增加值如图 5-8 所示。

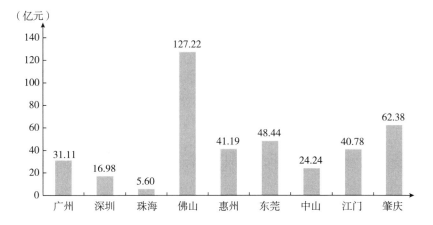

图 5-7　2021 年粤港澳大湾区内地 9 市规模以上木材加工和木、竹、藤、棕、草制品业工业总产值

资料来源：笔者整理。

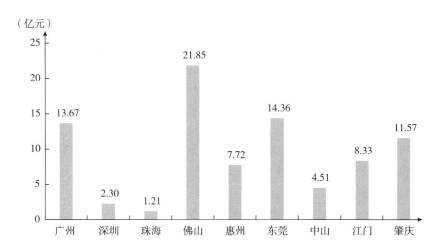

图 5-8　2021 年粤港澳大湾区内地 9 市规模以上木材加工和木、竹、藤、棕、草制品业工业增加值

资料来源：笔者整理。

（五）家具制造业

家具制造业是粤港澳大湾区重要的时尚文化产业，产业规模大，2021 年，粤港澳大湾区内地 9 市家具制造业工业总产值超过 2000 亿元，位于前列的城市为佛山、东莞和广州。20 世纪 70 年代，佛山开启了现代家具销售和制造的历程，逐渐形成一个年产值近千亿的家具产业集群，其中顺德区的龙江镇和乐从镇最具代表性。顺德区的龙江镇与乐从镇仅一江之隔，前者侧重家具制造，后者侧重家具销售，由于两镇相邻的区位优势和主营业务的配合，形成了家具制造"顺德模式"，被誉为中国家具制造重镇和中国家具商贸之都。另外，南海区的里水镇和九江镇也分别拥有不少家具企业；顺德区的杏坛镇以生产木工机械闻名业界。截至 2022 年，佛山全市拥有家具制造企业超 8000 家，其中规模以上企业 472 家，约占国内 20% 的市场份额，远销全球 50 多个国家和地区；家具制造和材料交易的上下游产业链交易额超过 1000 亿元，诞生了维尚家具、联邦家私和林氏木业等全国知名家具品牌。家具产业展厅集中在乐从龙江、十里家具长廊，以罗浮宫为代表，吸引大量国外客户前来参观购买。家具产业是东莞的优势传统产业，经过多年积累和发展，东莞家具制造品牌享誉国内外，成为全国重要的家具生产基地、出口基地和展览基地之一。截至 2021 年底，东莞市家具制造业实现产值 418.65 亿元，大岭山镇被誉为"中国家具出口第一镇"，拥有家具企业 390 余家，家具品牌 76 个，规模以上企业 84 家，从业人员超 10 万人，聚集了洋臣 A 家、运时通、达艺、森源、福临门、欧达、佳居乐、元宗等龙头企业，形成了"研发设计、原材料采购、生产加工、批发零售"全产业链条，集群分工专业化水平较高，产业配套优势明显。2022 年 10 月，工业和信息化部发布《第三轮先进制造业集群决赛优胜者名单》，东莞市与佛山市联合申报的"佛山市、东莞市泛家居集群"入选，成为第三批全国集群决赛中广东唯一入围的产业集群，充分显示了东莞和佛山家具制造的优势和实力。2021 年，佛山、东莞和广州家具制造业增加值率分别为 20.66%、29.56% 和 22.21%，家具制造业附加值有待提升。香港和澳门家具制造业规模非常小，家具主要依赖进口。2018～2020 年，香港家具及固定装置销售量指数分别为 104.0%、100.8% 和 101.2%，家具消费平稳。2021 年，澳门进口家具及其零件，寝具、褥垫、褥垫支撑物、软垫及类似填料家具 6.05 亿澳门元（其中，从内地进口 5.07 亿澳门元）。2021 年粤港澳大湾区内地 9 市规模以上家具制造业工业总产值如图 5-9 所示，2021 年粤港澳大湾区内地 9 市规模以上家具制造业工业增加值如图 5-10 所示。

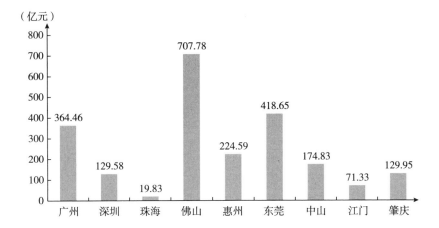

图 5-9　2021 年粤港澳大湾区内地 9 市规模以上家具制造业工业总产值
资料来源：笔者整理。

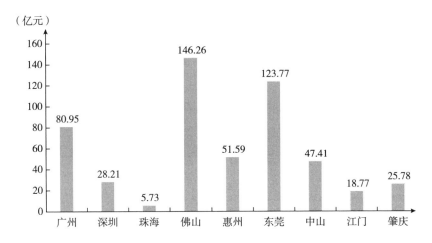

图 5-10　2021 年粤港澳大湾区内地 9 市规模以上家具制造业工业增加值
资料来源：笔者整理。

（六）造纸和纸制品业

造纸和纸制品业属于时尚文化产业延伸层，东莞造纸和纸制品业一枝独秀，2021 年实现工业总产值 1049.75 亿元，占全省的 37.50%，增加值占全省的 38.65%。东莞已经建成全国最大的造纸和纸制品生产基地，形成了包装用纸（纸板）、生活用纸、包装、印刷、造纸机械、化工等工业相互配合、协调发展的产业链和产业集群。主要企业有玖龙纸业、理文造纸、金洲纸业、建晖纸业、顺裕纸业、东协纸品、振兴纸品、金田纸业等。其中，玖龙环球（中国）投资集团有限公司下辖天津、北海、重庆、太仓、沈阳、泉州、咸宁、监利、滦南、乐山、成都、镇江等十几个造纸厂。近年来，国家固废禁令正式实施后，对东莞造纸企业的原料获取带来了较大的压力。工业总产值随后的 2 个城市依次是佛山和江门，造纸和纸制品业对时尚核心产业起支撑作用。2021 年粤港澳大湾区内地 9 市规模以上造纸和纸制品业工业总产值如图 5-11 所示，2021 年粤港澳大湾区内地 9 市规模以上造纸和纸制品业工业增加值如图 5-12 所示。

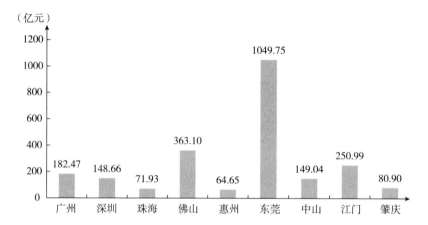

图 5-11 2021 年粤港澳大湾区内地 9 市规模以上造纸和纸制品业工业总产值
资料来源：笔者整理。

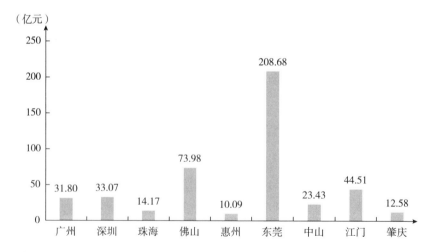

图 5-12 2021 年粤港澳大湾区内地 9 市规模以上造纸和纸制品业工业增加值
资料来源：笔者整理。

（七）印刷和记录媒介复制业

2021 年粤港澳大湾区内地 9 市规模以上印刷和记录媒介复制业工业总产值排在前三位的是东莞、深圳和佛山，产业平均增加值率分别为 24.31%、24.18% 和 19.30%，近年来随着人们对时尚消费品整体质量需求的提升，印刷和记录媒介复制业对时尚产业的支撑作用显著增强，工业设计、绿色低碳在该行业中发挥着越来越重要的作用。香港统计数据中缺乏该行业数据，在大众传播口径中统计了报纸和期刊发行数量，2020 年香港发行报纸 94 种，期刊 500 种。澳门也没有此产业统计数据。2021 年粤港澳大湾区内地 9 市规模以上印刷和记录媒介复制业工业总产值如图 5-13 所示，2021 年粤港澳大湾区内地 9 市规模以上印刷和记录媒介复制业工业增加值如图 5-14 所示。

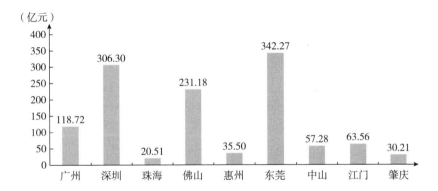

图 5-13 2021 年粤港澳大湾区内地 9 市规模以上印刷和记录媒介复制业工业总产值
资料来源：笔者整理。

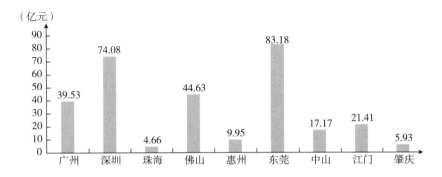

图 5-14 2021 年粤港澳大湾区内地 9 市规模以上印刷和记录媒介复制业工业增加值
资料来源：笔者整理。

（八）文教、工美、体育和娱乐用品制造业

2021 年粤港澳大湾区内地 9 市规模以上文教、工美、体育和娱乐用品制造业工业总产值排在前三名的是深圳、佛山和东莞，其产业平均增加值率分别为 8.29%、12.03% 和 28.23%，深圳市该产业增加值率仅为 8.29%，与其打造世界创意之都的定位相去甚远，具有很大的提升空间。香港和澳门该产业规模微乎其微，消费主要依赖进口。2021 年，澳门与该产业相关的旅行用品、手袋及类似容器进口额为 112.93 亿澳门元（其中进口 4.33 亿澳门元），未列明的照相器具、设备及用品及光学货品，钟表为 129.34 亿澳门元。2021 年粤港澳大湾区内地 9 市规模以上文教、工美、体育和娱乐用品制造业工业总产值如图 5-15 所示，2021 年粤港澳大湾区内地 9 市规模以上文教、工美、体育和娱乐用品制造业工业增加值如图 5-16 所示。

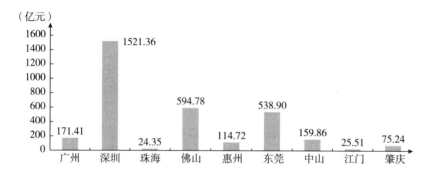

图 5-15　2021 年粤港澳大湾区内地 9 市规模以上文教、工美、体育和
娱乐用品制造业工业总产值

资料来源：笔者整理。

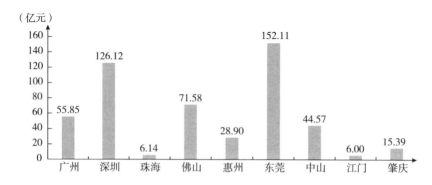

图 5-16　2021 年粤港澳大湾区内地 9 市规模以上文教、工美、体育和
娱乐用品制造业工业增加值

资料来源：笔者整理。

二、粤港澳大湾区时尚文化产业的产业规模和效益

粤港澳大湾区时尚文化产业虽然大而不强，但粤港澳大湾区内地9市拥有完整的时尚文化产业链，具备了相对规模的产业化水平和品牌建设水平，时尚文化产业协同发展有一定的规模和效益优势。

（一）时尚文化产业规模

从企业数量角度，广东省时尚文化产业在全国占有重要地位，八个行业大类中，有六个行业规模以上单位数量占比超过了20%。2020年，粤港澳大湾区内地9市在广东省时尚文化产业中占有绝对优势地位，八个行业中木材加工和木、竹、藤、棕、草制品业占比最低，也达到了66.55%；粤港澳大湾区内地9市家具制造业在全国所占比重最高，达到了25.25%，八个行业中有六个行业超过了10%（见表5-1）。

表5-1 粤港澳大湾区内地9市时尚文化产业规模以上单位数量及其在全国地位

产业	广东省（个）2021年	广东省（个）2020年	粤港澳大湾区内地9市（个）2020年	全国（个）2020年	全国（个）2021年	广东省占比（%）2020年	粤港澳大湾区内地9市占全国比重（%）2020年	粤港澳大湾区内地9市占广东省比重（%）2020年
纺织业	1641	1545	1199	18510	19774	8.87	6.48	77.61
纺织服装、服饰业	2593	2547	1758	12706	13168	20.41	13.84	69.02
皮革、毛皮、羽毛及其制品和制鞋业	1638	1601	1304	7942	8308	20.62	16.42	81.45
木材加工和木、竹、藤、棕、草制品业	594	559	372	9887	11205	6.01	3.76	66.55
家具制造业	1925	1740	1649	6531	7149	29.47	25.25	94.77
造纸和纸制品业	1543	1372	1180	6656	7189	23.18	17.73	86.01
印刷和记录媒介复制业	1187	1099	887	5887	6579	20.16	15.07	80.71

续表

产业	广东省（个）2021 年	广东省（个）2020 年	粤港澳大湾区内地9市（个）2020 年	全国（个）2020 年	全国（个）2021 年	广东省占比（%）2020 年	粤港澳大湾区内地9市占全国比重（%）2020 年	粤港澳大湾区内地9市占广东省比重（%）2020 年
文教、工美、体育和娱乐用品制造业	1891	1727	1295	8936	9989	21.16	14.49	74.99

资料来源：笔者整理。

从广东省规模以上时尚文化产业企业数量在全国占比情况看，2021 年家具制造业、造纸和纸制品业所占比重超过了 20%，皮革、毛皮、羽毛及其制品和制鞋业，纺织服装、服饰业，文教、工美、体育和娱乐用品制造业，印刷和记录媒介复制业比重均超过了 15%，2021 年与 2020 年相比，粤港澳大湾区内地 9 市八个产业占全国比重均有所增长，说明时尚文化产业具有较强的集群式发展特性，而且集聚度不断提高。2021 年，粤港澳大湾区内地 9 市规模以上时尚文化企业在广东省占比较高，均超过了 65%，家具制造业高达 96.00%；粤港澳大湾区内地 9 市企业数量占全国的比重也较为可观，有六个产业占比超过了 10%（见表 5-2）。从企业数量角度看，粤港澳大湾区时尚文化产业在全国占有重要地位。

表 5-2　2021 年粤港澳大湾区内地 9 市、广东省规模以上时尚文化产业
企业数量占全国比重

产业	粤港澳大湾区内地9市（个）2021 年	广东省（个）2021 年	全国（个）2021 年	粤港澳大湾区内地9市占广东的比重（%）2021 年	粤港澳大湾区内地9市占全国的比重（%）2021 年	广东省占全国比重（%）2021 年	粤港澳大湾区内地9市占全国比重较2020 年增长（%）
纺织业	1216	1641	19774	74.10	6.15	8.30	1.82
纺织服装、服饰业	1770	2593	13168	68.26	13.44	19.69	5.85
皮革、毛皮、羽毛及其制品和制鞋业	1249	1638	8308	76.25	15.03	19.72	3.30

续表

产业	粤港澳大湾区内地9市（个）2021年	广东省（个）2021年	全国（个）2021年	粤港澳大湾区内地9市占广东的比重（%）2021年	粤港澳大湾区内地9市占全国的比重（%）2021年	广东省占全国比重（%）2021年	粤港澳大湾区内地9市占全国比重较2020年增长（%）
木材加工和木、竹、藤、棕、草制品业	404	594	11205	68.01	3.61	5.30	1.54
家具制造业	1848	1925	7149	96.00	25.85	26.93	1.68
造纸和纸制品业	1332	1543	7189	86.33	18.53	21.46	3.73
印刷和记录媒介复制业	976	1187	6579	82.22	14.84	18.04	2.97
文教、工美、体育和娱乐用品制造业	1451	1891	9989	76.73	14.53	18.93	4.44

资料来源：笔者整理。

　　除广东省、粤港澳大湾区之外，浙江省、江苏省、上海市、北京市时尚文化产业也有一定规模，在此把2021年广东省规模以上时尚文化产业工业总产值与浙江省进行对比，八个产业中，浙江省只有纺织业规模大于广东省，木材加工和木、竹、藤、棕、草制品业与浙江省基本持平，其他六个产业广东省规模以上工业总产值均显著高于浙江省（见表5-3）。

表5-3　2021年广东省规模以上时尚文化产业工业总产值与浙江省的对比

单位：亿元

产业	浙江省	广东省	广东省与浙江省的差额
纺织业	4776.30	2323.15	-2453.15
纺织服装、服饰业	2225.50	3066.40	840.90
皮革、毛皮、羽毛及其制品和制鞋业	979.10	1457.97	478.87
木材加工和木、竹、藤、棕、草制品业	525.00	527.98	2.98
家具制造业	1267.30	2361.20	1093.90
造纸和纸制品业	1641.00	2799.60	1158.60

产业	浙江省	广东省	广东省与浙江省的差额
印刷和记录媒介复制业	676.00	1471.81	795.81
文教、工美、体育和娱乐用品制造业	1662.60	3999.05	2336.45

资料来源：笔者整理。

与其他产业相比，时尚文化产业用工人数较多，劳动密集型特点仍然存在。广东省时尚文化产业用工人员在全国所占比重较高，除纺织业和木材加工和木、竹、藤、棕、草制品业外，其他六个产业用工人数占比接近或超过20%，占比较高的文教、工美、体育和娱乐用品制造业达到了31.68%（见表5-4）。这种情况造成了时尚文化产业劳动生产率普遍偏低，在劳动力成本不断提高的情况下对产业发展不利，需要提升信息化和智能化水平，同时提高品牌、设计等方面的附加值来分摊劳动力成本。但从另外角度看，时尚文化产业提供了大量的就业岗位，在稳就业方面发挥了巨大作用。

表 5-4 2021 年广东省规模以上时尚文化产业用工人数及其占比

产业	广东省（万人）	全国（万人）	广东省占比（%）
纺织业	23.77	280.30	8.48
纺织服装、服饰业	49.82	256.50	19.42
皮革、毛皮、羽毛及其制品和制鞋业	31.16	179.70	17.34
木材加工和木、竹、藤、棕、草制品业	5.33	96.20	5.54
家具制造业	33.19	111.80	29.69
造纸和纸制品业	20.26	100.00	20.26
印刷和记录媒介复制业	21.03	88.30	23.82
文教、工美、体育和娱乐用品制造业	55.75	176.00	31.68

资料来源：笔者整理。

2021 年粤港澳大湾区内地 9 市规模以上时尚文化产业工业总产值如图 5-17 所示，2021 年粤港澳大湾区内地 9 市规模以上时尚文化产业工业增加值如图 5-18 所示。

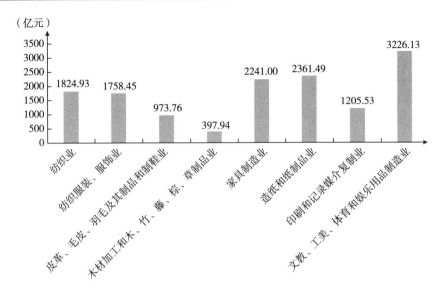

图 5-17   2021 年粤港澳大湾区内地 9 市规模以上时尚文化产业工业总产值

资料来源：笔者整理。

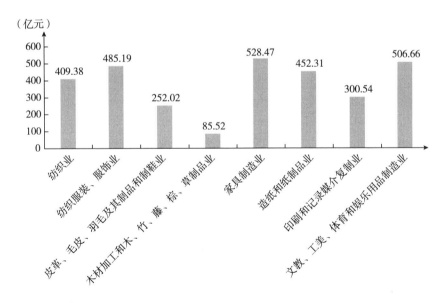

图 5-18   2021 年粤港澳大湾区内地 9 市规模以上时尚文化产业工业增加值

资料来源：笔者整理。

从营业收入角度看，2020 年广东省规模以上的家具制造业，文教、工美、体育和娱乐用品制造业，印刷和记录媒介复制业，造纸和纸制品业和纺织服装、服饰业营业收入在全国占比超过了 15%（见表 5-5）。

表 5-5　2020 年广东省规模以上时尚文化企业营业收入和利润总额及其在全国占比

产业	全国营业收入（亿元）	广东省营业收入（亿元）	广东省占全国比重（%）	全国利润总额（亿元）	广东省利润总额（亿元）	广东省占全国比重（%）
纺织业	23437.8	2027.62	8.65	1237.7	149.27	12.06
纺织服装、服饰业	13868.6	2490.49	17.96	721.8	106.72	14.79
皮革、毛皮、羽毛及其制品和制鞋业	10129	1247.34	12.31	639.6	19.58	3.06
木材加工和木、竹、藤、棕、草制品业	8998.7	432.25	4.80	395.5	28.52	7.21
家具制造业	7069.8	1959.18	27.71	467.5	112.82	24.13
造纸和纸制品业	13155.7	2450.41	18.63	876.8	149.89	17.10
印刷和记录媒介复制业	6638.3	1296.52	19.53	452.4	77.06	17.03
文教、工美、体育和娱乐用品制造业	12300.2	3258.25	26.49	691.7	111.17	16.07

资料来源：笔者整理。

广东省时尚文化产业产出主要依靠粤港澳大湾区内地 9 市（见表 5-6），时尚文化产业集聚度较高，为产业协同创造了条件。

表 5-6　2021 年粤港澳大湾区内地 9 市时尚文化产品制造业规模以上企业在全省的产出贡献

单位：%

产业	工业总产值占全省比重	工业增加值占全省比重
纺织业	78.55	78.45
纺织服装、服饰业	57.34	63.85
皮革、毛皮、羽毛及其制品和制鞋业	66.78	67.83
木材加工和木、竹、藤、棕、草制品业	75.36	77.77
家具制造业	94.93	95.02
造纸和纸制品业	84.36	83.76

产业	工业总产值占全省比重	工业增加值占全省比重
印刷和记录媒介复制业	81.91	83.28
文教、工美、体育和娱乐用品制造业	80.68	75.73

资料来源：笔者整理。

（二）时尚文化产业效益

从总体效益角度看，2021年，时尚文化产业八个行业中，广东省有五个行业资产负债率高于全国，八个行业成本费用利润率均低于全国（见表5-7）；2020年，粤港澳大湾区内地9市有六个行业的营业收入利润率低于全国水平（见表5-8），说明广东省时尚文化产业虽然有规模优势，但效益方面存在较大改进空间。原因是广东省时尚文化产业外向度较高，改革开放以来，广东省时尚文化产业利用毗邻港澳的优势，以"三来一补"加工贸易形式承接了港澳地区大量的产业转移，即来料加工、来样加工、来件装配和补偿贸易。经过了四十多年发展，这种贸易形式虽然由OEM逐步转为ODM，有些企业也实现了加工贸易转型升级，但由于存在路径依赖，外向型特征依然明显，产品自有品牌占比较低，品牌和设计附加值偏低，造成整体利润率低于全国平均水平。

表5-7 2021年广东省规模以上时尚文化产业主要经济效益指标及与全国对比

单位：%

产业	资产负债率 广东	资产负债率 全国	成本费用利润率 广东	成本费用利润率 全国
纺织业	54.71	56.28	5.64	6.12
纺织服装、服饰业	49.99	50.95	4.80	6.28
皮革、毛皮、羽毛及其制品和制鞋业	58.46	49.07	2.42	4.96
木材加工和木、竹、藤、棕、草制品业	58.16	56.07	4.19	5.91
家具制造业	59.44	57.20	4.68	6.70
造纸和纸制品业	51.70	58.00	5.09	6.80
印刷和记录媒介复制业	46.79	46.35	5.64	6.13
文教、工美、体育和娱乐用品制造业	59.44	52.40	3.46	6.12

资料来源：笔者整理。

表5-8　2020年广东省规模以上时尚文化产业营业收入利润率与全国的对比

产业	全国营业收入利润率（%）	广东省营业收入利润率（%）	两者比较
纺织业	5.28	7.36	↑
纺织服装、服饰业	5.20	4.29	↓
皮革、毛皮、羽毛及其制品和制鞋业	6.31	1.57	↓
木材加工和木、竹、藤、棕、草制品业	4.40	6.60	↑
家具制造业	6.61	5.76	↓
造纸和纸制品业	6.66	6.12	↓
印刷和记录媒介复制业	6.81	5.94	↓
文教、工美、体育和娱乐用品制造业	5.62	3.41	↓

资料来源：笔者整理。

从出口情况来看，2021年广东省时尚文化产品出口量在全国占有绝对领先优势，玩具，钟表及其零件，灯具、照明装置及其零件，美容化妆品及洗护用品，珍珠、宝石及半宝石，箱包及类似容器，眼镜及其零件占到30%以上（见表5-9）。

表5-9　2021年广东省时尚文化产品出口情况

出口产品类别	广东省（万元）	全国（万元）	占比（%）
美容化妆品及洗护用品	1116470	3135090	35.61
皮革、毛皮及其制品	986830	5098734	19.35
箱包及类似容器	5414728	17997871	30.09
木及其制品	1091024	11904228	9.17
植物材料编结品	157836	1383764	11.41
纸浆、纸及其制品	3478785	15734946	22.11
纺织原料	27321	1920023	1.42
纺织纱线、织物及其制品	9335655	93827868	9.95
服装及衣着附件	20246818	109979891	18.41
鞋靴	6781269	30967534	21.90
帽类	708666	3501998	20.24

续表

出口产品类别	广东省（万元）	全国（万元）	占比（%）
伞	109951	1652717	6.65
玩具	13350437	29799130	44.80
家具及其零部件	11695644	47712761	24.51
珍珠、宝石及半宝石	691159	2151218	32.13
眼镜及其零件	1517698	4305915	35.25
灯具、照明装置及其零件	12547236	31894591	39.34
游戏机及其零附件	1608426	9815808	16.39
钟表及其零件	1710404	3014580	56.74

资料来源：笔者整理。

总体而言，粤港澳大湾区城市群已具备时尚文化产业的雏形，拥有全国数量最多的服装生产企业，全国最大的皮具皮革、箱包鞋类、时尚配饰的生产基地，形成了几个千亿级奢侈品产业集群规模。各城市均有擅长的代表性时尚产业，如香港的时尚展示，澳门的时尚旅游，深圳的珠宝和钟表，广州的成衣，东莞的制鞋、箱包和服装，中山的内衣，肇庆的牛仔服装及面料等。目前，粤港澳大湾区在城市群产业共建的基础上，通过大型高端活动和数字协同机制集聚"衣食住行"与"科技"领域产业资源，组织艺术家和设计师参与科技成果和本土文化的创新转化，探索粤港澳大湾区"科技、艺术、时尚"共创共融的时尚产业创新模式。

三、粤港澳大湾区时尚文化产业发展环境

2021年，广东省居民人均可支配收入44993.3元，高于全国（35128.1元）28.08%，珠三角地区居民人均可支配收入60729.7，高于全国平均水平72.88%，其中广州市68908.3元，深圳市70847.3元，珠海市61390.0元，佛山市61700.2元，惠州市43350.5元，东莞市62126.5元，中山市57900.8元，江门市37068.4元，肇庆市30394.1元。广东省居民人均消费支出31589.3元，其中广州市44253.1元，深圳市46285.7元，珠海市42333.7元，佛山市40545.2元，惠州市29175.7元，东莞市39078.9元，中山市37852.7元，江门市24192.8元，肇庆市19094.7元。时尚消费需要物质基础支撑，可支配收入较高对时尚文化产业产生了较大规模和较多层次的需求。

从消费总量看，2021年粤港澳大湾区内地9市社会消费品零售总额（见图

5-19），广州、深圳、东莞、佛山显示出较为强劲的消费力。从消费结构看，2021 年广东省规模以上文化、体育和娱乐业企业营业收入 557.12 亿元，呈现波动性增长态势（见图 5-20）。

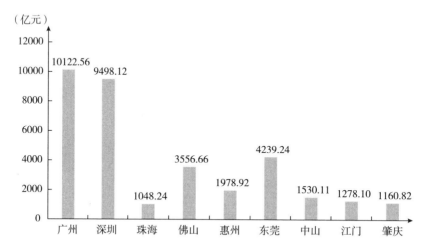

图 5-19　2021 年粤港澳大湾区内地 9 市社会消费品零售总额

资料来源：笔者整理。

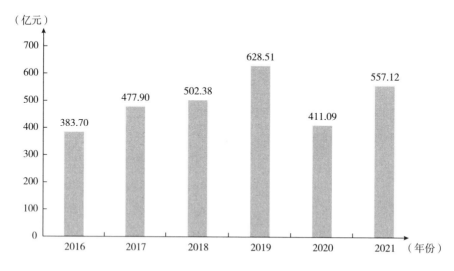

图 5-20　2016~2021 年广东省规模以上文化、体育和娱乐业企业营业收入

资料来源：笔者整理。

时尚产品消费规模较大，其中 2021 年服装鞋帽、针纺织品类销售额 3600.19

亿元（见图 5-21），棉麻类消费 278.08 亿元，金银珠宝类 1386.26 亿元，化妆品类 796.74 亿元，体育、娱乐用品类 451.05 亿元，报纸杂志类 191.57 亿元，电子出版物及音像制品类 17.32 亿元，文化办公用品类 3192.55 亿元，家具类 765.24 亿元，通信器材类 5599.90 亿元，其中占比较高的产品是通讯器材类，服装鞋帽、针纺织品类和文化办公用品类。

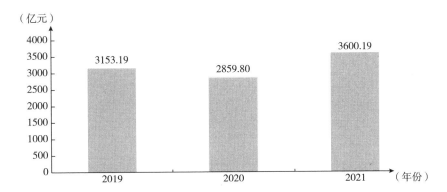

图 5-21 2019~2021 年广东省服装鞋帽、针纺织品类批发零售业销售总额
资料来源：笔者整理。

棉麻类纺织品具有透气、透汗，舒适亲肤、抗静电、不起球、自然环保等优良性能，对皮肤无刺激，符合环保及人体健康要求。随着人们生活水平的提高，对棉麻类天然材料制成的纺织品需求不断加大，棉麻类商品销售额 2021 年较 2019 年增长了 205.11%（见图 5-22）。

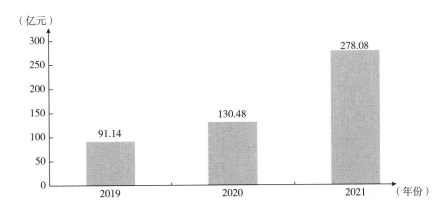

图 5-22 2019~2021 年广东省棉麻类商品批发零售业销售总额
资料来源：笔者整理。

金银珠宝首饰是指以贵金属及玉石为原料，经过一定工艺流程加工而成的佩戴饰品、工艺装饰品及艺术收藏品，主要应用于婚庆、生日、纪念日庆祝和投资收藏等场景，因其较高的内在价值属性和外在装饰属性而长期受到消费者的广泛追捧。随着消费水平和消费需求结构的变化，婚嫁节日与佩戴装饰等需求日益增强，金银珠宝类消费品总体呈现增长态势，个性化需求特征越来越明显（见图5-23）。

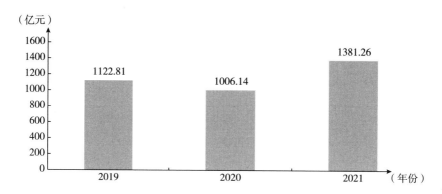

图5-23　2019~2021年广东省金银珠宝类批发零售业销售总额

资料来源：笔者整理。

从化妆品消费市场细分结构来看，护肤品、护发和彩妆是化妆品消费市场的主力军，三者占据中国化妆品市场份额超过70%。随着经济不断发展，居民消费水平也不断提高，消费潜力的不断释放使化妆品由奢侈品变成了不可或缺的日常用品，2021年我国化妆品类商品零售额达4026亿元，广东省占了19.79%（见图5-24）。

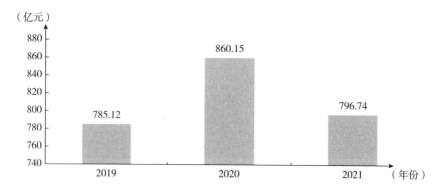

图5-24　2019~2021年广东省化妆品类批发零售业销售总额

资料来源：笔者整理。

近年来，我国体育消费潜力加快释放，居民消费逐渐从基本消费、功能消费过渡到健康消费、体验消费，释放出体育消费巨大需求，衍生出体育健身休闲、体育教育培训、体育竞技表演、体育保健康复、体育文化媒体等细分产业，对体育、娱乐用品类需求增大，广东省2021年较2019年该类产品批发零售业销售总额增长了58.54%，达到451.05亿元（见图5-25）。

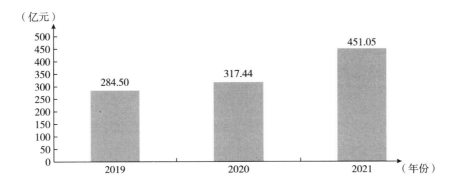

图 5-25　2019~2021 年广东省体育、娱乐用品类批发零售业销售总额

资料来源：笔者整理。

2011~2021年，我国总书报杂志类零售额为1.24万亿元，其中2021年我国书报杂志类零售额最高，达到了1533.90亿元，说明随着人们生活水平的提高，对文化产品的需求与日俱增，2021年广东省书报杂志类批发零售业销售总额达到191.57亿元，占全国的12.49%（见图5-26）。

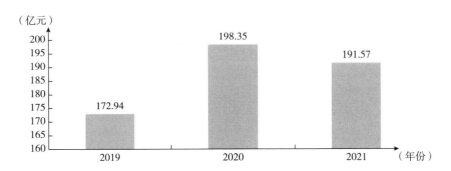

图 5-26　2019~2021 年广东省书报杂志类批发零售业销售总额

资料来源：笔者整理。

电子出版物及音像制品类也属于文化类消费，但其消费群体相对年轻化，销售额较低（见图5-27）。

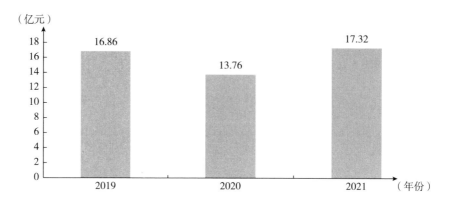

图5-27　2019～2021年广东省电子出版物及音像制品类批发零售业销售总额
资料来源：笔者整理。

　　办公用品类商品外延广阔，包括文件档案用品、桌面用品、办公设备、财务用品、耗材等一系列与工作相关的用品，是典型的"小商品、大市场"产业。近年来，办公用品行业发展非常迅速，每年基本保持25%以上的增长率，我国目前已成为世界上最大的办公用品消费国，随着人们消费水平的提高，文化办公用品多元化、多层次的消费结构已经形成，且向高档产品发展。2021年广东省文化办公用品类批发零售业销售总额达到3192.55亿元，较2019年增长了44.48%（见图5-28）。

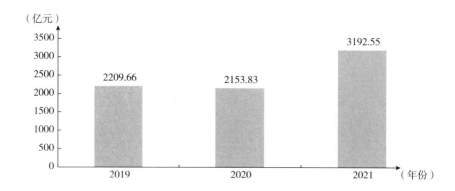

图5-28　2019～2021年广东省文化办公用品类批发零售业销售总额
资料来源：笔者整理。

家具是指人类维持正常生活、从事生产实践和开展社会活动必不可少的器具设施大类。家具也跟随时代的脚步不断发展创新，到如今门类繁多，用料各异，品种齐全，用途不一，成为建立工作生活空间的重要基础。家具的分类多种多样，按材料可分为金属家具、木质家具、软体家具、板式家具等。随着近年来我国经济的不断发展和居民消费水平的提高，对家具的需求及替换需求不断提升。加上近年来智能家居、定制家具的不断发展，家具消费稳定增长，2021 年广东省家具类批发零售业销售总额 765.24 亿元，较 2019 年增长了 21.08%（见图 5-29）。

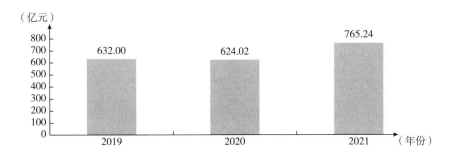

图 5-29　2019~2021 年广东省家具类批发零售业销售总额

资料来源：笔者整理。

随着数字经济不断深入，消费者对通信器材类消费呈现增长态势，广东省通信器材类批发零售业销售总额连年增长，2021 年达到 5599.90 亿元，较 2019 年增长了 40.03%，显示出该类产品需求旺盛，产业韧性较强（见图 5-30）。

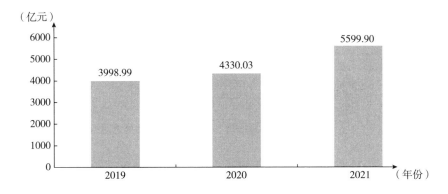

图 5-30　2019~2021 年广东省通信器材类批发零售业销售总额

资料来源：笔者整理。

在文化事业方面，广东省电影放映单位呈现增长态势，2021 年有 2839 个；艺术表演团体、文化馆数量相对稳定，2021 年分别有 76 个、144 个；公共图书馆和博物馆逐年增加，2021 年分别有 150 个和 385 个（见图 5-31 至图 5-35）。

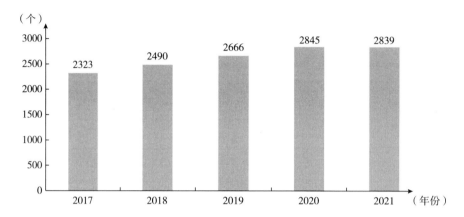

图 5-31　2017~2021 年广东省电影放映单位数量

资料来源：笔者整理。

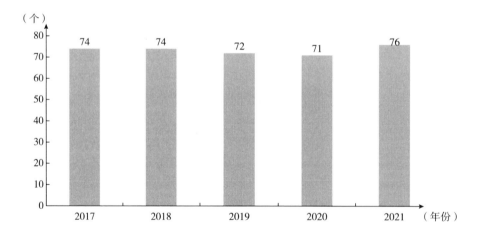

图 5-32　2017~2021 年广东省艺术表演团体数量

资料来源：笔者整理。

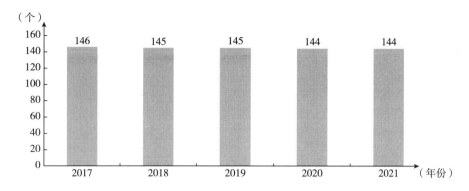

图 5-33　2017～2021 年广东省文化馆数量

资料来源：笔者整理。

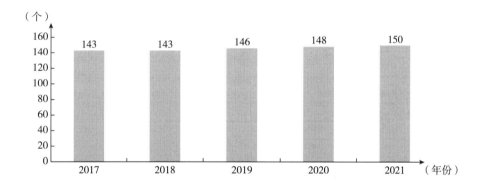

图 5-34　2017～2021 年广东省公共图书馆数量

资料来源：笔者整理。

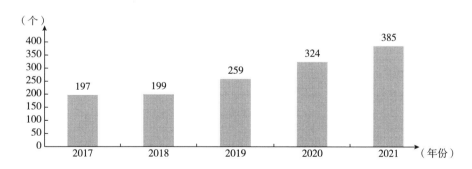

图 5-35　2017～2021 年广东省博物馆数量

资料来源：笔者整理。

在文化活动方面，2021 年广东省拥有 447 个剧团，国内演出 8.89 万场，观众达 4538.47 万人次，具体情况如表 5-10 所示；艺术事业单位 583 个，从业人员 1.87 万人；群众文化事业单位 1761 个，从业人员 1.42 万人；文化市场经营机构（不含公有制艺术表演团体）12365 个，从业人员 22.48 万人；艺术展览创造机构 53 个，从业人员 815 人。广东省具有较为浓厚的文化氛围，为时尚文化产业发展奠定了较好的群众基础。

表 5-10　2021 年广东省文化活动情况

种类	剧团数（个）	国内演出（万场）	国内演出观众（万人次）
话剧、儿童剧、滑稽剧类	10	0.08	191.60
歌舞、音乐类	115	1.94	780.14
京剧、昆曲类	2	0.03	0.10
地方戏曲类	206	5.80	791.25
杂技、魔术、马戏类	8	0.02	15.68
曲艺类	33	0.28	41.52
综合性艺术表演团体	73	0.74	2718.18

资料来源：笔者整理。

在出版方面，广东省图书出版种类和印数有所增长，2021 年达到 11565 种，总印数 50566 万册；杂志 380 种，9539 万册；报纸 92 种，144834 万册（见表 5-11）。

表 5-11　2019~2021 年广东省图书、杂志和报纸出版情况

种类	年份	2019	2020	2021
图书出版	种数（种）	11061	10970	11565
	总印数（万册）	39467	43448	50566
	总印张数（千印张）	3122677	3394245	3982308
杂志出版	种数（种）	380	380	380
	总印数（万册）	10480	9887	9539
	总印张数（千印张）	539431	492203	475097
报纸出版	种数（种）	97	97	92
	总印数（万份）	171635	153310	144834
	总印张数（千印张）	6598193	5117384	4601690

资料来源：笔者整理。

2021 年，广东省与时尚文化产业密切相关的图书有艺术类 557 种，215 万册；文化、科学、教育、体育类 512 种，283 万册；语言、文学类 274 种，218 万册；文学类 1450 种，2457 万册（见表 5-12）。

表 5-12　2021 年广东省出版艺术类图书情况

种类	图书出版（种）	总印数（万册）	总印张数（千印张）
艺术类	557	215	24439
文化、科学、教育、体育类	512	283	36805
语言、文学类	274	218	24071
文学类	1450	2457	281347

资料来源：笔者整理。

时装周是一个城市、一个国家乃至整个世界时装行业最大的年度盛宴，也是汇聚时尚文化产业的重要展会。目前，世界上有四大时装周，分别在巴黎、米兰、伦敦和纽约举办。时装周在哪里举办，则标志着时尚文化和设计行业在哪个城市有深刻积累，也象征着该城市的时尚觉醒。

在时尚展会方面，香港时装节是粤港澳大湾区著名的时尚展会之一，由香港贸易发展局主办，展出内容为各种服装，包括女装、男装、婴儿服装、运动服装、内衣及晚礼服；时装配饰，包括手袋、鞋、流行饰物；其他产品包括布料、纽扣、时装杂志，以及与服装相关行业的产品。香港时装节每年 1 月（秋冬系列）/7 月（春夏系列）在香港会议展览中心举行，是国际上较知名的服装展。客商来自全球 120 多个国家和地区，超过 36000 名专业买家到展，采购商以决策者居多，来自欧美、南非等国家和地区的采购商比例较高，主要为进口商、批发商、出口商和零售商。通过展会，可以了解世界时尚流行趋势和市场信息，为开发新产品和拓展新渠道提供平台。

深圳时装周由深圳市人民政府主办，深圳市经济贸易和信息化委员会组织，深圳市服装行业协会承办，华侨城欢乐海岸、深圳各区人民政府、新区管委会等协办。目前，深圳时装周组委会与国际顶级时尚发布团队达成战略合作，深圳时装周成功进入国际时装周序列，一年两届，一般是在 4 月和 10 月各举办一次。此外，还有深圳原创设计时装周、时尚深圳展、深圳国际针织品博览会、深圳国际运动服装展览会等时尚展会。

广东时装周，发起方为广东省服装服饰行业协会和广东省服装设计师协会，以"实用商业、接地气"著称，创办于 2001 年，已成为泛珠三角地区服装行业年度顶级时尚盛会，国内唯一大规模推广服装产业链的行业交流平台，也是最具活力、覆盖面最广的时装周，在广东省影响最大，历史最悠久，确立了国内服装行业最高行业商会的美誉度和行业展会的地位。广东时装周平台内容丰富，是集开幕式、闭幕式、时尚潮流发布、品牌形象推广、商务合作、设计师评选、品牌颁奖、设计大赛、创意展示、时尚派对、产业转型升级成果展示、产业链衔接、广东十佳服装设计师权威评选为一体的时尚经济文化公共服务平台。

广州国际服装节由广州市人民政府主办，自 2000 年创办以来，吸引了全球近 20 个国家和地区的服装品牌、制造商、面辅料设备、原创设计师和电子商务企业参展；有来自超过 15 个国家和地区的数万名专业观众，包括采购贸易商、代理经销商、制造商、时尚买家、高端定制消费者和服装产业链。广州国际时装节和广东时装周致力于打造服装行业的完整产业链，包括服装品牌特展、oem/odm 专题展、纺织面辅料专题展、原创设计师和私人定制专题展、电子商务专题展；不同部门相互采购，节约了企业采购成本，为纺织服装行业打造了一站式采购平台。

中国（虎门）国际服装交易会创办于 1996 年，由中国纺织信息中心、中国国际贸易促进委员会纺织行业分会、中国服装设计师协会、中国印染行业协会、中国纺织工业联合会社会责任办公室、中国纺织工业联合会品牌工作办公室、东莞市虎门服装服饰产业管理委员会主办，《中国纺织》《纺织服装周刊》协办，东莞市虎门服装设计师协会、东莞市服装服饰行业协会承办，经过 20 多年的发展，已成为虎门服装行业展示自有品牌、发布市场信息、引领时尚潮流、促进交流合作的重要平台。凭借其高成交率、广泛的影响力和强大的辐射力，受到业界的高度评价，获得中国最具影响力的纺织品展览会、2009 年中国行业品牌展会金鼎奖等荣誉称号。

中国（大朗）国际毛织产品交易会创办于 2001 年，主办单位为中国毛纺织行业协会、中国贸促会纺织行业分会、中国针织工业协会，承办单位为东莞市毛纺织行业协会，协办单位为中国毛织第一村——巷头、东莞市纺织机械行业协会、东莞市毛织服装设计师协会、东莞市大朗电子商务协会、东莞市纺织纱线行业协会、中国纺织工业联合会流通分会，荣获中国行业品牌展会金鼎奖、新世纪十年中国品牌展会大奖、东莞市十大展会等荣誉称号，在毛纺织行业中影响深远。

四、高校和科研机构

湾区内现有高水平大学 13 所，主要集中分布在香港、广州、深圳和澳门四个城市。位居世界一流行列的大学主要分布在香港，如香港大学、香港中文大学和香港科技大学，其他高水平大学排名则主要集中在 200～500 名。截至 2021 年

12 月底，粤港澳大湾区有着高达 900 余家的众创空间，这些众创空间为打造"研发—转化—生产"良性循环的高校创新产业链提供了广阔的平台，有利于高校创新创业主体供需的匹配与对接，对时尚产业的发展起到了良好的促进作用。粤港澳大湾区与时尚文化产业相关的高校及其专业如表 5-13 所示。

表 5-13 粤港澳大湾区与时尚文化产业相关的高校及其专业

专业	学校
文化产业管理	1. 暨南大学 2. 广东财经大学 3. 华南师范大学 4. 北京师范大学珠海分校 5. 东莞理工学院
会展经济与管理	1. 中山大学 2. 广州大学 3. 华南理工大学 4. 暨南大学 5. 广东财经大学 6. 华南师范大学 7. 北京师范大学珠海分校 8. 广东外语外贸大学南国商学院 9. 仲恺农业工程学院
服装与服饰设计	1. 广州大学 2. 华南理工大学 3. 广东工业大学 4. 广东海洋大学 5. 华南农业大学 6. 惠州学院
服装设计与工程	1. 广东工业大学 2. 深圳大学 3. 华南农业大学 4. 北京理工大学珠海学院 5. 五邑大学 6. 广东白云学院 7. 广东科技学院
视觉传达设计	1. 广东外语外贸大学 2. 广东工业大学 3. 华南农业大学 4. 广州美术学院 5. 佛山科学技术学院 6. 广东白云学院 7. 仲恺农业工程学院

续表

专业	学校
产品设计	1. 华南理工大学 2. 广州大学 3. 广东工业大学 4. 华南农业大学 5. 北京师范大学珠海分校 6. 惠州学院 7. 广州美术学院 8. 广东白云学院 9. 仲恺农业工程学院
工业设计	1. 华南理工大学 2. 广东工业大学 3. 北京师范大学珠海分校 4. 华南农业大学 5. 北京理工大学珠海学院 6. 广东白云学院 7. 广东技术师范大学 8. 东莞理工学院 9. 广州理工学院 10. 广东岭南职业技术学院 11. 佛山职业技术学院 12. 广东科学技术职业学院 13. 顺德职业技术学院 14. 广东工贸职业技术学院 15. 广东交通职业技术学院
艺术设计	1. 中山大学 2. 广州大学 3. 广州南方学院 4. 广州新华学院
美术学	1. 广州美术学院 2. 广州大学 3. 暨南大学 4. 广东海洋大学 5. 肇庆学院 6. 惠州学院 7. 嘉应学院 8. 广东第二师范学院

专业	学校
动画	1. 广州大学 2. 暨南大学 3. 广东工业大学 4. 北京师范大学珠海分校 5. 华南农业大学 6. 广东白云学院 7. 广东工业大学华立学院 8. 广州理工学院 9. 广州美术学院
数字媒体艺术	1. 中山大学 2. 广东工业大学 3. 广州美术学院 4. 广州软件学院 5. 东莞城市学院 6. 广州理工学院
网络与新媒体	1. 深圳大学 2. 暨南大学 3. 广州大学 4. 广东金融学院 5. 东莞城市学院 6. 广州软件学院

资料来源：笔者整理。

五、政府对时尚产业创新发展的支持

广东省持续加大对企业的创新普惠性支持，2019 年发布《关于进一步促进科技创新的若干政策措施》，对符合条件的科技型中小企业增加研发费用税前扣除额度。同年，还发布了《关于我省实施小微企业普惠性税收减免政策的通知》，有力支持粤港澳大湾区时尚产业在初创期和发展期减轻负担。香港对研发费用的支持力度更大，对企业研发活动产生的费用以甲乙两类进行不同的支持，甲类费用可享受全额扣除；乙类费用则采用不同级别分别加计扣除的方式，200万港元内可获得 3 倍加计扣除，超出部分则享受 2 倍加计扣除。除以上措施外，2019 年签订的《内地和香港特别行政区关于对所得避免双重征税和防止偷漏税的安排》第五议定书，为香港和内地到另一方工作的合资格教师和科研人员提供税务宽免，消除因税务而造成人才交流的障碍，促进两地人才培训、交流和合作。澳门特设"文化及创意产业系列补助计划"，积极推进文化创意产业品牌建

设，整个粤港澳大湾区文化产业市场需求呈现强劲上升趋势。

六、金融机构对时尚产业发展的支持

粤港澳大湾区金融科技发展产业基础雄厚、金融生态环境优秀，金融产业地位处于全球第一方阵。香港拥有发达的金融业、丰富的科技人才、一批金融科技独角兽企业；深圳致力于打造全球重要的金融科技中心，构建相对完善的金融科技生态体系，拥有平安科技、微众银行、腾讯金科等一批全球领先的巨型的金融科技企业；广州拥有丰富的科教资源和人才储备，在金融科技创新发展方面后劲十足。

大型国有银行在粤港澳大湾区银行业的总资产占比具有绝对优势，香港银行业总资产份额的 1/3 以上属于中资银行资产，银行业的业务范围已经从香港居民、企业存款和贷款，贸易融资等基础业务扩展到银行投资、财富管理等业务。产业升级离不开资本市场的助力，21 数据新闻实验室发布的《中国上市公司市值 500 强》报告中，截至 2021 年 6 月 30 日，粤港澳大湾区有 121 家上市公司入围全国 500 强，总市值合计 25.51 万亿元，占比 25%。其中，千亿市值上市公司达 69 家，盈利能力较强的腾讯控股、招商银行、中国平安超越万亿市值。整体来看，粤港澳大湾区世界 500 强企业仅华为一家未上市，其他或已登陆资本市场，或控股上市公司。仅从上市公司市值方面，粤港澳大湾区的规模与纽约、旧金山湾区相比，仍然存在显著差距，还有较大的改进空间和发展潜力。在投资方面，2018~2020 年，香港对澳门的投资额分别为 81952 百万澳门元、88736 百万澳门元、84059 百万澳门元，内地对澳门的投资额分别为 51187 百万澳门元、59183 百万澳门元、58772 百万澳门元；2017~2019 年，内地对香港的投资额分别为 54201 亿港元、58228 亿港元、62799 亿港元，香港对内地的投资额为 2433 亿港元、3970 亿港元、4110 亿港元。港澳与内地之间的相互投资稳定增长，联系更为紧密。

近年来，广东省服装行业投融资事件数量和投融资规模一直稳居全国前列。2021 年，广东省服装行业投融资规模达到 102.28 亿元（见图 5-36），投融资事件数量为 14 件，2021 年广东省投融资金额和数量规模较 2020 年均有所下降。

七、人才支撑情况

高端人才是粤港澳大湾区的核心资产，其流入和流出均会影响粤港澳大湾区人才库的多样性和深度。近年来，粤港澳大湾区凭借良好的区位和市场环境因素吸引了不少人才。同时，其人才引进政策也发挥着重要作用，对境外（含港澳台）高端人才和紧缺人才的所得税最高从 45% 降到 15%，产生了积极的引导作

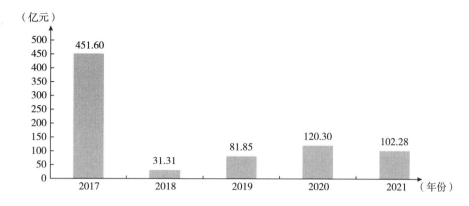

图5-36　2017~2021年广东省服装产业投融资情况

资料来源：笔者整理。

用。相关政策措施，如广东省的《关于进一步促进科技创新的若干政策措施》、技术移民制度、香港的科技人才入境计划及科技专才培育计划，在引进人才、人才培训、留住人才方面都有针对性措施，快速壮大了整个粤港澳大湾区的人才库。根据粤港澳大湾区各城市统计年鉴，2020年粤港澳大湾区研发人员超过110万人。根据《粤港澳大湾区人才发展报告》，截至2021年底，接受过高等教育的人才占其常住人口的17.47%，但与其他湾区相比还明显偏低。

广东省时尚文化产业用工人数在全国占有较大比重，尤其是文教、工美、体育和娱乐用品制造业，家具制造业，印刷和记录媒介复制业，造纸和纸制品业等行业用工人数占比超过了20%（见表5-14），广东是时尚文化产品制造业人才聚集地。

表5-14　2020年广东省时尚文化产业平均用工人数及其在全国占比

产业	全国（万人）	广东省（万人）	占比（%）
纺织业	286.1	23.43	8.19
纺织服装、服饰业	263.9	49.90	18.91
皮革、毛皮、羽毛及其制品和制鞋业	180.8	32.87	18.18
木材加工和木、竹、藤、棕、草制品业	90.0	5.34	5.93
家具制造业	111.5	31.34	28.11
造纸和纸制品业	98.8	20.18	20.43
印刷和记录媒介复制业	91.7	20.44	22.29
文教、工美、体育和娱乐用品制造业	167.0	51.95	31.11

资料来源：笔者整理。

八、港澳与内地时尚文化产业之间的互动

（一）香港与内地时尚文化产业之间的互动

近年来，尤其在《粤港澳大湾区发展规划纲要》颁布之后，港澳与内地时尚文化产业之间的互动更加频繁，产品交易量呈上升态势。香港向内地出口服装及衣服配件，旅行用品、手袋及其类似容器，鞋履呈上升态势，2020 年分别达到 100.75 亿港元、106.02 亿港元、53.63 亿港元（见图 5-37 至图 5-39）。

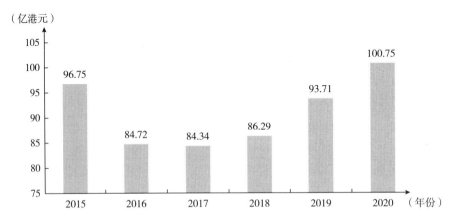

图 5-37　2015~2020 年香港向内地出口服装及衣服配件情况

资料来源：笔者整理。

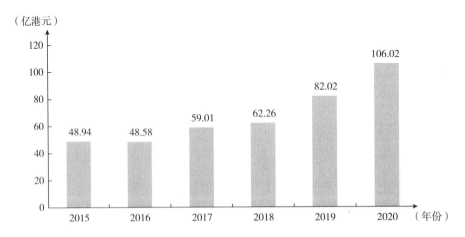

图 5-38　2015~2020 年香港向内地出口旅行用品、手袋及其类似容器情况

资料来源：笔者整理。

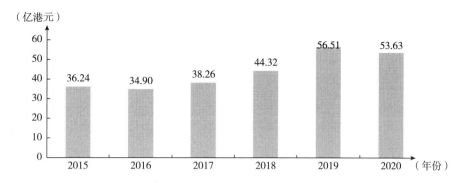

图 5-39　2015~2020 年香港向内地出口鞋履情况

资料来源：笔者整理。

　　香港向内地出口婴儿车、玩具、游戏及运用货品，纺织纱、织物、制成品及有关产品，钟表呈下降态势，2020 年较 2015 年分别下降了 53.97%、60.45%、16.60%（见图 5-40 至图 5-42）。

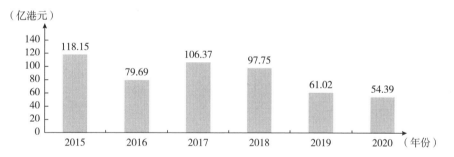

图 5-40　2015~2020 年香港向内地出口婴儿车、玩具、游戏及运用货品情况

资料来源：笔者整理。

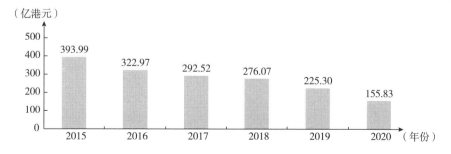

图 5-41　2015~2020 年香港向内地出口纺织纱、织物、制成品及有关产品情况

资料来源：笔者整理。

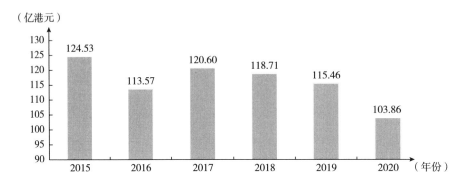

图 5-42　2015～2020 年香港向内地出口钟表情况

资料来源：笔者整理。

从内地与香港的服务贸易情况看，内地与香港互为服务贸易伙伴，服务贸易量较大，2019 年香港对内地服务输出占总输出的 35.86%；香港对内地服务输出一直保持顺差状态；内地对香港服务输出稳中有增，差距逐步缩小（见图 5-43）。

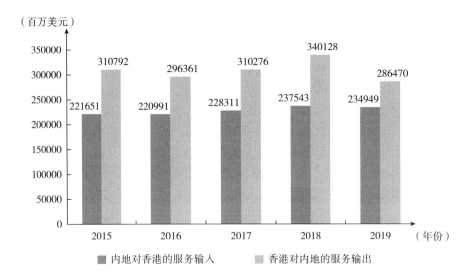

■ 内地对香港的服务输入　　■ 香港对内地的服务输出

图 5-43　2015～2019 年香港与内地的服务贸易情况

资料来源：笔者整理。

（二）澳门与内地时尚文化产业之间的互动

澳门从内地主要进口服装及衣服配件，鞋靴，精油及香膏及芳香材料：旅行用品、手袋及类似容器，纸、纸板及纸浆、纸或纸制品等，2021 年，进口服装及衣服配件 2991 百万澳门元, 创历史新高, 鞋靴等产品进口量也较大 (见图 5-44)。

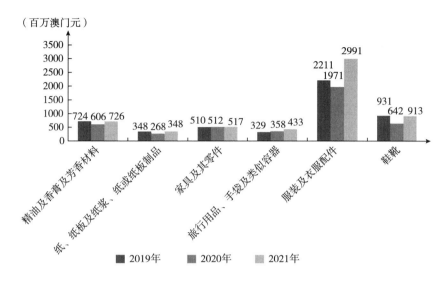

图 5-44 2019~2021 年澳门从内地进口的时尚文化产品情况

资料来源: 笔者整理。

（三）港澳时尚文化产业之间的互动

2021 年澳门从香港进口的精油及香膏及芳香材料, 梳洗、磨光及清洁制品为 1.05 亿澳门元, 纸、纸板及纸浆、纸或纸板制品为 0.17 亿澳门元。2019~2021 年, 澳门出口到香港的时尚文化产品总量呈逐年上升态势 (见图 5-45), 2021 年出口总量达到 66.96 亿澳门元。

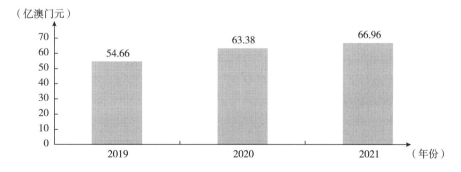

图 5-45 2019~2021 年澳门出口到香港的时尚文化产品情况

资料来源: 笔者整理。

第二节　粤港澳大湾区时尚文化产业协同
发展的必要性

　　粤港澳大湾区的时尚文化产业相比于其他湾区，在科研机构和人才数量上有优势，政府的财税支持力度也较大。但在研发、人才、创新主体合作制度设计和协同创新机制等方面仍然稍逊一筹，需要通过"9+2"城市协同发展，提升粤港澳大湾区时尚文化产业的国际竞争力。

一、粤港澳大湾区时尚文化产业与其他湾区的差距

（一）粤港澳大湾区时尚文化产业大而不强

　　粤港澳大湾区内地 9 市是时尚文化产业制造业的主要聚集地，时尚文化产业规模在全国乃至全世界均占有一席之地，但整体经济效益欠佳，从表 5-15 可知，主要经济效益指标表现平平，特别是成本费用利润率、全员劳动生产率等指标与全国平均水平相比都较为落后。同期广东省规模以上工业企业全员劳动生产率为277665 元/人，与其他行业相比，时尚文化产业劳动生产率过低；同期广东省规模以上工业企业总资产贡献率为 9.71%，时尚文化产业中五个行业低于这个水平；同期广东省百元营业收入实现利税 9.40 元，八个行业普遍低于这个水平；广东省时尚文化产业八个行业人均营业收入中有七个行业大幅低于全国平均水平，呈现出明显的劳动密集型特点（见表 5-16）。与其他湾区和世界时尚之都相比都存在较大差距，湾区时尚文化产业国际竞争力亟待加强。

表 5-15　2021 年广东省时尚文化产业主要经济效益指标

行业	总资产贡献率（%）	资产负债率（%）	成本费用利润率（%）	全员劳动生产率（元/人）	产品销售率（%）	百元营业收入实现利税（元）
纺织业	11.04	54.71	5.64	219480	95.44	8.05
纺织服装、服饰业	11.16	49.99	4.80	152528	92.73	7.23
皮革、毛皮、羽毛及其制品和制鞋业	8.07	58.46	2.42	119211	97.77	4.44

续表

行业	总资产贡献率（％）	资产负债率（％）	成本费用利润率（％）	全员劳动生产率（元/人）	产品销售率（％）	百元营业收入实现利税（元）
木材加工和木、竹、藤、棕、草制品业	8.45	58.16	4.19	206106	97.95	7.23
家具制造业	8.07	59.44	4.68	167571	98.07	7.15
造纸和纸制品业	9.72	51.70	5.09	266516	97.53	8.01
印刷和记录媒介复制业	8.10	46.79	5.64	171618	96.85	7.88
文教、工美、体育和娱乐用品制造业	7.88	59.44	3.46	120042	95.56	4.61

资料来源：笔者整理。

表5-16　2021年广东省时尚文化产业人均营业收入及其与全国对比

行业	全国（万元/人）	广东省（万元/人）	两者比较（％）
纺织业	94.71	94.93	100.23
纺织服装、服饰业	59.62	56.27	94.38
皮革、毛皮、羽毛及其制品和制鞋业	63.54	46.52	73.21
木材加工和木、竹、藤、棕、草制品业	106.57	96.53	90.58
家具制造业	73.94	68.89	93.17
造纸和纸制品业	151.42	136.91	90.42
印刷和记录媒介复制业	87.64	68.61	78.29
文教、工美、体育和娱乐用品制造业	83.93	72.48	86.36

资料来源：笔者整理。

（二）时尚文化产业影响力有限

与其他湾区相比，粤港澳大湾区时尚品牌的国际化水平和全球知名度还有较大差距，品牌综合营销能力较弱，品牌知名度和影响力有待进一步提高。当地时尚媒体缺乏舆论影响力，时尚媒体是奢侈品消费的风向标，是奢侈品牌营销的重要渠道。20世纪80年代，国际知名时尚杂志纷纷涌入中国，几乎垄断了中国主流时尚舆论的地位。这些时尚杂志深受其本国时尚潮流的影响，它们致力于宣扬西方主流时尚美学和西方时尚品牌，从而减少了中国美学和中国元素的宣传空间。尽管新一代的文化自信为中国时尚业带来了新的活力，但由于缺乏舆论影响力，国内主流审美仍以外国时尚为导向，中国时尚产业未能形成规模并主导当地时尚产业的发展。例如，《ELLE 世界时装之苑》《VOGUE》《时尚 COSMO》等欧美时尚杂志不仅挑选欧美明星和模特，而且大多使用欧美服装或化妆品护肤品牌。《瑞丽》《昕薇》《米娜》等日本时尚杂志是亚洲时尚的领导者，推荐的产品主要是日本、韩国等亚洲品牌。根据杂志发行量和广告收入统计，中国排名前十的时尚杂志要么是外国时尚杂志的中文版，要么是外国时尚杂志的授权合作版。本土时尚杂志的发行量和影响力较弱，几乎没有舆论"声音"引导中国本土时尚潮流。时尚产品的营销和促销体系也尚未建立。时尚产品消费者获取信息的主要途径是由权威时尚组织开办的时尚趋势会议、时尚杂志、时尚网站以及新媒体的时尚频道和专栏。在信息时代，时尚产品消费者更倾向于通过多种新兴媒体获取时尚产品信息，通过移动网络平台消费时尚产品，许多国际知名时尚品牌已经把营销推广作为其核心业务。然而，中国时尚产业起步较晚，品牌影响力不足，在产业发展良好的基础上，亟须建立以数字技术为核心的时尚产品营销推广体系。时尚文化产品本质上是一种生活状态和一种文化价值。成功的奢侈品牌拥有丰富的文化遗产，品牌故事有利于塑造品牌形象和提升品牌价值，满足中高端客户对前卫时尚、品牌价值等方面的情感需求。

（三）设计与国际先进水平还存在一定差距

粤港澳大湾区元素不够突出，难以满足时尚产业升级需求。面对快消费、快时尚的新趋势，时尚产业链环节优势资源高效整合、协同发力的能力不足，时尚产业快速适应市场的能力亟待提升，产业链资源整合与市场响应能力有待进一步加强。

从 R&D 经费投入来看，粤港澳大湾区内地 9 市 R&D 经费 2767.22 亿元，占全省的 95.35%；2021 年，粤港澳大湾区内地 9 市 R&D 活动人员 1029550 人，占全省的 94.42%，占全国的 26.90%。2021 年，广东省时尚文化产业明显低于工业企业投入平均水平（1.67%），更低于制造业投入平均水平（1.76%），以科技促进时尚产业转型升级任重道远；从广东省与全国的对比来看，时尚文化产业 R&D 投入强度八个行业中有五个行业低于全国水平，科技创新投入亟待加强（见表 5-17）。

表 5-17　2021 年广东省时尚文化产业规模以上工业企业研究与
试验发展（R&D）经费情况

行业	广东省 R&D 经费（亿元）	全国 R&D 经费（亿元）	广东省 R&D 经费占全国的比重（%）	广东省 R&D 经费投入强度（%）	全国 R&D 经费投入强度（%）
纺织业	12.54	231.66	5.41	0.56	0.87

续表

行业	广东省 R&D 经费（亿元）	全国 R&D 经费（亿元）	广东省 R&D 经费占全国的比重（%）	广东省 R&D 经费投入强度（%）	全国 R&D 经费投入强度（%）
纺织服装、服饰业	15.14	114.41	13.23	0.54	0.75
皮革、毛皮、羽毛及其制品和制鞋业	12.68	104.00	12.19	0.87	0.91
木材加工和木、竹、藤、棕、草制品业	6.53	90.14	7.24	1.27	0.88
家具制造业	30.03	102.03	29.43	1.31	1.23
造纸和纸制品业	17.83	95.56	18.66	0.64	0.63
印刷和记录媒介复制业	13.56	107.58	12.60	0.94	1.39
文教、工美、体育和娱乐用品制造业	14.62	188.28	7.77	0.36	1.27

资料来源：笔者整理。

时尚产业发展人才梯队建设任重道远。具有国际影响力的高端时尚创意人才、工匠大师、时尚大师等时尚人才稀缺，时尚匠人、时尚媒介、时尚品牌管理、市场运营管理等复合型管理运营人才也十分短缺，以市场价值为主导的时尚产业人才评价体系尚未建立。

二、粤港澳大湾区时尚文化产业协同发展的必要性

（一）粤港澳大湾区时尚文化产业协同有利于形成发展合力

时尚文化产业协同能够产生协同效应，时尚文化产业链供应链生态加速改善，提升香港、澳门、广州、深圳等地高端时尚元素对其他城市的辐射带动效应，减少重复建设，缓解设计人才缺乏的弊端，共享时尚产品质量控制和设计研发基础设施，协同攻关制约时尚文化产业发展的关键共性技术，形成产业链分工协作机制，促进产业链各个环节螺旋式创新，使"9+2"城市都能获得时尚产业链嵌入国际时尚领域高端环节的红利，获得"1+1>2"的协同效应，提升粤港澳大湾区时尚文化产业的国际竞争力。

（二）粤港澳大湾区时尚文化产业协同有利于合理利用资源

如前所述，香港、澳门与内地9市在时尚产业资源方面有较强的互补性，香港、澳门受劳动力、土地资源限制时尚产业制造业逐步萎缩，规模较小，但现代服务业非常发达，在市场调查、产品设计、市场营销、商务服务、国际渠道方面具有不可比拟的优势，香港近年来向内地服务输出逐年增加。粤港澳大湾区内地

9 市虽然时尚文化产业制造业规模较大，但产业附加值低、经济效益差，不具有品牌优势，主要原因在于时尚服务业与制造业没有形成良好的互动，深圳、广州的时尚产业高端要素对湾区其他城市的辐射有限。通过"9+2"城市时尚文化产业协同发展，各城市发挥自身的比较优势、互通有无、优势互补，能够获得时尚制造业和服务业规模经济和范围经济效应，使湾区时尚文化产业跻身于世界时尚第一梯队。

（三）粤港澳大湾区时尚文化产业协同有利于提升区域品牌影响力

从世界五大时尚之都成长过程来看，时尚产业区域品牌对时尚文化产业良性发展具有巨大的推动作用。区域品牌如磁石一般吸引时尚文化产业所需制造业产业链上的各个环节，如纺织、制衣、饰品制造、鞋帽制造业，设计、营销、展示、广告、杂志、摄影、买手等时尚服务业也会接踵而来，围绕时尚产业核心层逐步向外拓展，由服装服饰产业链向鞋帽产业链、箱包手袋产业链、饰品产业链、手表产业链、美容美发产业链、家居家具产业链、时尚电子产业链等与时尚相关的产业链拓展，各产业链上的配套环节不断健全，形成紧密关联的时尚文化产业集群乃至时尚航母。众多制造业和服务业的集聚为时尚创新和更迭创造了得天独厚的条件，随着区域时尚产业集聚和影响力扩大而建立时尚话语权，时尚话语权又会进一步加大时尚产业集聚，时尚话语权意味着定价权、时尚标准定义权和世界时尚潮流的引领权，有助于提升品牌价值和产品附加值，有效带动区域时尚文化输出，可以提升时尚文化产业经济效益和社会效益。粤港澳大湾区时尚文化产业协同有助于系统梳理湾区时尚文化产业从核心层、拓展层和延伸层产业链，评价各自在世界时尚领域的位置，发现时尚文化产业赶超的方向和路径，从而建立湾区时尚文化产业区域品牌并不断提升其国际竞争力，改变当前时尚文化产业处于国际时尚文化产业链低端的局面，提升产业附加值，建立湾区时尚话语权。

三、粤港澳大湾区时尚文化产业协同发展的可行性

（一）粤港澳大湾区时尚文化产业具有天然联系

改革开放之初，遵从区域经济梯度转移的理论和规律，香港、澳门为产业结构升级的需要，不断降低成本、拓展市场，将纺织服装、制鞋、饰品等大量劳动密集型产业向邻近的珠三角转移，珠三角抓住天时地利人和的优势，承接了大量时尚文化产业转移。东莞市虎门镇 1978 年 7 月创办的"太平手袋厂"就是承接香港产业转移而成立的全国第一家"三来一补"企业。"三来一补"加工贸易是吸引港澳时尚产业投资的主要方式，制造环节在珠三角、设计和营销在港澳的合作模式从改革开放之初一直持续到 2015 左右并达到顶峰，如东莞市在

2015 年外向依存度（对外贸易总额占地区生产总值比重）达到了 433.8%，这种模式使珠三角时尚文化产业处在产业链的底端，技术含量和附加值很低。此后，珠三角掀起了加工贸易转型升级的浪潮，时尚文化产业从最初的 OEM 逐步转向 ODM，延长时尚产业链，提升产品附加值。粤港澳大湾区时尚文化产业之间的联系是市场机制自然选择、市场主体遵循市场规律分工的结果。

（二）粤港澳大湾区时尚文化产业具备产业协同条件

粤港澳大湾区已经形成了涵盖时尚文化产业核心层、拓展层和延伸层的时尚产业链，在核心层有深圳、广州、东莞、惠州、香港的服装服饰，东莞的毛织服装，广州、深圳的珠宝首饰，佛山的纺织布料，东莞、惠州的鞋靴等；在拓展层有深圳、东莞的眼镜，佛山和东莞的家具，深圳的家居产品等；在延伸层有东莞的玩具、深圳的时尚电子等。在服务业方面，香港、澳门、深圳、广州的时尚展会、时尚设计、国际商贸、物流和电子商务服务等日趋成熟，这些都为湾区时尚文化产业协同发展创造了条件。

（三）粤港澳大湾区地理位置接近为时尚文化产业协同发展提供便利

粤港澳大湾区是国际性的综合交通枢纽集群，交通基础设施互联互通，包含轨道交通、公路、水运、民航的综合立体交通逐步形成，内地与港澳运输的便利化水平不断提高。香港国际机场多年来一直都是全球最佳和最繁忙的客运和航空货运机场，香港是亚洲最重要的国际船舶融资中心之一，香港船东拥有或管理的商船船队约占全球的 10%，而香港船舶注册吨位更名列全球第四。香港可透过道路、铁路和航空交通直达大湾区，打造"1 小时生活圈"，依托高速铁路、城际铁路和高速公路为主体的快速交通网络与港口群和机场群，形成"9+2"城市间高效连接的网络化空间格局。港珠澳大桥、深中通道、虎门大桥等交通设施，将城市无缝连接，大大提高了交通运行效率，为时尚文化产业协同发展提供了便利。

（四）粤港澳大湾区文化相通有利于时尚产业沟通交流

粤港澳大湾区地域相近、民俗相近、人缘相亲，珠江、香江和濠江汇流，文化同根同源、人文相通，文化底蕴深厚，极具包容性，跳动着强劲的文化脉搏，《粤港澳大湾区发展规划纲要》颁布后，湾区城市间交流交融日趋深入，文化认同不断增强，文化交流合作向纵深迈进。守护共同文化根脉，由广东、香港、澳门共同申报被联合国教科文组织列入人类非物质文化遗产代表作名录的粤剧，寄托着大湾区民众的共同乡愁。共同的文化根基为时尚文化产业协同奠定了基础，可以有效降低沟通和交流障碍，增进相互理解，降低交流成本，寻求共同的时尚创意设计理念和风格，融合粤港澳大湾区求新求变的文化精神，成为向世界展示中国时尚的窗口，共同讲好时尚的中国故事、湾区故事、广东故事。

第六章 基于产业创新体系的粤港澳大湾区时尚文化产业协同发展框架和路径

第一节 粤港澳大湾区时尚产业协同发展评价的犹豫模糊 MABAC-GRA 方法

《中华人民共和国国民经济和社会发展第十四个五年规划和二〇三五年远景目标纲要》提出"深入实施区域重大战略、区域协调发展战略",我国区域经济进入新发展阶段。2019 年初,《粤港澳大湾区发展规划纲要》正式实施,对于推动我国区域协同发展具有重要意义。区域协同的本质是产业协同,区域竞争力的增强从根本上有赖于产业协同水平的提高。因此,产业协同的深度和广度在很大程度上决定着区域协同的进程。时尚产业作为粤港澳大湾区的重要产业之一,需要发挥产业集群与专业市场的资源集聚和产业协同优势,以推动其高质量发展。探究粤港澳大湾区时尚产业协同发展水平,有助于了解其协同发展的优势与短板,为后续调整协同发展方案提供参考。

时尚产业在粤港澳大湾区建设中是一个重要的推动产业,而广东的服装生产与出口在全国位居首位,有充满活力的产业集群,众多品牌非常活跃,具有时尚产业转型升级的良好基础,能够助力粤港澳大湾区对标国际三大湾区打造全球时尚中心。

目前,区域产业协同发展是研究的热点,但区域时尚产业协同发展的研究较少。就国内文献来看,不仅研究区域之间、区域内的协同发展问题,还关注区域产业协同发展水平评价指标体系的构建与测度问题。部分学者运用复合系统协同度模型计算区域子系统产业发展有序度或城市群产业协同发展情况。部分学者在研究区域产业协同发展水平评价指标体系的构建与测度问题时，主要使用耦合协调度模型、协同效应以及利益相关者理论、灰色关联分析等方法。杨慧（2020）基于耦合协调度模型构建京津冀13市基础设施一体化模型和一体化指数，根据基础设施内涵构建综合全面的基础设施评价指标体系，对2006~2017年京津冀13市的基础设施一体化状况进行考察。褚衍昌等（2020）选取首都国际机场、天津滨海国际机场以及石家庄正定国际机场为研究对象，利用协同效应以及利益相关者理论构建评价指标体系，利用复合系统协同模型定量测度京津冀民航系统协同发展状况。李海东等（2014）结合TOPSIS思想和灰色关联理论对距离协同模型进行改进，构建了新的区域协同发展程度评价方法，并利用此方法对皖江城市带的协同发展进行了实证分析。郝玉柱和褚婷婷（2017）通过构建指标体系、熵值法确定权重、地区口岸发展测评、建立模型测算，实证分析京津冀口岸发展耦合协同度。魏明（2018）将产业结构视为灰色系统，以浙江时尚产业为研究对象，运用灰色关联分析方法剖析时尚产业与相关产业的关联关系，旨在为浙江时尚产业发展提供有益的决策参考。程敏等（2020）在对江浙沪时尚女装产业与纺织产业集群走访调研的基础上，运用SPSS 24.0软件对问卷数据进行因子分析，得出影响江浙沪时尚女装产业与纺织产业集群协同发展的六个主要因子，并以此为基础提出协同发展的建议。

从上述文献可以看出，现有研究多基于指标数据，运用耦合协同度、复合协同度或灰色关联模型等方法对区域产业协同发展水平进行评价，但存在一些不足之处。第一，考虑到部分指标缺少客观数据，具有模糊性的特点，需要依赖专家经验进行主观判断，但由于专家人数众多且考虑问题的侧重点不同，容易产生意见分歧，使得结论无法达成一致。Torra（2010）提出的犹豫模糊集（Hesitant Fuzzy Set，HFS）可以描述专家意见信息，能够有效反映专家学者意见的分歧程度，从而避免决策信息的流失。第二，灰色关联模型作为被广泛运用的方法之一，是通过度量现实状态与理想状态的差距来衡量协同度，能够避免与目标值偏差大而掩盖其真实发展水平的弊端。在众多的评价方法中，MABAC（多属性边界近似区域比较法）是一种基于方案排序平均理想解的多属性边界近似区域比较方法，其解具有稳定性，且可以与其他方法结合。因此，本书提出犹豫模糊MABAC-GRA方法，该方法不仅以平均解为参考解，拓展了灰色关联模型的参考解思路，而且采用T型关联度，可以避免传统灰色关联无法体现负相关关系的弊端，并在此基础上，采用协同度来衡量协同发展水平。用这种方法评价粤港澳大湾区时尚产业协同发展水平不仅能够反映各地区相比综合平均水平的正负关联程度，而且能够进一步结合协同度考察区域现有状态与平均水平差距的综合协同水平。

综上所述，评价粤港澳大湾区时尚产业协同发展水平能够反映出其协同发展状况，有助于为制定相应的发展战略提供指导。因此，本书提出犹豫模糊 MABAC-GRA 方法。该方法以 MABAC 平均解为参考解，在采用 T 型关联度的基础上结合协同度计算协同发展水平，其本质是根据各地区与综合平均水平发展趋势的差距来衡量地区间的协同度。

一、指标体系的构建

构建科学合理的指标体系是进行粤港澳大湾区时尚产业协同发展评价的基础，相关学者进行了较多前期研究。邵争艳等（2019）根据时尚企业的特点，从显性竞争力与隐性竞争力角度出发构建了时尚企业竞争力评价指标体系。肖鑫和邹关荣（2013）从创新设计、品牌塑造、消费引导、策略营销等方面构建指标体系，对我国时尚产业做出总体评价。张芝萍等（2017）从时尚产业、时尚消费、时尚品牌、时尚人才基础等方面构建指标体系，对国内 16 个城市的时尚指数水平进行评价。邱桂贤（2016）构建了包括时尚经济竞争力、对外开放竞争力、基础设施竞争力、技术与创新竞争力、时尚消费竞争力、核心时尚产业竞争力、政策环境竞争力、生态环境竞争力 8 个一级指标以及 28 个二级指标的指标体系，对时尚城市竞争力进行综合评价。本书通过参考相关文献，构建了一套以时尚产业为一级指标，以时尚品牌 A_1、时尚消费 A_2、时尚创新 A_3、时尚政策环境 A_4 四个指标为二级指标的指标评价体系，如表 6-1 所示。

表 6-1　指标评价体系

一级指标	二级指标	指标描述
时尚产业	时尚品牌 A_1	反映该地时尚品牌的数量与质量
	时尚消费 A_2	反映时尚消费水平，包括时尚消费环境等是否能够促进时尚消费
	时尚创新 A_3	反映时尚产业的创新能力
	时尚政策环境 A_4	包括市场环境、政府政策等是否有利于时尚产业发展

资料来源：笔者整理。

二、理论知识与方法构建

（一）犹豫模糊集概念

由于时尚产业包罗万象，时尚产业协同发展水平评价指标与已有的政府部门统计口径存在较大差距，部分指标缺少客观数据，具有模糊性的特点，需要依赖专家经验进行主观判断，而专家人数众多且考虑问题的侧重点不同，容易产生意见分歧，使得结论无法达成一致。基于此，本书引入 Torra（2010）的犹豫模糊集来描述专家的意见，能够充分考虑专家观点，防止信息遗漏。

定义 1：设 X 为一个给定集合，称 $A = \{[x, h_A(x)] | x \in X\}$ 为 X 上的犹豫模糊集（HFS），其中 $x \in X$ 的所有可能隶属度构成的集合用 $h_A(x) \subseteq [0, 1]$ 表示。$h_A(x) = \{\gamma | \gamma \in h_A(x)\}$ 为一个犹豫模糊元（Hesitant Fuzzy Element，HFE），那么 $h_A(x)$ 的补集为 $h_A^c(x) = \{1-\gamma | \gamma \in h_A(x)\}$。为了表达方便，记 h 为犹豫模糊元，$h^i$ 为犹豫模糊元中的隶属度。

定义 2：一般情况下，$h_A(x_1)$ 和 $h_A(x_2)$ 这两个犹豫模糊元中包含的隶属度个数不同，即 $l[h_A(x_1)] \neq l[h_A(x_2)]$。为了能够比较 $h_A(x_1)$ 和 $h_A(x_2)$，需要将元素较少的模糊数进行扩展，直到两者长度相等。扩展方法取决于决策者的风险偏好倾向：风险偏好者（乐观主义者）将增添模糊元中元素的最大值，风险规避者（悲观主义者）将增添模糊元中元素的最小值。

定义 3：设 X 是一个给定集合，定义在 X 上的两个犹豫模糊元 h_1 和 h_2 的汉明距离如下所示：

$$d(h_1, h_2) = \frac{1}{n} \sum_{i=1}^{n} \left[\frac{1}{l_{x_i}} \sum_{j=1}^{l_{x_i}} | h_1^{\sigma(j)}(x_i) - h_2^{\sigma(j)}(x_i) | \right] \tag{6-1}$$

（二）犹豫模糊 MABAC-GRA 方法

在进行协同发展水平评价时，设有 m 个地区 $X = \{X_1, X_2, \cdots, X_m\}$，其中，i = 1, 2, …, m；n 个年份 $Y = \{Y_1, Y_2, \cdots, Y_n\}$；j = 1, 2, …, n；t 个指标因素 $A = \{A_1, A_2, \cdots, A_t\}$；k = 1, 2, …, t。专家根据 t 个指标因素按照时间序列对 m 个地区进行打分。在决策过程中，由于专家人数众多且考虑问题的侧重点不同，容易产生意见分歧，使得结论无法达成一致。因此，本书采用犹豫模糊集来描述专家意见，能更好地刻画专家决策时的不确定性程度。

步骤一：建立犹豫模糊决策矩阵。根据前述指标体系收集各专家不同年份对粤港澳大湾区"9+2"城市的时尚产业发展水平评价信息，根据评价结果建立犹豫模糊决策矩阵。指标分为成本型指标与效益型指标，效益型指标的值越大，发展水平越高；成本型指标的值越小，发展水平越高。当存在不同类型的指标时，一般利用犹豫模糊集的补集原理对数据进行处理，使指标值越高，发展水平越高，但由于本书所建立的指标体系中各项指标均为效益型指标，则无须对数据进行处理。因此，在犹豫模糊决策矩阵中，数值越大，表明某年份某城市的某个指标的发展水平越高。犹豫模糊决策矩阵如下所示：

$$H = \begin{bmatrix} h_{11} & h_{12} & \cdots & h_{1n} \\ h_{21} & h_{22} & \cdots & h_{2n} \\ \vdots & \vdots & \ddots & \vdots \\ h_{m1} & h_{m2} & \cdots & h_{mn} \end{bmatrix} \tag{6-2}$$

步骤二：确定边界逼近区域矩阵。基于 MABAC 方法的平均解思想，根据式（6-4）计算多属性边界近似区域值，即几何平均值，形成多属性边界逼近区域矩阵。MABAC 方法是基于方案排序平均解的多属性边界近似区域比较方法，最早应用于物流中心人工运输（叉车）的采购选择决策，经计算检验，相较于 VIKOR、TOPSIS 等方法，其解更具有稳定性：

$$G = [g_1, \ g_2, \ \cdots, \ g_n] \tag{6-3}$$

$$g_j = \left(\prod_{i=1}^{m} h_{ij} \right)^{\frac{1}{m}} \quad j = 1, \ 2, \ \cdots, \ n \tag{6-4}$$

其中，g_j 是指标 A_t 在时间 Y_j 下的边界逼近区域值，G 是边界逼近区域矩阵。

步骤三：计算灰色 T 型关联系数。利用式（6-6）计算与边界逼近区域值的关联系数。该方法基于 MABAC 方法的基本思想，以均值为参考解，拓展了灰色 T 型关联度的参考解思路，而且采用 T 型关联度，可以避免传统灰色关联无法体现负相关关系的弊端。利用该方法计算关联系数，能够反映出各指标下粤港澳大湾区各城市时尚产业在不同年份的发展水平与综合平均水平之间的关联程度，有利于了解基于综合平均水平的各城市产业真实的发展变化情况。下面给出传统 T 型关联系数的公式，以及在犹豫模糊环境下的灰色 T 型关联系数公式：

$$\xi_{ij} = \begin{cases} \mathrm{sgn}(\Delta y_{0,j} \cdot \Delta y_{i,j}) \cdot \dfrac{\min(\ |\Delta y_{0,j}|, \ |\Delta y_{i,j}|)}{\max(\ |\Delta y_{0,j}|, \ |\Delta y_{i,j}|)}, \ \Delta y_{0,j} \cdot \Delta y_{i,j} \neq 0 \\ 0, \ \Delta y_{0,j} \cdot \Delta y_{i,j} = 0 \end{cases} \tag{6-5}$$

其中，$\Delta y_{0,j} = y_{0,j+1} - y_{0,j}$，$\Delta y_{i,j} = y_{i,j+1} - y_{i,j}$，$\mathrm{sgn}(\Delta y_{0,j} \cdot \Delta y_{i,j}) = \begin{cases} 1, \ \Delta y_{0,j} \cdot \Delta y_{i,j} > 0 \\ -1, \ \Delta y_{0,j} \cdot \Delta y_{i,j} < 0 \end{cases}$

在犹豫模糊环境下的灰色 T 型关联系数如下所示。在根据公式求解距离时，由于引用汉明距离，因此需要对元素较少的模糊数进行扩展，直到对应的犹豫模糊元长度相等，以便于运算。本书采取风险规避的方法对原有犹豫模糊元数据进行扩展：

$$\xi_{ij} = \begin{cases} sgn\left[d(g_j,\ g_{j+1}) \cdot d(h_{i,j},\ h_{i,j+1})\right] \cdot \dfrac{\min\left[d(g_j,\ g_{j+1}),\ d(h_{i,j},\ h_{i,j+1})\right]}{\max\left[d(g_j,\ g_{j+1}),\ d(h_{i,j},\ h_{i,j+1})\right]}, \\ d(g_j,\ g_{j+1}) \cdot d(h_{i,j},\ h_{i,j+1}) \neq 0 \\ 0,\ d(g_j,\ g_{j+1}) \cdot d(h_{i,j},\ h_{i,j+1}) = 0 \end{cases}$$

(6-6)

其中，

$$sgn\left[d(g_j,\ g_{j+1}) \cdot d(h_{i,j},\ h_{i,j+1})\right] = \begin{cases} -1,\ d(g_j,\ h^*) < d(g_{j+1},\ h^*),\ d(h_{i,j},\ h^*) \geqslant d(h_{i,j+1},\ h^*) \\ \quad 或 d(g_j,\ h^*) \geqslant d(g_{j+1},\ h^*),\ d(h_{i,j},\ h^*) < d(h_{i,j+1},\ h^*) \\ 1,\ d(g_j,\ h^*) < d(g_{j+1},\ h^*),\ d(h_{i,j},\ h^*) < d(h_{i,j+1},\ h^*) \\ \quad 或 d(g_j,\ h^*) \geqslant d(g_{j+1},\ h^*),\ d(h_{i,j},\ h^*) \geqslant d(h_{i,j+1},\ h^*) \end{cases},$$

h^* 为只有零元素的犹豫模糊元，ξ_{ij} 为与边界逼近区域值的关联系数。

步骤四：计算灰色 T 型关联度。在计算关联系数的基础上，利用式（6-7）计算与边界逼近区域值的关联度。关联系数为离散型数据，反映的信息较为分散，不利于进行整体性比较。因此，在计算与边界逼近区域值关联系数的基础上计算关联度。该步骤能够反映出粤港澳大湾区各城市时尚产业发展水平与综合平均水平的正负关联程度。

$$r_i = \frac{1}{n-1}\sum_{j=1}^{n-1}\xi_{ij}$$

(6-7)

其中，r_i 表示各城市时尚产业发展水平与边界逼近区域值的关联度，r_i 越大，则越接近边界逼近区域值，表明该城市时尚产业发展水平越高。

步骤五：计算耦合协同度。利用式（6-8）至式（6-11）计算与边界逼近区域值的耦合协同度。耦合协同评价模型是一种用于两个或两个以上系统关联程度的定量评价模型，可以衡量事物之间的发展关系，反映系统之间的有机结合、相互作用与影响的水平，其包括耦合度模型和协同度模型，分别用于反映系统间耦合作用的强弱和协同发展水平的高低。在计算与边界逼近区域值关联系数的基础上计算耦合协同度，从而反映时尚产业各指标因素下粤港澳大湾区城市间的耦合协同程度。耦合度的计算公式如下：

$$C = \sqrt[m]{\frac{\prod\limits_{i=1}^{m}\left|\xi_{ij}\right|}{\left(\dfrac{\sum\limits_{i=1}^{m}\left|\xi_{ij}\right|}{m}\right)^m}}$$

(6-8)

其中，C 为耦合度，其数值越大，表明在各指标因素下粤港澳大湾区各城市之间时尚产业的耦合度越高。

协同度的计算公式如下：

$$T = \alpha_1 |\xi_{1j}| + \alpha_2 |\xi_{2j}| + \cdots + \alpha_i |\xi_{ij}| \tag{6-9}$$

其中，α_i 为各城市所占权重，为避免误差，采取等额权重，简化公式如下：

$$T = \frac{1}{m} \sum_{i=1}^{m} |\xi_{ij}| \tag{6-10}$$

其中，T 为协同度，其数值越大，表明在各指标因素下粤港澳大湾区各城市之间的协同度越高。

耦合协同度的计算公式如下：

$$D = \sqrt{C \cdot T} \tag{6-11}$$

其中，D 为耦合协同度，D 的数值越大，表明各指标因素下粤港澳大湾区各城市之间的耦合协同发展水平越高，反之越低。

三、实例分析

2017 年，粤港澳大湾区首次写入《政府工作报告》，2019 年，中共中央国务院正式印发了《粤港澳大湾区发展规划纲要》，旨在推动粤港澳大湾区协同发展，实现共赢发展。时尚产业作为我国当前最具发展潜力的新兴产业，探究其协同水平，有助于了解粤港澳大湾区时尚产业协同发展程度，采取相关措施推动协同程度不断深化。因此，需要对粤港澳大湾区时尚产业协同发展进行评价，计算其协同发展水平的高低，为进一步制定协同发展策略提供指导。

为使评价具有合理性，邀请 3 位时尚产业专家根据所建指标体系对粤港澳大湾区各城市 2018~2020 年的时尚产业发展水平进行打分评价。粤港澳大湾区包括深圳、佛山、东莞、广州、惠州、肇庆、中山、江门、珠海、澳门、香港等 11 个城市，分别以 $X_i = \{X_1, X_2, \cdots, X_{11}\}$ 表示，指标因素以 $A_t = \{A_1, A_2, \cdots, A_4\}$ 表示，时间为 2018 年、2019 年和 2020 年，以 $Y_j = \{Y_1, Y_2, Y_3\}$ 表示，时间段以 $\Delta Y = \{\Delta Y_1, \Delta Y_2\}$ 表示。由于专家考虑问题的角度不一样，从而产生意见分歧，使得结论无法达成一致。因此，本书采用犹豫模糊集来描述专家意见信息，防止决策信息的遗漏，然后，利用所创建的犹豫模糊 MABAC-GRA 方法对粤港澳大湾区时尚产业协同发展进行评价。

（一）方法的实施

步骤一：建立犹豫模糊矩阵。根据专家小组对粤港澳大湾区各城市时尚产业发展水平的打分情况，建立犹豫模糊矩阵。其中，指标值越高，表明时尚产业发展水平越高。建立的犹豫模糊矩阵 $H = (h_{ij})_{m \times n}$ 如表 6-2 所示。

表 6-2　专家对粤港澳大湾区 "9+2" 城市 2018~2020 年时尚产业发展水平指标评分

指标	A_1			A_2		
	Y_1	Y_2	Y_3	Y_1	Y_2	Y_3
X_1	{0.2, 0.3}	{0.6, 0.8, 0.9}	{0.4}	{0.7}	{0.6}	{0.1}
X_2	{0.1, 0.4}	{0.5}	{0.9}	{0.5}	{0.3}	{0.8}
X_3	{0.2, 0.5}	{0.8}	{0.3, 0.8}	{0.9}	{0.1}	{0.6}
X_4	{0.4}	{0.9}	{0.7}	{0.6, 0.7, 0.8}	{0.5, 0.9}	{0.1}
X_5	{0.3}	{0.1}	{0.2}	{0.3, 0.4, 0.6}	{0.8}	{0.4}
X_6	{0.6}	{0.2}	{0.6}	{0.9}	{0.2}	{0.3}
X_7	{0.4}	{0.7}	{0.1, 0.6}	{0.6}	{0.4, 0.9}	{0.5, 0.8}
X_8	{0.8}	{0.3}	{0.4, 0.9}	{0.2}	{0.7}	{0.2}
X_9	{0.7}	{0.4}	{0.3}	{0.8}	{0.1, 0.5}	{0.1}
X_{10}	{0.9}	{0.6}	{0.1}	{0.3}	{0.4}	{0.3}
X_{11}	{0.1}	{0.3, 0.4}	{0.8}	{0.1}	{0.9}	{0.5, 0.6}
指标	A_3			A_4		
	Y_1	Y_2	Y_3	Y_1	Y_2	Y_3
X_1	{0.3, 0.5}	{0.3}	{0.4, 0.8}	{0.9}	{0.5}	{0.2}
X_2	{0.6}	{0.5}	{0.7}	{0.2, 0.8}	{0.5, 0.6, 0.7}	{0.4, 0.7, 0.9}
X_3	{0.3}	{0.2}	{0.6, 0.7}	{0.4, 0.5}	{0.7}	{0.5}
X_4	{0.2, 0.4}	{0.8}	{0.6}	{0.3}	{0.3, 0.9}	{0.3}
X_5	{0.1}	{0.6}	{0.2}	{0.5, 0.7}	{0.9}	{0.8}
X_6	{0.8}	{0.1, 0.2, 0.5}	{0.1}	{0.7}	{0.4}	{0.1, 0.6}
X_7	{0.2}	{0.6}	{0.3}	{0.1}	{0.8}	{0.9}
X_8	{0.1, 0.6}	{0.9}	{0.5}	{0.6}	{0.1}	{0.2}
X_9	{0.5}	{0.1}	{0.9}	{0.2}	{0.3}	{0.7}
X_{10}	{0.7}	{0.4}	{0.4, 0.5}	{0.5}	{0.2}	{0.6}
X_{11}	{0.4}	{0.7}	{0.8}	{0.4}	{0.6}	{0.1}

资料来源：笔者整理。

　　步骤二：确定边界逼近区域矩阵。根据式（6-4）求边界逼近区域矩阵 G：

$$
G = \begin{bmatrix}
\{0.3342,\ 0.3632,\ 0.3791,\ 0.4120,\ 0.3467,\ 0.3769,\ 0.3933,\ 0.4275\}, \\
\{0.4164,\ 0.4275,\ 0.4275,\ 0.4388,\ 0.4321,\ 0.4435\},\ \{0.3467,\ 0.3733, \\
0.4081,\ 0.4393,\ 0.3791,\ 0.4081,\ 0.4461,\ 0.4803\},\ \{0.4483,\ 0.4602, \\
0.4775,\ 0.4546,\ 0.4667,\ 0.4842,\ 0.4602,\ 0.4724,\ 0.4901\},\ \{0.3632, \\
0.4204,\ 0.3910,\ 0.4526,\ 0.3832,\ 0.4435,\ 0.4125,\ 0.4775\},\ \{0.3308, \\
0.3363,\ 0.3452,\ 0.3510\},\ \{0.3086,\ 0.3632,\ 0.3287,\ 0.3868,\ 0.3233, \\
0.3805,\ 0.3443,\ 0.4052\},\ \{0.3769,\ 0.4014,\ 0.4362\},\ \{0.4275,\ 0.4362, \\
0.4335,\ 0.4424,\ 0.4553,\ 0.4646,\ 0.4617,\ 0.4712\},\ \{0.3707,\ 0.3822, \\
0.3783,\ 0.3900,\ 0.4204,\ 0.4335,\ 0.4291,\ 0.4424\},\ \{0.4096, \\
0.4526,\ 0.4164,\ 0.4602,\ 0.4223,\ 0.4667\},\ \{0.3632, \\
0.4275,\ 0.3822,\ 0.4498,\ 0.3910,\ 0.4602\}
\end{bmatrix}
$$

步骤三：计算灰色 T 型关联系数。利用式（6-6）计算与边界逼近区域值的关联系数，具体结果如表 6-3 所示。根据所得结果，可以分析出各指标下粤港澳大湾区各地区在不同年份间的发展增长状况与综合平均增长状况之间的关联程度（见图 6-1 至图 6-4）。

从表 6-3、图 6-1、图 6-2、图 6-3、图 6-4 可以看出，各城市时尚产业发展水平指标与综合平均水平的关联系数的正负及其变化情况。时尚品牌 A_1 和时尚政策环境 A_4 指标，各城市发展水平与综合平均水平的关联程度较为接近，且整体偏低，呈小幅变化。时尚消费 A_2 和时尚创新 A_3 指标，纵向比较各城市的关联系数发现，其差异较为明显；横向分析不同城市关联系数的发展趋势发现，其发展水平与综合平均水平的关联性起伏较明显，说明多数城市时尚产业发展较不稳定。

表 6-3　关联系数结果

指标	A_1		A_2		A_3		A_4	
	ΔY_1	ΔY_2	ΔY_1	ΔY_2	ΔY_1	ΔY_2	ΔY_1	ΔY_2
X_1	0.0904	0.0818	0.5630	0.1644	−0.3320	0.2057	−0.0628	0.0857
X_2	0.1928	−0.0750	0.2815	−0.1644	−0.3320	0.3085	0.0941	−0.1928
X_3	0.1071	0.1200	0.0704	−0.1644	−0.3320	0.1371	0.1004	0.1285
X_4	0.0964	0.1500	0.4224	0.1370	0.0664	−0.3085	0.0837	0.0857
X_5	−0.2410	−0.3000	−0.1535	0.2055	0.0664	−0.1543	0.0837	0.2570
X_6	−0.1205	−0.0750	0.0804	−0.8220	−0.0623	−0.3701	−0.0837	0.1028
X_7	0.1607	0.0857	−0.2252	0.8220	0.0830	−0.2057	0.0359	−0.2570

续表

指标	A₁		A₂		A₃		A₄	
	ΔY_1	ΔY_2	ΔY_1	ΔY_2	ΔY_1	ΔY_2	ΔY_1	ΔY_2
X_8	−0.0964	−0.0857	−0.1126	0.1644	0.0604	−0.1543	−0.0502	−0.0857
X_9	−0.1607	0.3000	0.1126	−0.2740	−0.0830	0.0771	0.2510	−0.0643
X_{10}	−0.1607	0.0600	−0.5630	0.8220	−0.1107	0.8104	−0.0837	−0.0643
X_{11}	0.1928	−0.0667	−0.0704	0.2349	0.1107	0.6170	0.1255	0.0514

资料来源：笔者整理。

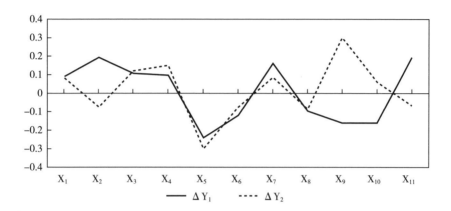

图 6-1　时尚品牌 A₁ 关联系数

资料来源：笔者整理。

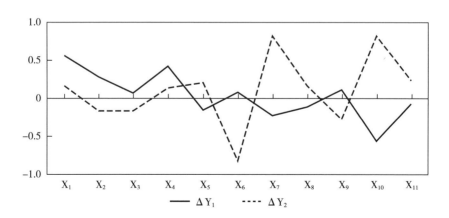

图 6-2　时尚消费 A₂ 关联系数

资料来源：笔者整理。

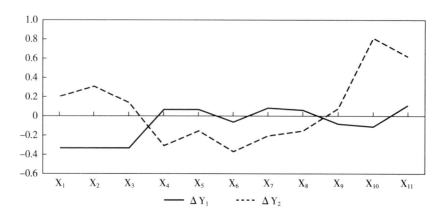

图 6-3　时尚创新 A_3 关联系数

资料来源：笔者整理。

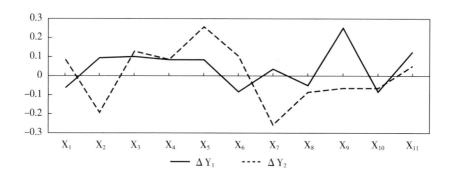

图 6-4　时尚政策环境 A_4 关联系数

资料来源：笔者整理。

步骤四：计算灰色 T 型关联度。在计算关联系数的基础上，利用式（6-7）计算与边界逼近区域值的关联度，具体结果如表 6-4 所示。该步骤能够反映出粤港澳大湾区各城市时尚产业发展指标与综合平均水平的真实变化情况。

从表 6-4 可以看出，各城市时尚产业时尚品牌 A_1 指标发展水平与综合平均水平的关联度较为接近，且整体偏低。其中，广州 X_4、中山 X_7 的发展水平与综合平均水平的关联度最高，东莞 X_3 次之，而惠州 X_5、肇庆 X_6、江门 X_8、澳门 X_{10} 的发展水平与综合平均水平呈负关联。

各城市时尚产业时尚消费 A_2 指标发展水平差异较为明显。其中，深圳 X_1 的发展水平与综合平均水平的关联度最高，中山 X_7、广州 X_4、澳门 X_{10} 次之，而东莞 X_3、肇庆 X_6、珠海 X_9 的发展水平与综合平均水平呈负关联。

各城市时尚产业时尚创新 A_3 指标发展水平差异也较为明显。其中，香港 X_{11} 的发展水平与综合平均水平的关联度最高，澳门 X_{10} 次之，这两个城市关联度较高且为正关联，其余城市的发展水平与综合平均水平都呈负关联。

各城市时尚产业时尚政策环境 A_4 指标发展水平与综合平均水平的关联度较为接近，且整体偏低。其中，惠州 X_5 的发展水平与综合平均水平的关联度最高，东莞 X_3 次之，而佛山 X_2、中山 X_7、江门 X_8、澳门 X_{10} 的发展水平与综合平均水平呈负关联。

上述指标与综合平均水平呈现负关联，表明这些城市发展水平随综合平均水平的提高而下降，需要予以关注，以采取相应措施促进其提高发展水平。

表 6-4　关联度结果

指标	A_1	A_2	A_3	A_4
X_1	0.0861	0.3637	−0.0632	0.0115
X_2	0.0589	0.0586	−0.0118	−0.0494
X_3	0.1136	−0.0470	−0.0975	0.1145
X_4	0.1232	0.2797	−0.1211	0.0847
X_5	−0.2705	0.0260	−0.0440	0.1704
X_6	−0.0978	−0.3708	−0.2162	0.0096
X_7	0.1232	0.2984	−0.0614	−0.1106
X_8	−0.0911	0.0259	−0.0470	−0.0680
X_9	0.0697	−0.0807	−0.0030	0.0934
X_{10}	−0.0504	0.1295	0.3499	−0.0740
X_{11}	0.0631	0.0823	0.3639	0.0885

资料来源：笔者整理。

步骤五：计算耦合协同度。利用式（6-8）至式（6-11）计算与边界逼近区域值的耦合协同度，具体结果如表 6-5 所示，可以反映出粤港澳大湾区时尚产业协同发展水平的高低。

表 6-5　耦合协同度结果

指标	A_1		A_2		A_3		A_4		$A_综$	
	ΔY_1	ΔY_2	ΔY_1	ΔY_2	ΔY_1	ΔY_2	ΔY_1	ΔY_2	ΔY_1	ΔY_2
C	0.9504	0.8437	0.7473	0.7662	0.7785	0.8035	0.8853	0.8616	0.7929	0.7290
D	0.3740	0.3277	0.4247	0.5262	0.3406	0.4946	0.2914	0.3282	0.3544	0.4090

资料来源：笔者整理。

从表6-5中可看出，粤港澳大湾区时尚产业的整体耦合度较高，表明相互影响程度高，存在发展趋同态势；但整体协同度较低，表明其协同发展水平较低。其中，时尚政策环境 A_4 指标的协同度最低，时尚消费 A_2 指标的协同度最高。

从发展趋势来看，时尚产业总体耦合度呈下降趋势，总体协同度呈上升趋势，表明粤港澳大湾区时尚产业逐步分工合作，相互协同，相互支撑发展，具有良好的发展趋势。具体来看，在时尚品牌 A_1 指标下，耦合度、协同度都呈下降趋势，表明粤港澳大湾区在这方面协同水平逐步下降，应加以关注并采取相关措施提高协同水平。对于时尚消费 A_2、时尚创新 A_3 这两个指标，耦合度、协同度都呈上升趋势，表明粤港澳大湾区在这两个方面协同水平逐步提高。在时尚政策环境 A_4 指标下，耦合度呈下降趋势，协同度呈上升趋势，表明《粤港澳大湾区发展规划纲要》的出台有利于其协同发展。

（二）结果与对策分析

根据构建的粤港澳大湾区时尚产业协同发展的指标体系，运用犹豫模糊 MABAC-GRA 方法模型对粤港澳大湾区时尚产业协同发展进行评估，了解到粤港澳大湾区时尚产业协同发展水平以及各城市时尚产业的发展水平差异。根据以上所得结果可知，粤港澳大湾区时尚产业协同发展总体水平较低，但具有持续向好发展的态势，从各指标变化情况来看，时尚品牌协同度低且呈下降趋势，时尚消费和时尚创新的协同发展水平呈上升趋势，时尚政策环境协同发展水平最低，但呈上升趋势。虽然粤港澳大湾区时尚产业协同发展水平呈现上升态势，但根据所得 T 型关联度结果可知，粤港澳大湾区的 11 个城市发展极不平衡，各城市发展差异大，这样会导致时尚产业人力资源、时尚设计和创意等要素单向流动，加剧城市间的发展不平衡，较大的产业落差使时尚产业在设计理念、产业链衔接方面难以接驳，不利于大湾区时尚产业协同发展。因此，相关政府部门应该重点关注发展水平低的地区，把重心聚焦于相关指标，针对各城市的实际情况采取相应的措施以推进协同发展。

从时尚产业整体来看，粤港澳大湾区协同度较低。因此，粤港澳大湾区要加强交流合作，构建多层次协调合作机制，减少制度障碍和壁垒。同时，要积极构建一体化产业链，协调区域产业利益，并且倡导粤港澳大湾区实施差异化战略，避免同质化现象。

在时尚品牌方面，时尚品牌的质量与数量是影响时尚产业发展的关键，应积极建设赋予文化内涵的自主时尚品牌。积极促进粤港澳大湾区各地区之间的沟通交流，深入挖掘时尚文化资源，实现资源共享，在自主品牌建设中体现出粤港澳大湾区的区域文化特色，形成有特色、有竞争力的粤港澳大湾区时尚品牌创新体系，提升品牌附加值。加强与国际时尚品牌的交流与合作，重点扶持、培养和打造一批具有行业影响力和国际竞争力的龙头企业及时尚品牌。

在时尚消费方面，时尚消费水平是衡量时尚产业发展的重要指标，应从硬件设施和软件设施两个方面营造良好的时尚消费环境以促进人们进行时尚消费。在硬件设施方面，为时尚产品搭建有效的销售平台，拓展多渠道销售，促进居民时尚消费的便利化。在软件设施方面，鼓励宣传时尚消费，增强民众的时尚感知力，并促进其树立正确的时尚消费观念，提高时尚消费水平。

在时尚创新方面，考虑到创新是引领时尚产业发展的核心动力，因此，应采取相应措施提高时尚产业创新协同能力，可以从人才和创新成果两个角度采取措施。在人才方面，加强校企合作，培养时尚产业创新型人才，并采取诸如提高报酬等激励措施鼓励创新，以及促进人才流动与信息交流；在创新成果方面，加大研发投入，鼓励原创性设计，并对专利技术等创新性成果给予奖励，开展地区协同创新活动，激发创新想法。

在时尚政策环境方面，有利的市场环境及政策支持能够有效促进时尚产业发展，因此，相关政府部门应采取相应的优惠政策来促进时尚产业协同发展，并且应实行更加自由的贸易政策以弱化行政界限，从而能够实现跨区域配置资源，使生产要素流动更加自由，进一步推动资源共享。

针对粤港澳大湾区时尚产业协同发展的评价问题，考虑到协同发展基于各方互补协作，本书提出一种基于平均解的犹豫模糊 MABAC-GRA 方法。该方法以平均解为参考标准，使确定出的各城市时尚产业发展水平更符合实际，进一步评估出该区域现有状态与平均水平差距的协同发展水平。首先，为解决调研小组因专家人数众多且评价角度不一而无法达成一致的问题，引用犹豫模糊集来描述专家评价信息；其次，构建以均值为参考标准的犹豫模糊 MABAC-GRA 方法拓展了灰色 T 型关联度方法的参考解思路；最后，采用该方法对粤港澳大湾区时尚产业协同发展进行实例分析，结果与实际相符，在此基础上提出相应的建议措施。

第二节 粤港澳大湾区时尚产业协同发展动力机制和影响因素分析

产业协同的实质在于促进资源要素的优化整合，提升区域竞争力并实现均衡可持续发展。

粤港澳大湾区时尚产业协同发展，既是推动粤港澳大湾区优先深化区域市场一体化综合发展的客观要求，又是实现大湾区资源禀赋互补、打造以创新为特征的经济第三增长极和世界级大湾区的战略需要。

一、粤港澳大湾区时尚产业协同发展动力机制分析

(一) 获取粤港澳大湾区城市区域间的协同效益

由于粤港澳大湾区各区域之间存在着时尚文化产业资源的禀赋差异,有些区域时尚文化产业资源要素匮乏,其他区域却存在着资源相对过剩,时尚产业协同发展是解决这种结构性不合理的有效途径之一。首先,时尚产业协同发展过程有助于整个文化产业系统的稳定和有序发展,通过既有资源的优化配置,创造出单个区域所没有的整体功能,从而使整体系统结构得到优化,获取协同效益。其次,时尚产业协同发展具有较高的知识外溢性,建立区域间的企业信息交流平台将实现区域文化产业资源充分利用,从而产生外部规模经济。再次,在当前新经济业态蓬勃发展的背景下,时尚产业核心产业与区域外围产业之间阐述协同发展,时尚文化产业内含边界由清晰变得逐渐模糊,多元时尚文化纵向一体化效应将会逐渐凸显,促使时尚文化产业内部出现新型的协同竞争关系,复合式增长的时尚文化产业经济效益也可能由此产生。最后,时尚文化产业是融合时尚、文化、知识、科技、经济等多种元素为一体的综合产业,对相关的其他产业具有渗透和融合的作用,可以将高科技带入传统产业,不仅能带动相关产业发展,实现时尚文化产业与经济增长的协同效应,同时能利用创新思维改造传统产业、带动新兴产业发展,实现文化产业与经济社会中产业结构优化升级的协同效应。

(二) 降低生产成本,提高生产效率

从传统的经济学原理看,在生产要素不变的假设前提下,如果粤港澳大湾区时尚文化产业协同模式比传统模式能够获得更大的收益,那么时尚文化产业协同将得以形成与发展。时尚文化产业协同确实可以有效地降低生产成本,提高生产效率。首先,粤港澳大湾区时尚文化产业主体间的交流与合作,使信息资源共享,有效地减少重复建设、重复研发成本,提高时尚文化产业资源利用效率;其次,系统中的各区域子系统主体间的不断协调与合作,增进了彼此间的信任,从而相对降低了时尚文化产业组织成本;最后,通过时尚文化产业协同,不仅能够分摊产品成本,而且降低了产品的不确定性,可以明显减少时尚文化产业的市场风险。

(三) 拓展时尚文化产业价值链,提升文化产业价值

纵观中国现有区域文化产业发展方式,区域产业价值链往往呈割裂式发展,各个地区文化生产要素供给与需求之间的联系并不紧密,这也是之前所述粤港澳大湾区时尚文化产业协同发展必要性的主要原因之一。实行时尚文化产业协同发

展能够有效地解决这一问题，通过构建协同形式下时尚文化产业价值链，加强粤港澳大湾区内部及区域间文化产业的联系，充分发挥自身在大湾区时尚文化产业分工中的比较优势，将有利于时尚文化产业价值链的拓展，进而实现产业链价值的提升。推动作用主要体现在以下两个方面：一方面，横向乘数效应明显，拉动力强。某一时尚文化产业行业与其他相关文化行业的协同发展将带来大量的市场需求和潜在机会。只有一个行业的产品成系列地生产，形成一个上下游的产品链条，它才能产业化。例如，时尚文化产业的"开发设计—生产—流通—消费"四个环节构成了时尚文化产业的链条化生产，缺少其中的任何一个环节，都不可能形成完整的时尚文化产业。另一方面，纵向时尚文化产业产品生产链条化发展。时尚文化产品的链条化生产指的是时尚文化产品的上下游产品的生产，是时尚文化产品的纵向关联。它可以充分发挥粤港澳大湾区时尚文化产业资源和智力资源，通过市场导向的方式实现产业价值链的增值，产生产业关联效应带动周边相关产业的发展。例如，市场导向型时尚之都"巴黎"，在服装、香水、化妆品和皮具产品主要产业链发展成"主链"后，这些"主链"拉动旅游、交通等相关"辅链"，并带动相关产业链条化发展。

（四）提高时尚文化产业专业化、规模化水平

由于产业快速的研发能力、高质量高柔性的生产能力和完善发达的营销能力，需要相关的高新技术或其他产业的配合。单个产业仅靠自身的有限资本往往难以取得突破性发展，经营风险也较大，而产业间的协同发展能有效解决这些问题。相互联系密切的企业、机构和关联的地区，由于受市场导向、知识传递、信息共享和技术支撑等多方面因素的影响，各个产业部门在生产关联过程中依靠共性和互补性而联系在一起，形成持续竞争的优势和规模效应，提供了实现跨越发展的可行性。时尚文化企业是时尚文化产业产品生产的主体，专业化、规模化生产是时尚文化企业获得利润最大化的必然选择。企业的盈利水平与其市场势力呈正相关关系。时尚文化企业的市场势力越强，所获取的垄断利润也就越高。企业既可通过横向并购实现规模经济来提高行业集中度，以保持在同行业市场中的控制力；又可以通过纵向并购，将关键性的投入—产出关系纳入时尚文化企业控制范围，以提高企业对市场的控制能力。对于时尚文化产品的生产经营而言，实现时尚文化产业的规模化要经过三个阶段：一是单一产品的规模生产，如某时装制造企业生产规模的扩大；二是时尚文化产业内部企业间的规模生产，如多个时装制造企业或时装设计企业与销售企业实行资源整合；三是不同企业之间的规模化生产，如时装设计企业与制造企业、旅游企业等联合扩大生产。规模化程度不同，所获得的规模经济效益也有差异，粤港澳大湾区时尚文化企业协同发展的主要动机在于借助合作可以减少竞争对手，从而增强对企业经营环境的控制，提高

市场占有率，实现规模经济效益，改善企业的资本结构，保持长期获利的机会。

二、粤港澳大湾区文化产业协同发展的影响因素分析

根据时尚文化产业区域协同发展的自身特点，结合产业经济学以及区域协同发展相关理论，粤港澳大湾区文化产业协同发展的影响因素主要包括政策环境、产业规模、市场需求、创新能力、人力资本、经济发展水平六个因素。

（一）政策环境

时尚文化产业作为一个新兴产业，有其自身的发展优势，但是粤港澳大湾区时尚文化产业协同发展离不开政策的引导与支持。政策环境的优劣将直接影响时尚文化产业的协同发展，政府在时尚文化产业协同发展中的作用主要体现在政策支持及资金支持两个方面。首先，政策支持可以通过减税、补贴等方式为粤港澳大湾区内各城市文化企业的发展提供帮助，从而使粤港澳大湾区时尚文化产业不断发展壮大。其次，政府的利好政策将发挥强大的市场号召力，吸引各生产要素向粤港澳大湾区时尚文化产业领域流动，为粤港澳大湾区时尚文化产业的协同发展做出贡献。再次，由于粤港澳大湾区时尚文化产业行业类型广泛，企业实力差别较大，市场状况较为复杂，政府相关法律政策的完善将有利于粤港澳大湾区时尚文化产业的协同发展。最后，政府对时尚文化企业的融资支持将直接促进粤港澳大湾区时尚文化产业的发展壮大，将使时尚文化基础设施不断完善，这都将直接促进粤港澳大湾区时尚文化产业的协同发展。但是，政府在致力于发展本区域的时尚文化产业，制定相关发展战略规划时，应在认清本区域文化产业优势特色的前提下，积极参与到粤港澳大湾区时尚文化产业协同发展的大环境中，不断寻求与其他区域的合作机会，充分发挥区域文化产业协同发展效应。

（二）产业规模

一方面，粤港澳大湾区时尚文化产业规模不断壮大，有利于产业成本的降低，发挥规模经济效应，吸引优秀的时尚服装、文化创意等高素质的管理人才。从粤港澳大湾区时尚文化产业的产品特性来看，不同时尚文化产品之间的可替代性较强，且各区域不同文化背景的人由于个人偏好的不同，对时尚文化产品的需求也具有多样性。因此，人们对于时尚文化产品价格变化的敏感度较高。规模经济的形成使产品成本不断降低，随着人们相对收入的提高，时尚文化需求也将不断扩大，从而促进粤港澳大湾区时尚文化产业的协同发展。另一方面，粤港澳大湾区时尚文化产业规模的壮大将加快时尚文化企业的资本集中以及市场集中，有利于产业集聚的形成。集聚经济将大量节约生产成本，增强企业间的需求联系，这不仅有利于提高粤港澳大湾区时尚文化产品的生产效率，还促进了粤港澳大湾区时尚文化产业的交流与合作，因此，扩大产业规模对粤港澳大湾区文化产业协

同发展具有促进作用。

（三）市场需求

随着我国经济的发展和可支配收入的提高，人们对时尚文化产品和服务的市场需求也正不断扩大。粤港澳大湾区时尚文化产业的协同发展必须依靠强大的市场需求力，我国是人口大国，拥有庞大的时尚文化市场，粤港澳大湾区经济总量在 2021 年大约有 12.6 万亿元，相当于韩国的全国经济规模。2021 年粤港澳大湾区的居民人均可支配收入为 10.84 万元，远高于我国其他城市群。这意味着粤港澳大湾区居民有更强消费支撑，也有更多的消费升级需求，未来发展潜力无穷，将促进文化产业超强凝聚力和生产力的形成。相对于其他日常生活消费，时尚文化娱乐消费属于精神消费，具有高收入弹性，必须建立在较高的物质基础之上，经济形势下行影响到人们的可支配收入时，最先受到影响的就是时尚文化产品这类消费需求。由于当前粤港澳大湾区各城市实际经济发展水平仍然存在着较大差异，各城市经济对外依存度各不相同，时尚文化产业的发展程度也还参差不齐，因此，粤港澳大湾区各城市间的时尚文化交流与合作就显得尤为重要。时尚文化产业是资本密集型产业，在市场需求高度不确定时，其生产存在的风险很高，且时尚文化产品的输出需要大量的资金进行市场推广以及基础设施建设。也就是说，市场需求将是促进区域文化产业协同发展的必要影响因素。

（四）创新能力

时尚产业和一般普通的文化产业一样，其核心要素是创新、创意。创新，是时尚的基本属性，更是时尚企业创立、存续和发展的原动力。无论是历经百年沧桑的经典奢侈品牌，还是锐气十足的新生代互联网品牌，都必须通过持续的创新来刷新自己的存在感，并赢得新一代消费者的关注和喜爱。纵观历史，时尚的发展从来都与科技的进步息息相关。当今不少热门的科技创新成果都可以在时尚产业中找到用武之地：一是新材料开发。在过去几年里，许多新材料的诞生及其在时尚行业的应用，如高性能羊毛 The Woolmark Company 一直积极与知名运动品牌合作，为其提供最前沿的高性能羊毛面料资源；美国生物技术初创公司 Bolt Threads 在人工合成蜘蛛丝的研发上取得重大进展，将转基因酵母、水和糖组合在一起，通过发酵转化成生丝，再将这些纤维编织成纺织品，目前已经与户外运动品牌 Patagonia、设计师品牌 Stella McCartney 等展开了项目合作。在实验室"种"出钻石，人造钻石一度被视作"边缘产品"，但如今越来越多的珠宝和钻石生产商加码这项工艺，包括 De Beers 等。海洋回收的塑料垃圾、旧渔网、空塑料瓶，都能被转化为可再生材料，用于制作服装、背包和运动鞋。如今，新一代消费者对于生态材料和可持续时尚的呼声越来越高，让这些环境友好的创新材料有了更多施展的空间。二是新技术嵌入。3D、AR、VR、人工智能、区块链等新技术的诞生，都在不同层面推动着时尚产业的发展。就连争议颇多的"区块链"技术，其在时尚产业的防伪和追踪源头等方面的应用，也已经取得了实质进展，如用区块链技术详细追踪有机棉花的来源，用区块链追踪奢侈品流转过程，打击假冒伪劣产品等。三是新商业模式的应用。全渠道零售、社交媒体电商、订阅盒子等，这些新商业模式的颠覆意义往往更具有现实性。例如，美国新型时尚电商Stitch Fix，在用大数据改造时尚产业的供给和需求链条方面走在前列，已成功上市。虽然上市后的业绩和股价表现出现了不小的波动，但目前市值也达到了25亿美元。自公司上市以来，Stitch Fix 已连续 6 个季度实现同比超过 20%的增长，Stitch Fix 的成长过程，已被收录为经典案例。通过创新、创意整合各区域的知识、信息资源，提供满足人们精神文化消费需求的服务，这是区域文化产业创造价值的根本所在。如果说时尚文化产业协同发展得依靠某些资源的话，创新、创意人才和创新、创意环境将是高级的非自然资源。一旦失去创新能力，区域文化产业就将失去生存和发展的动力。

（五）人力资本

人力资本是创新的第一资源。没有人力资本优势，就不可能有创新优势、科技优势、产业优势。任何产业的协同发展都是以丰富的人力资本为基础的，因为丰富的人力资本将不仅有利于发挥知识溢出效应，而且能够促进区域间的合作与交流，从而促进产业的协同发展。区域文化产业的协同发展有其自身的特点，文化产业涵盖的行业范围广，部分特定行业的专业人才要求较高。从改革开放到近几年，粤港澳大湾区的快速发展，广东人口总量迅猛增长，2020 年流动人口较 2010 年增长了 51.71%，发挥了人口虹吸作用。截至 2021 年末，粤港澳大湾区总人口约 8667.94 万人，人口结构表现出年轻化、劳动人口比重高、素质高的总体特征，使粤港澳大湾区发展充满活力，湾区可持续发展的人口动力强劲。随着时尚文化产业的协同程度不断提高，对高素质人才的依赖性将越来越明显。从长远发展来看，拥有高素质的从业人员对于时尚文化产业的协同演进至关重要。

（六）经济发展水平

2019～2021 年，粤港澳大湾区人口增长了 164.4 万，出口额增长了 15.1%，经济总量则增长了约 9.35%。截至 2021 年，湾区万亿地区生产总值城市已有5 个，分别是深圳、广州、香港、佛山和东莞。5 个万亿级大市"肩并肩"，共同组成一个万亿经济圈。粤港澳大湾区的对外贸易水平和对外开放程度在国内处于先进地位，具备发展成为世界一流湾区的基础条件，粤港澳大湾区经济发展水平和开放水平为时尚文化产业的产品创造、消费及输出提供了坚实的经济基础，反映出经济增长对区域时尚文化产业协同发展的实际效应。依据发达国家的经验情况，人均 GDP 在 1000～3000 美元是文化消费由显著提升到较大增长的阶段，人均 GDP 超过 3000 美元是文化消费迅速增长阶段，人均 GDP 达到 5000 美元以上，文化消费将有爆发式增长。随着我国经济的高速发展与居民收入水平的不断提高，物质需求日益得到满足。在此基础上人们更加追求精神生活的富足，文化消费需求旺盛。近几年面对新冠疫情，人们对美好精神文化生活的向往从未停止，对未来文化休闲的体验和消费依然充满热情。中国旅游研究院与上海创图公共文化和休闲联合实验室发布了《2022 年上半年全国文化消费数据报告》，93.6% 的受访者表示未来会增加文化消费支出。随着文化和旅游市场的有序恢复，文化消费的需求释放和供给创新在经济发展的大背景下将稳步推进。

第三节　粤港澳大湾区时尚产业协同发展路径分析

一、国外典型地区时尚文化产业发展的模式借鉴

巴黎、米兰、伦敦、东京、纽约五大时尚之都，可以说是时尚产业协同发展的标杆。

（一）五大时尚之都的时尚产业发展模式概况

基于城市对国际时尚潮流的引领性和影响力、城市时尚风格和文化的独到性和吸引力、时尚产业的实力和特性、传统时尚城市和人们对时尚城市的共识和时尚产业链的角度对这五个时尚标杆进行简单的比较研究。

1. 巴黎

巴黎的研发设计实力雄厚，时尚产业链完整，凭借深厚的底蕴在时尚界的地位不可替代。巴黎是高级定制的发源地，时尚产业底蕴深厚。1858 年，查尔斯·沃斯在巴黎开办第一个服装工作室并进行定制服务，巴黎从此凭借高级定制引领时尚潮流。巴黎的时尚产业链非常丰富、完善，产品链条从服装、香水、化妆品到皮具一应俱全。价值链条则贯穿开发设计、生产制作和销售。相关产业包括艺术服务的刺绣、文具商、绢花等；时尚服务的造型、设计、美工等；配套服务的服装秀、展览、媒体等。巴黎成为全球奢侈品的聚集地，顶级品牌众多，聚集了世界各地的顶级奢侈品牌，如巴黎世家（法国）、克里斯汀·迪奥（法国）、赛琳（法国）、爱马仕（法国）、乔治·阿玛尼（意大利）、华伦天奴（意大利）、卡尔文·克莱恩（美国）、博柏利（英国）、三宅一生（日本）、高田贤三（日本）等。巴黎的时尚活动引领时尚趋势，是设计师向世界展示才华的终极平

台。例如，巴黎时装周、高级定制时装周、高级成衣时装周是引领全球时尚的风向标、设计师梦想的表演舞台。

2. 米兰

米兰在高级成衣设计、生产方面具有明显产业优势，同时大中小型企业结构合理，世界时尚之都地位名副其实。业界普遍认为，米兰的时尚产品设计感强，休闲风格中带着高雅，米兰时装设计追求戏剧化的服装效果。在用色上，大胆鲜明，经常使用明亮的蓝色、橙色等亮丽的颜色，具有地中海的特色；在形态上，线条和廓形简洁、性感奔放。精湛的传统手工艺使"意大利制造"成为高品质的代名词。意大利一直以来的手工艺传统，使米兰人对服装质量具有较高的要求，于是近乎完美的手工和面料成为米兰成衣的一个特点。大中小企业的密切合作构成了完整的产业链。大型企业以创新能力、重视面料和加工质量闻名，其品牌遍布全球；中型企业以灵活性为特色；小型企业致力于在一种或几种产品上，满足不同消费者的需求。

3. 伦敦

文化创意产业发达、创意与多元化是伦敦时尚的重要特点，对主流时尚起到了很好的补充作用。伦敦的创意产业已经站在世界最前沿，被公认为是全球三大广告都城之一，也被认为是世界第三大影片制作中心。伦敦拥有世界级的教育机构和设计机构，是全球重要的媒体中心，公认的国际设计之都。伦敦的先锋创意和昂扬激情塑造了伦敦前卫、另类、新奇的时尚标签；伦敦的街头时尚风格显著，是创意和灵感的源泉和发源地，深受世界关注；伦敦的男性时尚地位是毋庸置疑的，尤其是高级定制男装，萨维尔街是闻名于世的男装高级定制街；伦敦的年轻时尚自20世纪60年代即席卷全球。英国时装协会CEO希拉里·瑞瓦认为，伦敦永远不能与米兰、巴黎同日而语，但它的创意与多元却是无与伦比的。

4. 纽约

发达的新闻传媒广告业、兼收并蓄的多元文化和成熟的商业运作理念使纽约成为时尚之都的后起之秀。多元、宽容的城市文化造就纽约时尚创新力，纽约文化更加多元，鼓励具有强烈反差的文化元素相互"交锋"，从而打造出新的时尚风格。美国吸收各地文化的精华，又向外界输出，在流通过程中，外来文化拥有了新的价值。发达的创意产业为时尚产业的腾飞提供跳板，纽约是美国文化、艺术、音乐和出版中心，有众多博物馆、美术馆、图书馆、科学研究机构和艺术中心。全球8大广告公司的总部有7家设于曼哈顿，曼哈顿还有美国主要的4家广播公司，此外还有众多知名的时尚杂志和网络媒体。巴黎时装周的特点是艺术化、米兰是创造性、伦敦是新形象，不同于其他三大时装周，纽约时装周的特点是商业化。成熟的时尚商业运作使纽约最终成为"全球最时尚城市"，拥有时尚产品的消费人群、时尚产品的顶级卖场、时尚产品的发布渠道。

5. 东京

世界最大的奢侈品市场和本土设计师崛起使东京在国际时尚界拥有一席之地。日本巨大的奢侈品消费能力吸引着全球的时尚精品，在全球奢侈品销售中，日本占到了 10%～20%，规模仅次于美国。如果把来日本的全球游客也计算在内，那么该国就拥有全球最大的奢侈品消费群。具有独特风格的日本设计师的崛起使东京成为东方时尚之都，高田贤三、三宅一生、川久保玲、山本耀司等一批设计师，以独特的东方风格在巴黎取得了成功，从而吸引了来自西方世界的关注，虽然高田贤三、三宅一生已经去世，但他们的设计理念依然深刻影响着时尚界。日本的四位知名设计师，除了高田贤三，三宅一生、川久保玲和山本耀司三位的主要市场都是在自己国内，这也就告诉了我们新一代的中国设计师，抓住国内市场是品牌走向世界的根基，而如何打造自己的核心产品，通过创新的营销模式接触到自己的消费者，日本设计师的许多前车之鉴值得深入思考。东京电子产品时尚的外观设计丰富了时尚产业的内涵，引导着全球年轻人的时尚消费，更体现着当今时尚产业的方向——时尚应该渗透于生活的各个方面。

可以发现，五大时尚之都基本形成了两大协同发展模式：以设计驱动模式的巴黎、米兰和伦敦，以市场拉动模式的纽约和东京。粤港澳大湾区具有超强的时尚产品消费能力、面向全球的时尚产品市场，与纽约湾区和东京湾区的经济形态相似，时尚产业的发展模式更加接近纽约和东京的模式。

（二）纽约和东京的时尚发展路线

1. 纽约的时尚发展路线

一是时尚产业初步形成时期：随着服装需求量增大，纽约裁缝行业发展起来，男子服装工厂标志着服装生产进入产业化阶段，女裁缝集中的下东区则促进成衣百货店的兴起；关键动力在于新大陆的中心城市、贸易枢纽。二是时尚产业发展时期：机器批量生产促进服装业加速发展，"二战"爆发促进纽约设计的崛起，美国富人群体是世界商业复苏和发展的头号发动机；关键动力在于批量生产、本土设计、时尚消费。三是时尚之都地位奠定时期：纽约凭借一批天才设计师及其品牌在设计和商业上的双重成功而树立纽约风格和时尚声望、如日中天的城市地位和美国式的生活方式，成为国际时尚之都；关键动力在于设计和商业双重成功、美国梦。四是时尚经济发展成熟时期：时尚产品制造大量萎缩，依靠时尚产品展览、批发和大型时尚活动来维持其时尚之都的地位。服装中心发挥支撑作用，时尚商业更是纽约的强项；关键动力在于时尚活动、时尚商业。

2. 东京的时尚发展路线

一是时尚产业初步形成时期：日本"二战"后将纺织服装和电子产业作为

政策扶持的对象，时尚产业得到初步发展，其特点是以加工出口为主；关键动力在于政策扶持、出口带动。二是时尚产业发展时期：企业引进国际品牌，消费者逐渐注重品质，追随流行趋势，开始享受时尚。依目标顾客而创立的时尚杂志对服装消费起了巨大的推动作用；关键动力在于时尚消费、媒体传播。三是时尚之都地位奠定时期：服装加工向外部转移但设计留在东京。世界级和新锐设计师形成梯队，一批时尚区域形成，时尚精巧的电子产品走向世界；关键动力在于东方设计、时尚街区、多元时尚。四是时尚经济发展成熟时期，此阶段特征是日本设计师和时尚电子产品的影响力确定了时尚之都的地位。日本自身经济实力和消费能力，以及时尚产业从业人数众多促使东京成为世界时尚之都；关键动力在于多元时尚、时尚消费。

二、粤港澳大湾区时尚文化产业协同发展的路径

（一）时尚文化产业协同发展目标

粤港澳大湾区时尚文化产业协同发展是指湾区"9+2"城市借助政府和市场力量构建协同机制，针对产业的核心层、扩展层和延伸层对各城市的产业现状进行系统梳理，加强产业纵向与横向联系，形成分工合理、功能互补的产业网络化发展格局，推动区域内时尚文化产业空间结构和产业结构优化，提升产业竞争力，达到共赢互惠。整合"9+2"城市各自的资源禀赋与产业优势，构建多层次、多元化的时尚产业协同发展体系，保障人流、物流、资金流、信息流供给顺畅；形成满足时尚更迭的快速响应机制；共同打造时尚文化产业特色和区域品牌；联手做大做强湾区时尚文化产业，打造世界级时尚文化产业集群，大力推进时尚产业载体建设，促进时尚产业集群发展，形成错落有致、布局合理的时尚产业分布格局，研究编制时尚产业地图。

通过时尚设计、品牌运作、展览展示、全媒体传播等方式，促进时尚元素与传统优势产业深度融合，形成具有强大竞争力的时尚产业集群。以服装、家居、钟表、首饰、皮革、眼镜等产业为重点，支持企业加强时尚设计、流行预测、商品策划，加大新技术、新工艺、新功能、新材料的研发。引导企业加强组织优化、流程再造，缩短产品设计、生产、销售周期，为市场提供独特的时尚产品，满足周期短、变化快的时尚需求，促进优势传统产业时尚化转型。

顺应时尚潮流逐步渗透经济社会各领域的新趋势，推动时尚与科技、生产、生活、文化融合发展，打造"时尚+"新业态，发展新兴时尚业态。鼓励粤港澳大湾区企业应用推进虚拟现实、增强现实、人工智能、增材制造等新技术，发展跨界融合的时尚新产品和新服务，提升时尚产品科技感。大力发展智能手机、智能可穿戴设备、无人机等时尚电子新业态。培育发展在线展示、交易、拍卖、定

制等时尚电子商务新业态。探索发展时尚文化、时尚运动、时尚健康、时尚动漫等新业态。

（二）时尚文化产业协同发展路径

粤港澳大湾区时尚文化产业协同发展可分为城市协同和产业协同两个维度。在粤港澳大湾区城市协同层面，按照比较优势进行时尚文化产业"9+2"城市分工定位、错位发展，避免同构化和同质化，优化空间布局。粤港澳大湾区城市内产业协同层面，按照企业、政府、高校和科研机构、金融机构和中介服务机构对时尚产业发展的支撑程度进行梳理，不足之处寻求湾区其他城市的支持，优势可以外溢到其他城市，实现互补协同；共同弥补制约产业发展的共性短板，联合建立公共创新服务平台、公共检测平台、联手打造湾区精品时尚活动、联手进行时尚产业关键技术攻关，避免重复建设；粤港澳大湾区"9+2"城市共同打造适合时尚文化产业发展的市场环境、社会文化环境、基础设施环境、劳动力环境、技术环境、制度法治环境。协同发挥粤港澳三地文化融合优势，缔造时尚文化特色，塑造湾区时尚文化产业品牌，引领世界时尚潮流。

粤港澳大湾区时尚文化产业协同发展体系如图6-5所示。

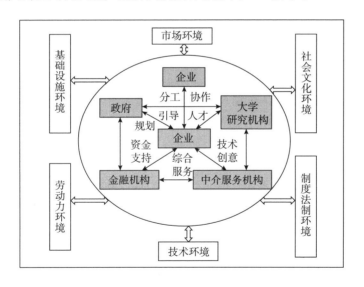

图6-5　粤港澳大湾区时尚文化产业协同发展体系

资料来源：笔者整理。

三、粤港澳大湾区时尚文化产业协同发展领域

紧跟时代发展潮流，顺应时尚产业动态发展趋势，结合粤港澳大湾区时尚产

业发展基础与优势，重点发展纺织服装、皮革、箱包、玩具、钟表、首饰、美容美发美妆、眼镜、家居、时尚消费电子、其他时尚产品及服务等消费者相关行业的创意设计、品牌营销、创新智造等核心功能环节，推动时尚产业迭代更新。纺织服装重点领域包括男女服饰，儿童服饰，老年服饰，休闲服饰，内衣，个性化定制、高端私人订制服饰，纺织面料等。皮革重点领域包括皮鞋、箱包、皮具、皮衣，皮革制品的优质材料、配饰件，生态皮革制品、智能箱包及其他特殊功能皮革制品等。玩具重点领域包括金属玩具、塑料玩具、木竹玩具、布绒玩具、纸玩具、民间玩具及体育娱乐用品等。钟表重点领域包括传统钟表、多功能钟表、时尚休闲装饰型钟表、专用计时钟表等。首饰重点领域包括黄金珠宝、钻石、翡翠、玉石、白银、珍珠、日用饰品等。美容美发美妆重点领域包括化妆品制造及相关配套产品、美容美发等。眼镜重点领域包括矫正眼镜、太阳眼镜、变色眼镜、隐形眼镜、防辐射眼镜、装饰眼镜及光学镜片、新型材料等。家居重点领域包括家具、厨具、照明灯具、家用纺织品、工艺美术品、智能家电及整体解决方案等。时尚消费电子重点领域包括智能手机、智能可穿戴设备、消费级无人机、虚拟现实、增强现实、机器人、软件等产品和服务。其他时尚产品及服务方面，积极发展时尚产业新模式、新技术、新业态，不断拓展时尚展会、时尚消费、时尚运动、时尚文化、时尚营销、时尚媒体与传播等领域。

四、粤港澳大湾区时尚文化产业发展的城市协同

相比于一般意义上的大都市城市群，粤港澳大湾区城市群拥有湾区经济的独特优势，具备建设世界级城市群和国际一流湾区的优越条件。第一，独特的开放优势。香港是国际金融、贸易、航运中心和自由港，澳门是世界旅游休闲中心和中葡经贸合作的平台，港澳一直是中国对外开放的门户枢纽。第二，天然的创新优势。香港拥有国际化创新资源和金融市场，珠三角拥有高科技制造业体系，粤港澳大湾区具有建设国际科技创新中心的天然优势。第三，高度的国际化。香港的营商环境与国际接轨，具有熟悉国际经贸规则的人才。因此，在粤港澳大湾区内将香港的专业服务和国际化的营商环境优势，与珠三角的人才、产业和科技相配合，可以形成体制和生产要素的更优组合。

时尚文化产业发展离不开资本、土地、劳动力和技术等要素支撑。在城市协同层面，通过政府与市场力量相结合，各城市按照资源禀赋与产业优势进行分工定位、错位发展，避免同构化和同质化，优化空间布局。例如，香港定位为时尚设计、营销、展示和国际市场开拓，澳门定位为时尚旅游、消费和国际市场开拓，深圳主要发展珠宝、眼镜及提供时尚设计、研发服务，广州侧重时尚展示、时尚市场建设和时装设计生产，珠海侧重时尚旅游、展示，东莞聚焦于时装、毛

织、家居家纺、玩具、时尚电子产品、家具产品制造，惠州、佛山、肇庆、中山、江门侧重面料辅料、内衣、牛仔、休闲服务产品的制造，江门侧重家具、纺织产品的制造。通过分工协作使各个城市有所为有所不为，每个城市都成为湾区时尚文化产业的有机组成部分，相互依赖、共同发展。

（一）粤港澳大湾区时尚文化产业投融资协同

粤港澳三地政府部门设立时尚产业发展基金，用于引导湾区时尚产业集群高质量发展相关工作，通过政府投资基金等手段，鼓励和引导风险投资等社会资本投入时尚产业发展领域，支持优质企业并购重组、挂牌、上市。鼓励银行等金融机构开发符合时尚产业特点的多元化投融资产品，通过贴息贷款、并购贷款、担保贷款、银团贷款等途径支持时尚产业企业发展。进一步健全市场化的技术交易服务体系，加速创新成果知识产权化。加大对时尚产业集群产业链"链主"企业及"链群"企业的研发创新、平台建设、公共服务、试点示范、产业活动的支持力度。鼓励龙头骨干企业整合产业链上下游关联企业在湾区设立企业总部，建立时尚文化产业龙头企业数据库，探索完善高成长企业遴选和挖掘机制，支持老字号传承和传统技艺创新，孵化催生一批新锐品牌、国潮品牌和网红时尚爆品。

（二）粤港澳大湾区时尚文化产业空间载体协同

夯实空间载体建设，形成大湾区时尚地标群。从时尚产品生产和时尚消费两个维度绘制粤港澳大湾区"9+2"城市时尚地标地图，向世界展示大湾区时尚产品制造的国际竞争力和消费实力；规划时尚新地标，探索以"新批发+新零售""线上+线下""商贸+文旅"等新模式、新业态，建设集时尚商品展贸展销、文化旅游、综合娱乐、数字创意于一体的时尚智慧商圈形式，加快原有时尚载体转型升级。在大湾区形成由"9+2"城市时尚地标节点连接而成的时尚地图，为时尚买手、消费者、时尚制造企业提供时尚产品生产和消费指引，打造大湾区"时尚航母"硬件平台。

（三）粤港澳大湾区时尚文化产业人力资源协同

正是因为其他三大湾区有着众多顶尖高校，为当地产业发展培育出大量的人才，从而满足了包括时尚产业在内的人才需求。粤港澳大湾区目前知名高校资源仍然相对薄弱，应注重粤港澳三地的教育合作并增加教育投入，更多地通过联合办学、举办分校区、建设新大学等模式，提升整个湾区人口的受教育水平，特别要注重战略性新兴产业、本地优势产业的人才培育。同时，依托国家级创新基地、新型研发机构等创新平台，加大人才引进力度，吸引全球顶尖科研人才开展科研工作，进一步推动人才、技术、资本和数据等创新要素流动，为时尚产业发展提供坚实的基础。此外，还应加快引进高素质人才步伐，通过制定相关人才政策，解决高端人才在粤港澳大湾区住房、子女教育、医疗等问题，灵活安排海外高端人才的科研经费，加快集聚更多海内外优秀高端人才到粤港澳大湾区工作。

实施一批育才攻关重点项目、产教学研特色项目，打造一批产教融合型实习实训示范基地、校企人才合作样板学校，举办一批人才招聘大会、产业创新大赛。鼓励产业数字化人才在职培育，通过政府购买服务等多种方式，加大数字技能人才培训力度，支持符合条件的机构和组织为中小微企业开展产业数字化人才培训。加大时尚产业集群专项人才支持力度，在专业人才认定引进、培育使用等方面予以政策支持。推动时尚产业集群紧缺人才纳入各地急需紧缺技能人才目录，建立时尚文化产业核心人才数据库，加强对时尚大师的宣传，扩大时尚人士的国际影响力。

精准实施各类人才计划，建立不同层次、不同类型的时尚产业人才资源数据库。积极开展时尚领域省特级专家、省创新创业领军型人才和团队、国家级和省级时尚产业技能大师的推荐评选工作，给予入选者相应资金和政策支持。探索建立与职称评审衔接挂钩、联动推进的工作机制，完善人才配套支持体系，建立健全技术、技能等要素参与的收益分配机制，鼓励通过设立技术股等形式，充分调动人才的积极性和创造性，造就一批享有国际知名度的技术、设计与工匠大师，大咖级国际设计师队伍。

加强时尚产业相关学科专业建设。支持香港中文大学、澳门大学、广州美术学院、华南理工大学等相关院校提高国际化视野，加强时尚产业相关学科博士点建设和相互交流，完善时尚类学科设置。深化时尚产业产教融合，促进教育链、人才链与产业链、创新链相衔接，形成大湾区时尚文化产业科研和人才培养策源地。

（四）强化创新驱动引领，实施产业"强链"

四大湾区中，粤港澳大湾区研发投入占地区生产总值的比重明显低于其他三个湾区，据麦肯锡预测：到2030年，时尚公司科技投资将会上升到收入的3%～3.5%，要提高时尚文化产业科技创新力度，加大科技投入，赋予湾区时尚产业新活力，将新一代信息技术与时尚产业深度融合，促进时尚产业设计过程、生产方式、商业运营、消费模式全面变革。加大对新一代信息产业的投入，充分利用人工智能、大数据、云计算等技术和主题，为时尚产业增加未来感，激活产业的新活力。利用智能面料改善传统服饰的舒适感，通过智能算法、社交营销增加商业特色；通过云互动、线上线下融合模式，增加人们的新潮体验感。随着新科技的不断赋能，时尚产业将迎来价值的再塑，开启更加精彩的航程。如果粤港澳大湾区的时尚产业能结合新一代信息技术把产业链优势、互联网优势、国际思维相融合，持续进行时尚产业创新，有助于抓住更为广阔的市场机会，提升大湾区时尚文化产业的整体竞争力。

创新时尚领域关键共性技术和方法，促进时尚领域的新技术应用，培育一批时尚新型研发机构，推动形成一批跨界融合的时尚新产品和新服务。推动传统产业制造方式智能化转型，建设若干个时尚产业工业云和消费者大数据库，个性化订制、柔性制造、云制造等时尚高端制造业态占比显著提升。运用新材料、新技术、新工艺，实现产业不同领域设计优化和提升，推动产业提质升级。推动纺织服装创意设计园区（平台）建设，支持智能生态服装、家用纺织品、产业用纺织品、鞋类产品等设计创新。鼓励建设国民体型数据库和标准色彩库，发展人体工学设计。推动企业基于互联网、物联网、大数据、5G 等新技术应用，支持企业信息化、电子数据、虚拟现实设计（VRD）、人工智能时尚创意设计、在线研发平台的开发建设。

提升时尚设计水平，推动设计服务从产品设计向系统设计、服务设计、品牌设计、生态设计等领域拓展。积极探索基于数字经济的个性化定制、众包设计等创意设计模式，支持时尚产业集群企业建立以工业设计中心为主的工业设计创新体系，鼓励创建线上创客平台和创客设计基地，加快培育以数字化、网络化为基础的创新型设计平台建设。鼓励企业申报国家级、省级重点实验室，工程（技术）研究中心，企业技术中心，制造业创新中心等研发平台，国家级、省级工业设计研究院，工业设计中心，鼓励公共研发服务机构积极开展行业关键共性技术研究，择优支持一批市级工业设计中心项目。支持发展网络协同、个性定制、柔性生产、共享制造、云产业链、虚拟产业园等制造新模式，推动企业提升核心装备和关键工序的智能化水平，粤港澳大湾区联动打造一批标杆型智能制造产业园、智能车间、智能工厂。

数字技术的快速发展催生了多元生活方式，也带来了对传统消费品类和创意设计的新机遇和新挑战。聚焦时尚产业集群重点领域数字化转型共性需求，遴选、组建"1+2+N"供应商联合体（即面向每一个集群，形成行业解决方案服务商、跨行业跨领域平台等两方紧密合作的建设主体，协同 N 个数字化转型合作伙伴，包括但不限于工业设计、共享制造、物流仓储、直播电商、金融服务等），共同建设行业级工业互联网平台，形成集群数字化转型解决方案。编制时尚产业集群企业数字化转型工作指引，形成指导企业数字化转型的应用产品目录、规范和流程。遴选服装、皮具、美妆日化、珠宝首饰等重点领域内优质骨干企业或中小企业，推动"1+2+N"数字化解决方案落地应用，在重点领域打造数字化转型方案应用企业标杆。依托"政策直播间"、"工业互联网进集群"、推广典型示范案例等活动，为中小微企业提供咨询诊断服务，引导有基础、有条件的中小微企业加快传统制造装备联网、关键工序数控化等数字化改造。

加快构建绿色设计产品、绿色工厂、绿色园区、绿色供应链等绿色制造体系。围绕洗水、电镀等产业链瓶颈，引导绿色化工艺升级与先进技术装备应用。推动企业循环式生产、园区循环式改造、产业循环式组合，搭建资源共享、工业废物处理公共平台，引导中小企业入园集聚，提高能源资源综合利用效率。对于专业园区内符合区域规划环评要求及生态环境准入条件的建设项目，项目环评与区域规划环评实施联动，项目环评文件内容可适当简化。围绕重点行业领域，建设一批环保工艺工作室，降低企业环保改造成本。引导不同行业的企业链接共生，建立跨行业的循环经济产业链。

弘扬精益求精的工匠精神和精品意识，支持企事业单位主导或参与国际标准、国家标准和行业标准等各级标准的制修订，建立产品全生命周期质量控制和追溯机制，推广先进质量管理方法和国际质量体系认证，鼓励大中型企业实施首席质量官制度，强化企业质量主体责任。加大对高风险企业和产品的监督检查力度，严厉打击制假售假、非法生产等违法行为，提高质量安全监管水平。

提高创意设计基础能力，建设一批重点实验室、工程实验室、工程研究中心，着力突破创意设计基础理论、核心工具、关键技术等，加强创意设计基本理论、规范标准等基础研究。高校、科研机构利用各方优质资源设立联盟实验室、技术创新联盟等，促进科研成果有效转化，使时尚产业的创新成果更快实现商业化、产业化。

五、粤港澳大湾区时尚文化产业发展的产业协同

在产业协同层面，粤港澳大湾区"9+2"城市按照重点突出、错位协同的产业发展格局，各区聚焦本地特色优势产业制定产业导则和发展措施，明确各自在时尚文化产业创新体系中的着力点，改各自为政为协同合作，产业创新体系是湾区时尚文化产业协同发展的主要脉络和主体实施框架。按照产业创新体系框架，时尚企业是产业创新体系最主要的主体，上下游企业之间通过产业链相关联，形成覆盖时尚产业三个层次，包含时装、鞋帽、箱包皮具、珠宝、眼镜、玩具、家居、家具、时尚电子等多个细分产业的"时尚设计—研发—生产—展示—营销"产业链，各地按照前述分工从事技术创新、生产制造和设计展示等活动。政府为了促进产业创新体系的形成和完善而给予必要的政策引导，行业协会和时尚产业联盟等中介机构则提供标准、规则和城市间的协调职能，约束参与主体的行为，促进产业创新体系协作能力和服务能力的提高。粤港澳大湾区各城市首先要梳理企业、政府、高校和科研机构、金融机构和中介服务机构对各自重点发展的时尚产业的支撑程度，不足之处寻求湾区其他城市的支持，优势可以外溢到其他城市，实现互补协同。针对粤港澳大湾区"9+2"城市制约产业发展的共性短板，

可以通过联席会议制度探讨联合建立公共创新服务平台、公共检测平台、联手打造湾区精品时尚活动、联手进行时尚产业关键技术攻关，避免重复建设；协同发挥粤港澳三地文化融合优势，共同缔时尚文化产业特色和区域品牌时尚文化特色，引领世界时尚潮流。粤港澳三地政府部门、企业、用户和供应商、行业协会、高校和科研机构、金融机构各司其职、相互补位，构建强有力的产业创新支撑体系，构建产业协同发展的立体化图景，使湾区时尚文化产业真正融为一体，形成满足时尚更迭的快速响应机制，获得湾区时尚文化产业发展的规模经济和范围经济效应，增强国际竞争力。

（一）协同打造粤港澳大湾区时尚展示平台

粤港澳大湾区时尚文化产业展会众多，但具有国际顶尖影响力的大平台不完善，重大时尚活动的频次和影响力与巴黎、伦敦、米兰、纽约相比相差甚远，时尚媒体匮乏，全球化的时尚资讯吸纳和传播能力、媒体影响力有限。大力整合粤港澳大湾区"9+2"城市时尚展会、时尚发布、时尚商圈、时尚论坛、时尚传媒等多维元素，构建"1+N"时尚制造发布平台，打造潮流风尚标杆、时尚制造名片。规范发展网红经济、首店经济、首发经济、体验经济、创意经济、共享经济、分时经济、预约经济、平台经济等时尚新业态，大力发展跨境B2B、社区团购、移动电商、直播带货、社交电商等"不见面""零接触"商贸新模式，支持开展机会清单发布、供需资源对接、项目打磨路演等新场景挖掘。粤港澳大湾区时尚文化产业名企"携手参展""抱团出海"参加中国国际时装周、中国国际服装服饰博览会、米兰时装周、伦敦时装周、巴黎时装周、纽约时装周等知名时尚展会；做精中国（深圳）国际品牌内衣展览会、深圳国际纺织面料及辅料博览会、广东时装周、中国（广东）大学生时装周、深圳国际家纺布艺暨家居装饰展览会等品牌展会；联合举办国际性会议、行业会议和时尚产业发布活动，提升大湾区时尚文化产业的整体影响力。

（二）强化粤港澳大湾区时尚文化产品线下场景体验

设计富有粤港澳大湾区特色的时尚文化体验场景，融入岭南文化、广府文化、广式餐饮等IP场景，开发工业遗产、文化创意、观光工厂、工业博物馆等工业旅游新模式，培育地域特色鲜明、文化内涵丰富、旅游色彩浓厚的工业旅游集中区和精品旅游线路，使世界各地的消费者在体验中消费时尚文化产品，增强大湾区时尚文化产业的黏度。多产业跨界深度融合，拓展香云纱、广绣、潮绣、瑶绣等地域民族品牌的产业渗透。

（三）培育消费理念

顺应消费升级趋势，结合时尚湾区、人文湾区的部署，加强主流媒体对时尚产业发展的宣传和舆论引导，加大湾区精品时尚产品和服务的宣传力度，引导和培育湾区民众树立绿色消费、品质消费、健康消费的时尚消费理念，充分激发时尚消费潜力，营造时尚氛围，打造城市湾区文化名片，充分利用《内地与香港关于建立更紧密经贸关系的安全》（CEPA）、《区域全面经济伙伴关系协定》（RCEP），扩大湾区时尚文化产品消费人群，建立时尚认同朋友圈，输出湾区特色时尚文化和消费理念。

（四）推进产业共治

推动行业协会、龙头骨干企业、智库机构、金融机构、中介服务机构等各方力量联合，分产业链建设一批专业化、市场化的产业链战略咨询支撑机构，支持其承担产业规划和政策研究、产业创新资源链接、产业技术服务平台建设、产业促进活动组织。引导第三方机构或行业协会联合行业内相关企业，共建"B2B+O2O"的湾区时尚产业链全球网上集采平台，提升产业效率和资源集中度，形成产业链上下游协同发展、协作共赢的生态系统。

（五）注重粤港澳大湾区城市间创新主体的协同发展，借助资源整合和融合手段实现三地共谋发展

纽约、旧金山和东京湾区都有较好的非政府、半官方和湾区内政府之间的协同发展机制，粤港澳大湾区可以借鉴其他三个湾区的协同模式，展开协同治理，在粤港澳大湾区建设领导小组的制度优势下，协调湾区城市间的创新合作发展，释放跨域治理政府机构的效能，使各种非政府、半官方组织和协会为三地时尚产业的发展提供科学建议。

通过三地创新主体的深度合作，从制造生产到生产服务一体化，从各环节纵向衔接到共享设计、制造和品牌，时尚产业加速形成新生态，实现更高水平的资源整合和更深层次的融合发展，形成时尚产业转型发展新动能。

第七章　粤港澳大湾区时尚文化产业协同发展的保障措施

第一节　加强组织领导

一、粤港澳大湾区时尚文化产业协同发展面临的体制机制障碍

(一)粤港澳大湾区三地市场经济体制和社会制度的差异

"一国两制"下,港澳与内地在政治制度、社会管理体制、经济制度和生活方式等方面存在较大差异。粤港澳三地政府在区域经济活动中的角色不同,增加了时尚文化产业协同发展的难度。广东省实行的是社会主义市场经济,既强调发挥市场在资源配置中的决定性作用,也主张更好发挥政府作用,政府部门通过规划、实施意见、行动计划等方式引导产业发展,行业准入资质与市场监管都需要政府行政审批,对产业发展介入程度较高;香港和澳门作为自由港,在经济管理中较为偏重市场主体的自主运营,政府对产业发展尽量减少规制和干预,产业发展更加强调和注重行业集体自律。这在一定程度上导致产业协同发展存在沟通障碍,需要三地产业部门不断相互增进理解、磋商和磨合。

(二)"三个独立关税区域"存在关境政策障碍

香港法律以普通法为主,呈现了英美法风格;澳门法律以葡萄牙法制为模板,具有大陆法系特色;内地的法律制度与香港存在较大差别而与澳门相似,即都属于大陆法系,其法律都以成文法形式为主,但在法律规则、司法组织和诉讼制度方面,内地与澳门也存在较大差异;香港、澳门是两个单独关税区,珠三角九市则属于内地关税区。独立关税区之间的要素跨境流动存在限制,关境的检查和监控也会降低要素的流通速度。例如,香港、澳门限制内地人才进入港澳就

业；内地对双向跨境资本流动都有审核机制；珠三角与香港、澳门的技术标准和行业准入资质差异较大，构成了要素和机构跨境经营的"关境之后"障碍。行业和产品之间技术标准的差异会阻碍双向货物和人员的顺畅跨境流动；内地在会计、法律等专业服务方面的准入资质与港澳有较大差异，这也阻碍了港澳专业服务人才在珠三角就业。香港和澳门是高度自治的，与珠三角互不隶属。粤港澳合作缺乏明确的法律实施机制，导致内地与香港、澳门之间的合作依赖政策推动，政策落地面临困难，成为制约湾区要素便捷流通的主要制度障碍。

二、发挥粤港澳大湾区建设领导小组的领导作用

粤港澳大湾区是在一个国家、两种制度、三个关税区、三种货币的条件下建设的，要最大程度形成发展合力、协同发展。2018年8月，粤港澳大湾区建设领导小组成立，由韩正担任组长，国家发展改革委担任统筹执行角色，香港特首林郑月娥及澳门特首崔世安均担任小组成员，小组其他成员还包括国家发展改革委主任何立峰、国务院港澳办主任张晓明、香港中联办主任王志民、澳门中联办主任郑晓松，以及国家相关部委的主要负责人。在此基础上，广东省建设了广东省推进粤港澳大湾区建设领导小组，香港、澳门和内地9市成立了推进粤港澳大湾区建设领导小组，负责推进大湾区各城市之间的"硬联通""软联通"，促进协同发展。由广东省推进粤港澳大湾区建设领导小组办公室主办、南方新闻网承办的"粤港澳大湾区门户网"，是湾区信息公开、网上服务和互动交流的平台，旨在向世界广泛宣传大湾区的发展动态和发展政策。2020年12月，文化和旅游部、粤港澳大湾区建设领导小组办公室、广东省人民政府联合印发《粤港澳大湾区文化和旅游发展规划》，将全面准确贯彻"一国两制"政策，坚持贯彻新发展理念，加快构建新发展格局，支持香港特别行政区、澳门特别行政区巩固提升竞争优势，充分发挥广东改革开放先行先试优势，支持香港、澳门更好融入国家发展大局，推动粤港澳大湾区文化和旅游交流合作与协调发展，繁荣发展文化事业和文化产业，建设具有国际影响力的人文湾区和休闲湾区。

三、粤港澳大湾区政府部门联席会议制度

为共同协商解决粤港澳大湾区特定领域的专业问题，粤港澳三地政府部门尝试建立联席会议制度，以有效推动落实大湾区的规则衔接、机制对接。例如，为破解粤港澳大湾区因"一国两制三法域"而存在的制约瓶颈，广东省司法厅联合香港特别行政区政府律政司和澳门特别行政区政府行政法务司，建立了粤港澳大湾区法律部门联席会议制度，并充分发挥了作用。联席会议充分利用"一国两制"制度优势、港澳法律服务独特优势和广东改革开放先行先试优势，聚焦大湾区法治建设所需所向，不断建立健全联通港澳、接轨国际的现代法律服务业发展体制机制，推动粤港澳大湾区法律服务规则衔接、机制对接和粤港澳三地法律服务开放政策的落地落实，有力推进港澳法律服务跨境便利化，促进法律服务要素自由有效流动，全面提升大湾区法律服务能级和国际竞争力。广东省人民政府办公厅发布《关于建立广东省推进粤港澳大湾区药品医疗器械监管创新发展工作联席会议制度的通知》，旨在推动粤港澳三地药品医疗器械监管机制对接，促进药品医疗器械创新发展，实现粤港澳大湾区医药产业共同发展。广东省水利厅建立推进粤港澳大湾区水利建设联席会议制度，协调解决工作推进过程中出现的重大问题和困难，构建省市联动、紧密衔接、推动落实的工作格局。在时尚文化产业领域可借鉴上述做法，由广东省工业和信息化厅、香港贸易发展局、澳门贸易投资促进局联合建立时尚文化产业发展联席会议制度，统筹时尚文化产业协同发展战略，协同解决资源共建共享，理顺湾区时尚文化产业链、价值链和供应链，共同突破制约产业发展的关键共性问题，打造具有国际影响力的时尚地标、时尚活动、时尚舞台，促进湾区时尚文化产业做大做强，提升国际竞争力。此外，充分发挥广东省时尚产业发展工作协调小组作用，加强对时尚文化产业发展的组织领导和统筹，协调培育"9+2"城市时尚文化产业集群式发展相关工作，承担产业链上下游企业和服务机构的沟通交流、监督激励、协调管理、国际合作等工作任务，城市之间互相借力助力，形成产业发展合力。制订工作计划，抓好重点工作督促协调，围绕时尚文化产业中的服装、皮具、美妆日化、珠宝首饰、灯光音响、定制家居等细分产业，成立相关分产业链联盟和专家咨询委员会，建立粤港澳大湾区"9+2"城市联动机制，协同推动重大规划、重大政策、重大工程、重点项目、重要资源和重要工作的开展及其效果评估。

四、建立时尚文化产业协同民间推进协调机制

粤港澳大湾区的多个行业协会由于长期业务往来而建立了稳定的合作关系，在《粤港澳大湾区发展规划纲要》颁布之后，行业协会之间的互动更为频繁、合作更加紧密，如粤港澳大湾区律师协会建立了联席会议制度，通过民间协会、团体促进三地在专业领域的协同发展。在时尚文化产业领域，粤港澳大湾区"9+2"城市的纺织服装、饰品、皮革、家居、家具等子产业链及相关的设计、会展等机构众多，可以由政府引导，在充分发挥已有民间组织作用的基础上，由具有较强影响力和号召力的产业联盟、骨干企业、行业协会、科研院所、高校等各类主体牵头成立湾区时尚文化产业发展联盟，鼓励粤港澳三地时尚文化产业相关行业协会建立联席会议制度，针对时尚文化产业子产业发展中遇到的问题进行沟通、协商，联合开展时尚文化企业调查、运行监测、政策和行业研究、行业预警、标准制修订等工作，组织品牌评价、宣传推广、人才培训、合作交流等活动，加强行业统计，联合龙头企业、科研院所和高校共同突破制约行业发展的关键共性技术，组建科学研究和检验检测共享平台，推行湾区时尚文化产业行业自律，使行业协会成为粤港澳大湾区时尚文化产业发展的桥梁和纽带。

第二节　提升产业服务能力

一、提升产业质量保障能力

支持行业性质量技术服务平台、检测服务平台建设，提高第三方检测实验室的技术水平、检验公信力和公共服务水平。积极主导和参与国际标准编制修订，促进时尚文化产业链上下游标准衔接、与国际标准互认。引导企业应用射频、二维码、视觉识别等技术，以及智能吊挂系统、自动绕线、智能化等智能装备，使传统时尚产品制造业向智能化转型，畅通物流和数据流，提高劳动生产效率、质量保障能力和质量安全水平。大力推进国家标准、行业标准、团体标准和企业标准的制修订，整合精简强制性标准，优化完善推荐性标准，培育发展团体标准，提升标准化水平。政府部门引领、奖励标准提升，鼓励纤检机构、科研院校、行业协会、生产企业因地制宜研发地方标准、行业标准、团体标准，增强行业话语权。支持企业完善质量管理体系建设，推动"同线同标同质"发展。大力开展质量管理体系建设质量基础设施"一站式"公共服务平台，综合运用计量、标准、认证认可、检验检测、知识产权、质量管理等要素，为推动纺织工业高质量发展提供技术支撑。深化企业首席质量官制度建设，逐步实现规上时尚制造业企业首席质量官制度全覆盖，鼓励企业参与或主导国际标准、国家标准、行业标准、团体标准的制修订。

二、完善时尚文化产业公共服务平台建设

公共服务平台为粤港澳大湾区时尚产业集群及产业链各环节企业创新创意提供设计对接、信息咨询、成果转化等系列服务。加快建设一批时尚文化产业制造业创新中心、企业技术中心、工程技术研究中心、工程研究中心、产品检测中心、检验检测中心、标准化组织、博士后科研工作站、高新技术企业，促进纺织服装行业关键共性技术的基础研发，逐步形成整体布局完整的产业技术创新平台体系。以提升时尚文化企业经营效率为重点，发展行业性电子商务平台，优化采

购、分销体系，促进专业市场和集群企业间信息互通，实现有形市场、无形市场和生产企业互动发展。推进时尚产品数字化设计平台建设，鼓励形成粤港澳大湾区龙头企业牵头建设时尚产品设计联盟，引导企业开发应用具有自主知识产权的设计工具和工业软件，运用 5G、区块链、人工智能、工业互联网识别分析等新一代信息技术，以及 3D 建模、仿真、虚拟测试、3D 激光体积计等，提升研发设计的数字化水平。建立时尚文化产业智库，分析时尚文化产业发展规律、时尚潮流演进态势，建立粤港澳大湾区时尚产业信息发布中心，研究发布时尚产业发展指数，建立完善评价体系，定期发布行业指导信息。

三、强化时尚品牌建设服务

时尚品牌既是衡量一个国家生活水平、技术实力和国际竞争力的主要因素，又是一个国家在国际舞台上物化了的重要形象。加大《品牌价值评价 纺织服装、鞋、帽业》国家标准的实施力度，开展品牌评价工作。引导时尚制造企业加强品牌战略管理，促进设计师和企业共同打造原创品牌、设计师品牌、自主品牌、区域品牌。促进品牌建设与文化创意、时尚理念与高新技术相结合，提升品牌文化内涵。培育一批品牌服务机构与服务平台，重点培育一批具有较大规模、较强影响力的品牌运营、孵化、推广、咨询及培训机构，加强品牌的孵化。支持举办时装周、展览会、设计大赛等品牌活动，提升区域品牌知名度。加强主流媒体对时尚产业发展的宣传和舆论引导，大力倡导现代、时尚、健康、绿色的消费方式和消费文化，提升粤港澳大湾区时尚品牌知名度。发展粤港澳大湾区时尚自主品牌，树立精品思维，打造精品文化，实施品牌创新工程，制定时尚产业分行业自主品牌培育计划，建设自主时尚品牌梯队，形成有特色、有竞争力的品牌体系。对标国际最高最好最优，支持服装、首饰、钟表、家具、眼镜及美容美发美妆等时尚领域企业注册国际商标，提升粤港澳大湾区区域品牌的国际影响力，创建世界级时尚品牌。支持时尚企业申报国家级、省级、市级著名商标。鼓励本土设计师品牌发展，建设粤港澳大湾区时尚产品原产地标识系统。讲好湾区品牌故事，没有品牌故事就缺乏价值观传播渗透力，可以通过比照国际知名品牌的成功经验，设立专门的品牌文化部门，收集国内外品牌的活态资料，组织研究人员深入研究时尚行业内外的经验和相关问题，便于了解时尚行业最新趋势，进而能够引领国际时尚潮流，然后通过新媒体营销展现湾区时尚品牌故事。

依托时尚消费新载体建设，积极引进国际顶尖品牌和高品质的中高端品牌，吸引世界著名时尚产品进驻，提升粤港澳大湾区品牌的质量与层次。鼓励国际知名时尚企业在湾区设立分支机构，推进国际品牌本地化发展。吸引国际设计大师来深圳建立工作室、创立时尚品牌。大力引进国际专业品牌运营管理团队及服务。

强化顶层设计，建立统筹协调机制，实施"湾区品牌"整体营销推广计划，丰富粤港澳大湾区文化品牌内涵，以城市为名片参与国际性活动。设立粤港澳大湾区品牌海外推广中心，助力提升粤港澳大湾区纺织服装、手表、珠宝、眼镜、家具等企业和产业品牌的全球认知度、美誉度和知名度，讲好湾区时尚品牌故事。支持企业参与国际展览、赛事等活动，在主流时尚媒体、新媒体、城市公共空间、大型购物中心推广湾区时尚品牌，使湾区时尚品牌得以升值和大力推广。加强品牌专业人才队伍建设，充分发挥行业中介机构的作用，组织开展设计师、面料师和商标品牌管理人才培训，鼓励吸收引进国际品牌管理高端人才。利用新媒体等有效传播渠道，加大品牌宣传力度。

四、加强企业信用体系建设

加大时尚创意设计、专利技术、商标品牌等知识产权保护力度，严厉打击各种侵权行为，营造公平竞争、有序发展的市场环境。强化时尚产业知识产权保护，加强相关法律法规宣传，提高创意设计、品牌等无形资产的价值，强化对时尚企业和设计师的知识产权保护，培养全民对著作权、专利权、商标权等保护意识。建设时尚企业知识产权保护法律援助平台，研究推进时尚产业知识产权保护方面的相关立法。

五、充分利用新媒体营销

时尚文化产品本质上销售的是一种生活状态、一种文化价值观，以时装表演、时尚产品发布会、时尚摄影等为代表的时尚线下活动是设计师表达设计理念、向受众传达时尚信息的重要途径。打破传统秀场模式，突破性创造实体快闪数字化传播的新兴范式，运用新技术，打造新场景，开辟新赛道，激发新动能。代表前沿时尚力量的高水准、高品质新品时装发布，以线上直播形式、官方抖音账号亮相，让更多粤港澳大湾区好品牌、好产品从 T 台走向大众。携手抖音"时尚原创助力计划"3.0，进一步挖掘品牌和设计师的个性表达，以数字传播的玩法和算法助力优质原创内容破圈。此外，虚实结合的封面大片也将展现时尚的多维度特征。积极拥抱新的数字技术和场景，不仅是对时装周的快速反应，还是赢得市场先机、提高营销精准度的重要一步。时尚资讯传播视频化正成为主流方向，微博、小红书、抖音三大主流社交媒体平台，正呈爆炸式增长，资讯视频化快速渗透。根据《中国互联网络发展状况统计报告》，截至 2021 年底，我国的网络视频用户规模达 9.75 亿，用户使用率 94.5%，视频正成为时尚传播最重要的流量入口。在新一代信息技术的驱动下，短视频 App 以及各类直播平台，使视频化在时尚传播中的作用日益凸显。微信和新浪微博的品牌官方账号已经成为时尚产品数字营销的主战场，小红书、抖音、今日头条等也逐渐被国内外时尚企业和品牌广泛使用。粤港澳大湾区应以体验化为突破点，依托新媒体渠道与湾区网红资源，讲好湾区时尚品牌故事，助力时尚产业发展。

六、加大金融对产业的支持力度

鼓励金融机构增加对纺织服装企业的贷款，增加信用贷款和中长期贷款。对发展前景和信用记录良好，但资金周转暂时出现相对困难的企业按照市场化原则给予到期贷款周转。支持融资担保、出口信用保险等企业加大产品创新力度，及时为企业增信提供担保。支持符合条件的企业上市。支持有关投融资机构，包括债权股权融资、融资租赁、科技保险及再保险、银行信贷等机构入驻园区（平台）。探索"园区（平台）+基金+企业联盟"模式，推动品牌价值评价和金融对接。鼓励时尚文化企业与国际设计机构、品牌运营机构、国际品牌企业以参股、并购等多种形式开展合作，提高品牌国际化水平。加强与巴黎、米兰等国际时尚发源地的交流合作，通过投资、收购、兼并、特许经营等方式整合国际时尚品牌销售渠道，集聚国际高端时尚品牌。

第三节　扩大开放合作水平

全球时尚产业发展格局正在发生深刻变革，粤港澳大湾区时尚文化产业应该抓住机遇，洞察时尚趋势，实施国际化战略。推进时尚文化产业引进与培育工作，加强国内外交流合作，提升国际化发展水平。加强与国际时尚产业机构交流合作，支持企业通过设立海外研发中心或收购国际机构等方式，参与国际市场竞争。支持举办国际化时尚设计赛事，积极参加联合国教科文组织全球创意城市网络相关会议和活动。依托香港、澳门、广州、深圳等地的创意资源，搭建全球时尚设计精品展示、交流平台。发挥时尚产业内通外联的作用，通过吸纳世界各地文化创意的经验与方法，将成功的时尚项目带入国内，向世界展示中华优秀传统文化的精髓和魅力，呈现中华优秀传统文化与岭南文化创新融合的时尚魅力。粤港澳大湾区时尚文化产业虽然市场规模相对较大，但在国际时尚规则的制定领域相对滞后。以美国为首的发达国家特别注重国际规则的制定，很久以前就以双边和多边自由贸易协定的形式要求其他国家和地区遵守自己的规则，以促进国内规则的国际化。在重塑全球时尚文化产业供应链格局的浪潮下，粤港澳大湾区的时尚文化产业应在提高国际竞争力的同时，积极参与国际规则的制定，共同创造开放、公平、公正、非歧视的时尚发展环境，帮助中国从时尚大国转变为时尚强国。

加强与米兰、巴黎、纽约、伦敦、东京等国际时尚策源地的交流合作与资源对接，采取收购兼并、特许授权、代理加盟等方式提升时尚品牌的国际影响力，快速融入全球时尚网络并逐步占领制高点，争取时尚话语权。支持具有比较竞争优势的时尚产业龙头企业主动参与国际市场竞争，举办或参加国际知名时尚展览展示活动，在五大国际时尚之都或国际知名时尚街区设立旗舰店，在时尚地标进行广告宣传，提升策划宣传效果，增加亮相国际舞台的频次，不断扩大自营产品、自主品牌的国际知名度和影响力，用国际语言与国际同行进行交流对话。强化国际化思维，立足全球视野，对标最高最好最优，加强国际交流与合作，汇聚时尚产业优质资源，释放跨国合作潜能。

借助共建"一带一路"倡议及粤港澳大湾区建设契机，积极引导优势企业整合全球资源，加强国际先进技术、项目和人才引进力度。支持纺织、服装、皮革、家具、化妆品、珠宝首饰等行业提升现有专业贸易商圈，充分利用有基础的专业展会平台，打造行业的全球研发设计中心、供应链服务中心、展览中心和品牌营销中心。大力发展总部经济，鼓励骨干企业跨国布局产业链，建设棉花、羊毛、纸浆、制革、木材等境外原料基地，稳定原料供应。支持品牌优势企业通过并购和股权资本合作等方式，提高目标市场属地销售品牌和市场渠道开拓能力。支持轻工纺织外贸企业转型，积极开拓国内消费市场。

长期以来，我国在时尚文化产业领域形成与东盟国家相竞合的供应链布局和贸易投资模式，《区域全面经济伙伴关系协定》（RCEP）整合拓展了东盟与中国、日本、韩国等成员间的自贸协定，通过原产地规则、削减关税、正面负面清单等多项措施做出了高水平开放承诺，将全球约 1/3 的经济体量打造成为一个一体化的巨型市场。RCEP 国家在世界纺织服装出口中占有重要地位，占世界纺织品出口额的 50.8% 和全球服装出口额的 44.5%，占全球纺织进口额的 21.4% 和服装进口额的 12.4%，为大湾区时尚文化产业提供了扩大区域内贸易规模、优化资源配置、整合强化供应链、跻身价值链高附加值环节的巨大空间。

湾区时尚文化企业要协同研究关税减让表，结合 RCEP 关税减让安排和减让进度有序扩大时尚文化产品进出口贸易，根据 RCEP 各成员国适用不同关税减让幅度的特点，在区域内精准布局时尚文化产业创新体系，以充分利用 RCEP 区域原产地规则获取最大的关税优惠。分析研判 RCEP 协定规则，评估 RCEP 和区域内其他两两自贸协定的原产地、投资等相关规则，择优、择宜使用，在产业链、价值链和供应链各环节进行周密测算和规划，优化运营方案以降本增效。关注

RCEP 各成员国针对时尚文化产品贸易的海关程序、检验检疫、技术标准的规则，优化国际贸易流程，降低交易成本。RCEP 打造的统一透明的投资环境有利于增强湾区时尚文化产业与 RECP 国家的贸易投资和产业协同，通过强化成员伙伴间的产业分工合作实现优势互补，为国际并购和资产重组创造了有利条件，有利于形成多方共赢的区域产业链、供应链和价值链闭环，通过布局海外来分散供应链风险。RCEP 的实施将有助于减缓我国纺织服装全产业链的对外转移，构建以中国为中心的亚洲纺织服装供应链和统一的大市场。在设计研发、产品制造、品牌塑造、国际营销和跨境电商等方面，粤港澳大湾区时尚文化产业可结合自身优势，发掘区域市场人口众多、增长迅猛的东南亚市场潜力，利用地缘相近和文化相通的优势，建立粤港澳大湾区在东南亚地区的时尚话语权，实现粤港澳大湾区时尚文化产业从"RCEP 制造"到"RCEP 消费"再到"RCEP 品牌"的高质量发展和价值链提升，整体提升粤港澳大湾区时尚文化产业在 RCEP 成员国竞争格局中的地位，从而有效促进粤港澳大湾区国际时尚文化中心的崛起。

第四节　聚焦数字基础设施建设

当前，粤港澳大湾区建设进入新阶段，制度、经济、社会等各方面融通诉求更加凸显，以区块链等信息技术为核心的数字化基础设施平台，正在成为大湾区三地制度融通的关键。自 2022 年以来，包括粤澳跨境数据验证平台等涌现，银行各类跨境金融产品也在加速上线。数字经济时代要实现融合发展，要解决数据要素流通的问题，粤港澳大湾区内制度多样化，数据流通面临很多壁垒和挑战，要弥补这一鸿沟，需要依赖区块链等技术突破，构建可信基础设施。

根据最新发布的《数"链"大湾区——区块链助力粤港澳大湾区一体化发展报告（2022）》显示，粤港澳大湾区数字经济发展迅猛，区块链技术领域政策支持力度大、创新活跃；"湾区金融科技人才链"、微众银行金融机构间对账平台等一批具有开创性、引领性的项目实施，利用区块链作为可信基础设施作用，减少了数据重复收集、信息反复核验等传统规则框架下的制度性成本。粤港澳大湾区一国两制三法域的特点，使得该区域多样化、差异化特性更加明显。大湾区融合正在进入 2.0 时代，对制度的相融、经济的相生、社会的相通需求越来越高，如何借助技术手段打破制度隔阂，实现区域内人流、物流、资金流融合融通的重要性日渐凸显。大湾区必须要实现数字经济的发展，前提是数据要素的流通，如何有效促进数字要素的流通和运用非常重要。

区块链技术具有较强的技术融合性和制度渗透性，是制度创新的基础支撑。区块链尤其是联盟链，是技术领域公认的传递信任的机器。基于区块链技术以及以个人为主导的分布式数据传输协议，可以有效促进数据要素的流动，助力大湾区一体化融合发展，进而促进产业协同发展。

参考文献

［1］Pamučar D，Ćirović G. The Selection of Transport and Handling Resources in Logistics Centers Using Multi－attributive Border Approximation Area Comparison（MABAC）［J］. Expert Systems with Applications，2015，42（6）：3016-3028.

［2］Torra V. Hesitant Fuzzy Sets ［J］. International Journal of Intelligent Systems，2010，25（6）：529-539.

［3］Xu Z S，Xia M M. Distance and Similarity Measures for Hesitant Fuzzy Sets ［J］. Information Sciences，2011，181（11）：2128-2138.

［4］陈建忠. 浙江时尚产业发展规划研究 ［J］. 浙江经济，2015（4）：38-41.

［5］陈文晖，王婧倩. 数字化赋能时尚产业转型升级研究 ［J］. 价格理论与实践，2022（3）：38-41.

［6］陈文晖，熊兴，王婧倩. 消费升级背景下时尚产业发展战略研究 ［J］. 价格理论与实践，2018（5）：155-158.

［7］陈雨倩，孙虹，葛王蓉. 日本时尚演变与时尚体系的构建 ［J］. 丝绸，2022，59（1）：95-101.

［8］陈岳飞，肖克，张海汝，等. 中国数字经济结构发展协同度研究 ［J］. 学习与探索，2021（8）：121-129.

［9］陈智慧. 建设创新型国家中的系统思想探究 ［J］. 科技创业月刊，2013，26（2）：1-2+6.

［10］程敏，谢方明，丁亦，等. 时尚产业与纺织产业集群的协同发展：基于江浙沪的时尚女装产业 ［J］. 纺织导报，2020（4）：87-89.

［11］褚衍昌，陈飞超，侯云燕. 基于复合系统协同度模型的京津冀民航协同发展研究 ［J］. 重庆交通大学学报（自然科学版），2020，39（10）：18-23.

［12］杜昕然. 湾区经济发展的历史逻辑与未来趋势 ［J］. 国际贸易，2020

（12）：48-57.

　　［13］凡勃伦．有闲阶级论［M］．蔡受百，译．北京：商务印书馆，2004.

　　［14］冯幽楠，孙虹．日本三大时尚产业发展经验借鉴［J］．丝绸，2020，57（4）：68-75.

　　［15］高京燕．粤港澳大湾区产业政策效果及产业协同度评估［J］．科技管理研究，2022，42（12）：53-58.

　　［16］高骞．上海时尚产业政策研究［J］．科学发展，2009（10）：87-95.

　　［17］谷云燕．东莞优势传统产业创新体系研究［M］．广州：广东人民出版社，2015.

　　［18］韩兰．欧洲服饰时尚话语权的演变规律探析［J］．重庆师范大学学报（社会科学版），2020（2）：101-106.

　　［19］韩永辉，张帆．促进粤港澳大湾区融合发展的思路与对策［J］．中国国情国力，2018（8）：56-58.

　　［20］韩忠．转型期旧金山市文化产业发展的关键因素探析［J］．中国名城，2012（8）：63-67.

　　［21］郝玉柱，褚婷婷．京津冀口岸发展协同度研究［J］．经济纵横，2017（12）：107-116.

　　［22］何怿．我国区域文化产业协同度的测量及其影响因素分析［D］．长沙：湖南大学，2014.

　　［23］侯萱，张振鹏．时尚产业科技赋能的路径选择［J］．中国国情国力，2021（6）：25-28.

　　［24］胡元瑞，田成志，吕萍．产业转型升级与新型城镇化建设的时空耦合效应机理与实证研究［J］．工业技术经济，2020，39（9）：80-87.

　　［25］黄永健．中华艺术精神的当代阐释［J］．艺苑，2022（2）：6-10.

　　［26］贾荣林，陈文晖．数字时尚产业特点及其发展战略研究：兼析国内外数字技术与时尚产业深度融合的发展经验与路径选择［J］．价格理论与实践，2022（6）：27-31+181.

　　［27］黎友焕，吴锦梅，梁育民．粤港澳大湾区三大产业灰色关联度实证研究［J］．华南理工大学学报（社会科学版），2022，24（2）：18-28.

　　［28］李博雅，邢干，宋立丰．自贸区与临空经济融合视角下京津冀产业协同发展路径［J］．对外经贸，2022（9）：37-40.

　　［29］李海东，王帅，刘阳．基于灰色关联理论和距离协同模型的区域协同发展评价方法及实证［J］．系统工程理论与实践，2014，34（7）：1749-1755.

　　［30］李加林，王汇文．时尚产业发展的文化支撑［N］．浙江日报，2019-

03-11.

　　[31] 李巧莎．日本科技型中小企业融资：经验借鉴及启示 [J]．科技管理研究，2011，31 (5)：43-47.

　　[32] 李小玉，李华旭．长江中游城市群数字经济产业协同发展水平评价研究 [J]．经济经纬，2022，39 (6)：88-97.

　　[33] 廖欣．浅谈上海国际时尚之都的建设路径 [J]．山东纺织经济，2021 (5)：8-11.

　　[34] 凌春杰．深圳时尚产业高质量发展的着力点 [J]．开放导报，2022 (5)：105-109.

　　[35] 刘畅，高长春，高晗．服装时尚产业供应链优化研究：以日本优衣库SPA 经营模式为例 [J]．东华大学学报（自然科学版），2015，41 (5)：706-710.

　　[36] 刘华康，黄蕾，毕雪敏．我国时尚产业融资模式研究 [J]．中国市场，2022 (29)：79-81.

　　[37] 刘继云．粤港澳大湾区时尚文化产业协同发展研究 [J]．质量与市场，2021 (19)：3-5.

　　[38] 刘娟，孙虹．五大时装之都的经验对浙江时尚产业发展的启示 [J]．丝绸，2018，55 (7)：64-69.

　　[39] 刘怡，周凌云，耿纯．京津冀产业协同发展评估：基于区位熵灰色关联度的分析 [J]．中央财经大学学报，2017 (12)：119-129.

　　[40] 刘长奎，刘天．时尚产业发展规律及模式选择研究 [J]．求索，2012 (1)：31-33.

　　[41] 刘兆祥．工业设计赋能中国纺织行业高质量发展 [J]．纺织导报，2021 (9)：14-18.

　　[42] 毛艳华．粤港澳大湾区协调发展的体制机制创新研究 [J]．南方经济，2018 (12)：129-139.

　　[43] 聂玉婷，郭子良，陈巧云．郑州建设时尚之都的路径研究 [J]．中共郑州市委党校学报，2021 (6)：95-99.

　　[44] 彭吉象．关于首先构建新时代中国艺术学理论"三大体系"的几点思考 [J]．艺术评论，2022 (1)：7-20.

　　[45] 齐奥尔格·西美尔．时尚的哲学 [M]．费勇，译．北京：文化艺术出版社，2001.

　　[46] 邱桂贤．时尚城市竞争力综合评价的实证研究 [J]．温州职业技术学院学报，2016，16 (2)：35-38.

　　[47] 邵争艳，景文钰，王莹．时尚企业竞争力评价研究 [J]．现代商业，

2019（4）：40-41.

[48] 沈润森，潘苏．探析东京湾区建设经验对粤港澳大湾区发展的启示 [J]．特区经济，2021（2）：32-35.

[49] 宋烨．以中华优秀传统文化教育提升大学生文化自信 [J]．中国高等教育，2021（10）：57-58.

[50] 苏展．"国潮"崛起：集体记忆的怀旧复归 [J]．艺术评论，2022（2）：68-82.

[51] 唐五湘．T 型关联度及其计算方法 [J]．数理统计与管理，1995（1）：34-37+33.

[52] 汪彬，杨露．世界一流湾区经验与粤港澳大湾区协同发展 [J]．理论视野，2020（5）：68-73.

[53] 王竞婕．新形势下中华优秀传统文化融入大学生思想政治教育探究 [J]．才智，2022（29）：46-49.

[54] 王明坤．时尚文化驱动的西方时尚产业与品牌发展路径研究 [D]．杭州：浙江理工大学，2021.

[55] 王先庆．广州打造国际时尚之都的战略与对策 [J]．城市观察，2019（4）：7-27.

[56] 王秀梅，谷杨怡文．时尚可持续发展论纲 [J]．浙江理工大学学报（社会科学版），2021，46（6）：702-712.

[57] 王璇，赵小灿．厚植优秀传统文化创新文化类节目传播模式：以河南卫视"中国节日"系列节目为例 [J]．中国编辑，2022（6）：91-96.

[58] 王一川．现代中国文艺典型范式变迁 80 年：从认知式典型到认知溯洄式典型 [J]．中国文艺评论，2022（6）：68-80.

[59] 魏丽华．京津冀产业协同水平测度及分析 [J]．中国流通经济，2018，32（7）：120-128.

[60] 魏明．浙江时尚产业关联协同的实证分析与对策研究 [J]．东华大学学报（社会科学版），2018，18（3）：216-220.

[61] 向兴华，李偲．国际一流湾区高水平大学综合实力比较 [J]．高教发展与评估，2021，37（6）：55-64+121-122.

[62] 肖鑫，邬关荣．时尚产业评价及影响因素 [J]．经营与管理，2013（6）：68-70.

[63] 熊兴，陈文晖．对我国时尚传播产业发展的思考 [J]．艺术设计研究，2020（6）：5-9.

[64] 徐涵蕾．资源型城市产业协同机会和能力评价研究 [J]．中国人口·

资源与环境，2010，20（2）：134-138.

［65］徐晶卉．上海时装周：在元宇宙中创造时尚新范式［N］．文汇报，2022-09-20（001）．

［66］徐紫嫣．多措并举提升我国时尚产业控制力［J］．中国发展观察，2021（15）：58-60.

［67］薛惊理，郏可心，李丹．基于生命周期理论的时尚产业时空特征研究［J］．北京服装学院学报（自然科学版），2022，42（1）：81-87.

［68］颜莉，高长春．时尚产业国内外研究述评与展望［J］．经济问题探索，2011（8）：54-59.

［69］杨东亮，李春凤．东京大湾区的创新格局与日本创新政策研究［J］．现代日本经济，2019，38（6）：80-92.

［70］杨度．产业集群往何处去　一个转型时代的服装集群典型案例分析（下）［J］．中国纺织，2009（3）：82-87.

［71］杨慧．基于耦合协调度模型的京津冀13市基础设施一体化研究［J］．经济与管理，2020，34（2）：15-24.

［72］杨静，赵俊杰．四大湾区科技创新发展情况比较及其对粤港澳大湾区建设的启示［J］．科技管理研究，2021，41（10）：60-69.

［73］张贵平．金融集聚对区域经济增长的效应分析［D］．福州：福建师范大学，2018.

［74］张怀承，刘磊．论中国共产党对传统道德文化的继承与发展［J］．伦理学研究，2021（2）：11-17.

［75］张杰，开吴珍，宋立丹，等．宁波时尚产业发展方向研究［J］．纺织导报，2021（5）：20+22-24.

［76］张涛．白族大本曲传统经典曲目的音乐形态研究［J］．大理大学学报，2022，7（3）：79-84.

［77］张杨傲冰，刘元荻，黄楠，等．数字经济背景下时尚产业发展模式研究［J］．中国市场，2021（30）：8-9.

［78］张芝萍，黄潇，胡碧琴．宁波时尚指数水平评价与时尚化提升路径研究［J］．宁波经济（三江论坛），2017（12）：44-46+25.

［79］章宁旦．推动粤港澳法律服务规则"软联通"［N］．法治日报，2022-05-09（001）．

［80］赵磊．时尚产业的兴起和发展［J］．上海企业，2007（2）：50-52.

［81］赵振祥，黄子婷．论时尚素养与时尚批判：艺术性与现代性视角［J］．现代传播（中国传媒大学学报），2021，43（12）：90-94+100.

［82］赵作权．湾区经济研究综述［J］．新疆财经，2021（3）：5-16.

［83］钟庭宽．区域间高技术产业协同发展关系稳定性条件研究［J］．科技管理研究，2022，42（21）：84-94.

后　记

　　时尚文化产业具有高度开放性和创新性，其全球化的产业体系可以满足湾区高端消费者的时尚文化需求，并向周边地区乃至全球辐射时尚文化创意产品和服务。时尚文化产业就像一条无形的纽带，连接着湾区乃至世界各地的政治、经济、文化。中华民族在复兴的道路上，迫切需要构建具有中国时代精神的时尚文化理念，这对于提升民族文化形象、提高民族文化素养、弘扬民族文化精神、扭转欧美长期垄断国际主流时尚潮流局面具有重要意义。我们要从文化自信的高度来认识时尚媒体话语权的重要性，没有文化自信，就很难真正建立起时尚话语权。粤港澳大湾区作为国内经济和科技最具竞争力的区域，通过湾区"9+2"城市时尚文化产业协同发展，有助于提升产业国际竞争力，引领世界时尚文化潮流，树立文化自信，成为中国时尚文化核心策源地，进入世界时尚界一线、成为时尚审美的引领者。

　　时尚产品具有商品与文化双重属性，是文化思想意识深入物质生活的重要载体，而文化思想意识具有民族性、区域性、历史性等特征，凝聚着时代文明的经典，代表着一个国家的文化软实力。时尚文化产品符合精英阶层追求炫耀性消费的需求，时尚文化产业也就顺理成章地成为湾区共同追捧的产业，其外溢效应也引领着区域乃至世界时尚文化潮流。为满足这种超前的时尚需求，湾区集聚了大量时尚人才，他们的创意与湾区的尖端技术有效结合也增加了时尚文化产品全产业链的附加值，通过这种螺旋式相互促进的关系，使时尚文化产业成为湾区经济的重要组成部分。时尚文化进一步拉近了湾区与周边区域乃至全世界的距离，同时也增添了湾区的吸引力，在集聚人力资源方面发挥了不可替代的作用。未来，湾区时尚文化产业要强化创新、科技、文化、金融"四个赋能"，促进时尚企业在设计、研发、品牌、生产、管理、仓储、物流和营销等全产业链数字化水平的提升，围绕时尚创意设计、体验消费、品牌展示、文化活动、产品制造等主导功能，借力数字经济和电子商务平台等方面的先发优势，统筹线上线下资源，借助"四个赋能"提升湾区时尚文化产业国际竞争力，成为世界时尚流行策源地、时尚文化交汇地、时尚品牌集聚地和时尚活动荟萃地，以时尚话语权助力文化自信。